做人比做事更重要？

15 堂人際關係與溝通課

周談輝
周玉娥　編著

全華圖書股份有限公司

作者序

社會愈來愈發達，也是拜科技所賜，人們的物質生活愈來愈充實，食衣住行育樂樣樣滿足以前所沒有的，同時不斷的創造新的需求。在這樣的過程中，人是不是真的變快樂了呢？在創造與追求中，人與人的互動無疑的會大量的增加，因互動的增加而產生磨擦與衝突的機會自然會隨著加劇。這些衝突抵銷了人們追求幸福的努力，也實質的拉低了生命的品質。時代的潮流隨著科技的進步快速向前邁進，無法以拉回降低人類需求的手段去解決問題，只能設法在互動的過程中求其圓融、順暢。

近年來各大學及科技院校努力的增加通識課程，而人際關係與溝通成為最普遍的選修科目之一。本書的編撰也是希望在這樣的趨勢中提供一個比較實用的教材給技專院校的學生，針對他們在就學中、畢業後的職場工作、社會環境以及家庭生活中可能遇到的問題提供一些實際可以解決問題的方法。為配合學校教學進度，本書共分為十五章，以一般學校每週一個不一樣的主題，一學期授課完畢。前半部闡述人際關係與人際溝通的基本理論與方法，後半部則著重在學校、職場、社會、家庭等實際的問題及解決。希望這樣的安排能有助於講授與學習。

個人回想是 1974 年七月由美國學成回母校師範大學服務，轉瞬至今已逾四十年，其中所有歷程的努力與成效著實均與人際關係與溝通有極大的關係。現若舉實例如下：

（一）在母校師大工業教育系服務時，協助政府技職教育發展的師資培育及課程規劃等工作約十餘年

（二）協助及主持經濟部能源會推展全國大中小學能源教育工作約十餘年

（三）協助及主持台電公司核能溝通及開源節流專案近十年

（四）擔任政府涉外部門國際亞太文化社會中心執行官及協助其他國際組織的顧問工作近十年

（五）擔任康寧護專校長及康寧大學監察人等角色扮演及校務推動工作近十年

（六）個人畢生參與或領導各種學術性、服務性及聯誼性等各種國內外社團約十餘年的經驗。

總之，個人覺得做人勝於做事，而為人處世首重在人際關係與溝通。而個人在一生服務期間可為是人際關係與溝通的最大受惠者，因而很樂於協助全華圖書撰寫本書，且認為是最大的榮幸。

　　從計畫撰寫到成書付梓，雖然有近兩年時間，但因個人公務、課務兩忙，雖不能說倉促成書，但實際可投入的時間還是有限，因此，疏漏舛誤的地方必定在所難免，尚祈各界方家不吝指正，以作為未來修訂的重要參考。

　　　　　　　　　　　　　　　周談輝　謹誌於2015年春

新科技多元時代　跨世代溝通　一起共好

　　法國畫家雷諾瓦「船上的午宴」畫中描繪著雷諾瓦與其朋友們在塞納河沿岸餐館陽台上用餐、聊天、休閒娛樂的場景，有的坐著、倚靠著或面對面或背對著，都可看到他們不同的人際互動，這就是一種人際關係和溝通的最佳呈現，從古到今人與人的關係與溝通的基本概念都是相通的。

　　活用溝通技巧更是讓事業無往不利的利器，如何處理人際衝突？溝通、談判與領導？除了專業知識外，最重要的就是運用的技巧，透過情境學習心領神會。

　　數位科技爆發式演進推展，千禧世代接觸世界的方式與上個世代完全不同，碎片化的閱聽環境，吸收資訊管道多元快速，千禧世代生活價值觀、工作態度與其特質，比他們的職場前輩更注重個人的獨特性與職涯發展、工作的意義與價值、專業與成就感，世代間的差距愈來愈顯著，如果我們對這群人不懂，又不設法理解他們、培育他們，如何能期待企業「職場溝通」、「社會、家庭」及「兩性關係」的溝通無礙？

　　【實務篇】分別對家庭、同儕、校園、親密關係、職場、網路、社會及兩性關係等不同情境的人際關係，共舉出 27 個實務案例，每個案例分別從事件摘要，問題分析到問題討論，一步一步引導讀者們搭配本書內容淺顯易懂的理論，模擬演練並換位思考，文末並以「學習筆記」的概念，讓每個人可以紀錄自己從實務案例學習歷程中的學習成果與所獲得的啓示與心得，讓「人際溝通」這門課更生活化更貼近現實，也期望「學習筆記」能成爲每一個人自己獨特又珍貴的學習成長紀錄。

　　筆者從 1988 年進入東帝士集團擔任企業公關的 11 年間，多角化的跨國集團企業的溝通與磨練讓我累積不少實務經驗和人脈。那時對內要溝通的對象光是經理級以上主管就多達百餘個；每年上市股東會、地方居民溝通；甚至邀請包括總統層次出席的數千人聚會等的細節溝通，每一場活動都是職場人際關係溝通的嚴苛考驗，更是活生生 EQ 情緒管理的戰場，由於集團企業除製造業外還包括百貨、飯店、建設業等，媒體關係與溝通所承受的挑戰和壓力非常艱鉅。10 多年下來不僅累積豐富的產業知識也讓我見多視廣，更結交了不少媒體人脈資源以及溝通技巧，也成爲往後當公關顧問的最好資歷。

自從 2002 年開始獨立公關顧問工作至今 20 多年，在全球競合環境下，國際情勢瞬息萬變，如何藉由競合創造出不同以往的嶄新價值，在雙方「互惠互補」態勢下，讓原本你爭我奪的商業競爭，成為共創雙贏的夥伴關係，這些更是需要談判策略與溝通技巧的智慧，方能為客戶爭取更多的合作與立基。

　　期望能將自己多年實務經驗和觀察以案例和情境作轉化，並與周談輝教授淺顯易懂的理論基礎相輔相成，裨益學子們作最佳學習的循循引導。

　　本書架構分為基礎概念篇、技巧應用篇和實務案例研討等三篇共 15 堂課，在每一堂課開始以一則故事作為情境學習引導，故事結束後以【學習筆記】提示該則故事的啟發和學習重點。21 世紀最需要的能力為溝通表達能力與 EQ 養成，學習與他人進行互動的方式，拓展人際關係，希望透過本書能成為您人際關係與溝通的學習良伴，激發更多交流與心得，並擁有圓融及順遂人生。

　　　　　　　　　　　　　　　　　　　　周玉娥　謹誌於2022

目 錄

概念篇
什麼是人際關係與溝通？

技巧篇
人際溝通的技巧

實務篇
不同情境的人際關係分析

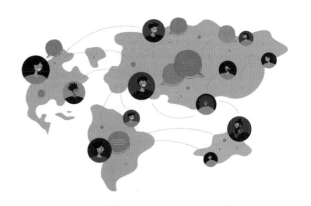

概念篇

什麼是人際關係與溝通？

法國印象主義畫家雷諾瓦的在「船上的午宴（The Boating Party Lunch）」一畫中描繪一群參加午宴的賓客們，圍繞著美酒佳餚的餐桌聊天，請仔細找找看，畫中共有幾位賓客？男生幾個？女生幾個？他們之間的動作和神情如何？

找到了嗎？圖中共有 9 個男人和 5 個女人，有的站著、互相倚靠著或彼此面對面、背對著，可以看到他們不同的人際互動，這就是一種人際關係和溝通的最佳呈現。

個人與個人之間或個人與團體之間，透過交流互動所形成影響彼此的交互關係，就是人際關係。例如自己和家人、親戚、朋友、師長、同學、同事或所屬的社團。而溝通則是人際關係中最重要的環節，溝通不是單方面的發表演說，或是唱獨角戲，良好的溝通是一種雙向的過程，雙方可藉此來傳遞彼此的態度、信念、想法、事實和情感。

第 **1** 堂

人際關係

　　每個人幾乎每日都在不知不覺中、有意或無意地與他人存在某種關係或是互動。雖然人際關係與溝通無聲無息地存在著，但如果能仔細用心看待，一定可以使生活更為美好、更有意義。

　　在家庭或工作領域中，人際關係的建立，可以產生共同的文化來凝聚疏離的個體，個體與他人進行有效溝通的能力，是維繫良好人際關係的首要條件。溝通是人際關係中最重要的一部分，它是人與人之間傳遞情感、態度、事實、信念和想法的過程，而良好的溝通就是一種雙向的溝通過程。

｜本堂內容概要｜

情 境 學 習

「出租閒人」－陪伴的價值與意義

　　日本一位名為森本祥司的男子，2018 年在 Twitter（推特）開了一個帳號叫作「什麼都不做的人」（レンタルなんもしない人），直接把自己當成物品，提供「個人出租」服務，只要支付 10,000 日幣（約新台幣 2,756 元），他就會如空氣般靜靜地陪伴在案主左右，但是他什麼也不會做，更不會跟案主說話，也不會為案主做出任何決定。

　　森本祥司受過的委託五花八門，有一起抓寶可夢、陪人遛狗、陪晚歸的女子回家、聽上班族抱怨老闆、陪人賞花野餐，甚至還曾陪人簽離婚協議書、捉姦。森本祥司目前推特共有 27 萬粉絲，平均一年服務超過千件的委託。

　　森本祥司原本在出版社上班，但過得並不開心，決定辭掉工作「什麼都不做」，起初太太替他感到擔心，因為在日本「不上班」要背負很大的壓力，何況森本祥司已經成家。但後來他不僅靠此維生，也跳脫了社會眼光的框架，讓陌生人有了短暫的出口，證明了就算只是陪伴，仍有價值與意義。

　　森本祥司的故事後來也被改編成小說、漫畫和日劇。在改編的日劇中，有一個女孩在東京工作，卻遲遲沒機會轉成正職，又遭到同事霸凌，最後還被解雇，在最難受的時候，請森本陪伴她在東京的最後一天，讓她知道有人還願意聽她說話。

| SCAN ME |

相關新聞　　　相關介紹

📝 學習筆記

　　科技的發展、社群媒體的出現，讓人際間更加疏離，我們寧可使用零接觸服務或與機器人互動，也不願與隔壁鄰居打聲招呼。現代人都太忙、太寂寞，「太忙，所以不想陪伴，太寂寞，因此需要陪伴」。

　　從上面文章中，你會如何解讀人際關係的意義呢？

1-1 人際關係的面向

　　若從不同角度看待每件事物,可以發現事物的不同面貌。人際關係與溝通一樣可以從不同的面向加以討論,例如:

一、從不同的關係對象來看

1. 陌生人:路人、偶遇等。
2. 認識的人:同學、同事、鄰居等。
3. 朋友:通常從認識的人中發展出來。
4. 親密朋友:幾近一體的感覺。
5. 家屬關係:父母、子女等。
6. 性別關係:男性、女性。

二、從人際關係的可能發展來看

1. 利人利己(WIN／WIN)
2. 損人利己(WIN／LOSE)
3. 損己利人(LOSE／WIN)
4. 兩敗俱傷(LOSE／LOSE)
5. 獨善其身(WIN)
6. 好聚好散(WIN／WIN or No DEAL)

三、從不同的人際距離來看

　　美國文化人類學家愛德華‧霍爾(Edward Hall)在《隱藏的維度》(The Hidden Dimension)一書中,將人際距離區分為四種類型:親密距離區(Intimate Distance Zone)、個人距離區(Personal Distance Zone)、社會距離區(Social Distance Zone)、公眾距離區(Public Distance Zone)(圖 1-1)。

　　親密距離區的距離為 0 ～ 46 公分之間,這是產生愛意、安慰、保護等親密行為的距離,多出現在家人或情侶之間,因此,當一個陌生人或不是那麼親近的人突然進入這個範圍時,會讓人感到緊張、焦慮或受到威脅。也就是說,這是自我防衛的最小距離,不能隨意被侵入。

個人距離區的距離為 46 ～ 120 公分之間。個人距離區一詞原由瑞士動物學家海尼・海第格（Heini Hediger）博士所提出，指人與人之間大約一隻手臂，也就是伸手可以碰到對方四肢的距離。個人距離區通常出現在朋友之間，比起肢體接觸，更多是透過對話來溝通，此範圍的關係既擁有適度的親密感，同時也具有某種程度的禮儀。當彼此發生輕微的肢體接觸時，若對方沒有排斥感，則可以增添彼此的好感度。

　　社交距離區的距離為 120 ～ 360 公分之間，一般來說，這個距離不會和對方產生肢體接觸，主要適用於公開場合，尤其是具有正式和官方性質的活動。由於此距離會盡量避免與他人產生肢體接觸或進行私人談話，溝通時，通常必須遵守相當程度的規矩和禮貌。

　　公眾距離區的距離為 360 ～ 750 公分之間，這是個人和公眾之間的距離，溝通時，通常會搭配適度的肢體語言，如手勢和姿勢，或因需求適時調整語調。例如老師與學生和上課時或講者與聽眾之間所需的距離。

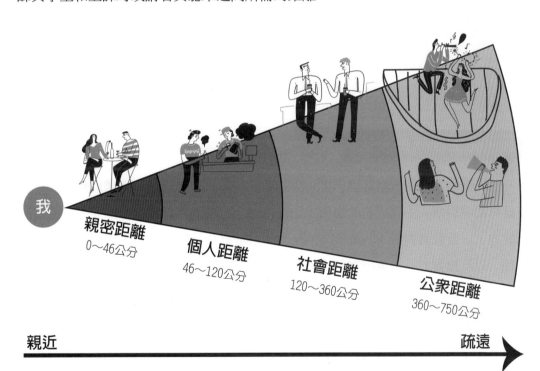

圖 1-1　人際距離的四種類型

四、從互動歷程來看

人際溝通提供心理上、社會上和決策性的功能。心理上人們為了滿足社會性需求和維持自我感覺而溝通。在決策中，人透過分享資訊和影響與他人溝通。約瑟夫・德維托（Joseph A. DeVito）認為，人際的互動歷程可分為六個階段：接觸期（Contact stage）、涉入期（Involvement stage）、親密期（Intimacy stage）、惡化期（Deterioration stage）、修復期（Repair stage）、解體期（Dissolution stage）（圖1-2）。

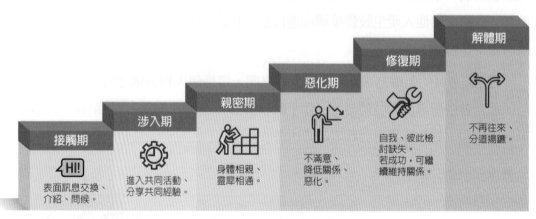

圖 1-2　人際互動歷程

五、從生理成長來看

個人發展主要受三個範疇影響：生物社會範疇，包括腦部和身體自然轉變，以及社會環境對個人生理成長的影響；認知範疇，包括思考過程、感知能力和語文運用能力，以及教育對個人認知能力的培育；心理社會範疇，包括情緒、性格和人際關係，以及複雜的社會環境對個人心理成長的影響。

嬰孩期和幼年期是心智和情緒發展的一個重要階段，對人的信任或不信任是在零至一歲形成，而獨立自主的個性或羞愧、猜疑的心理，則主要在三歲形成。在這個極為關鍵的階段，培育方式對兒童日後的學習能力有莫大的影響。為人父母者有需要知道這方面的知識和技巧，確保學齡前兒童有理想的成長開始。

生理成長各時期如下：

第1堂
第2堂
第3堂
第4堂
第5堂
第6堂
第7堂
第8堂
第9堂
第10堂
第11堂
第12堂
第13堂
第14堂
第15堂

1. 嬰幼兒期：與母親的親子依附關係與手足的相處與相助。

2. 兒童期：從親子轉換為同儕關係。

3. 青少年期：同儕關係、社會次團體關係。

4. 成年期：穩定性的職場與社會關係。

5. 老年期：老伴、老友與社區關係。

六、從心理發展來看

　　心理學是研究人類心理活動的規律，包括人的感覺、知覺、記憶、思維、情緒和意志等。此外，心理學的範疇還包括探索這些規律如何產生、發展，受哪些因素影響以及相互間有什麼聯繫等。

　　西格蒙德‧弗洛伊德 （Sigmund Freud）為奧地利心理學家與精神病學家，也是精神分析學派的創始人，他認為解決心理問題的關鍵是揭示病因。在精神分析治療中，他會使用夢的分析技術，去洞察個人人生意識的心理過程。表 1-1 為個人一生心理發展的歷程：

表 1-1　個人心理發展階段表

心理發展期	發展內容	重要關係人	發展結果
口腔期	對人的信任與不信任	母親	充滿希望或焦慮不安
肛門期	自主或懷疑的人格	父母	意志空乏或優柔寡斷
性蕾期	主動或被動性格	家庭成員	積極進取或退縮不前
潛伏期	自信或自卑	鄰居、同學	施展長才或自慚形穢
青年期	認同或混淆	同儕	奉獻心力或自我否定
成年期	親密或孤獨	朋友、夥伴	友誼深厚或孤獨落寞
中年期	建設或停止	同事、社區	創造事業或退出工作
老年期	安祥或絕望	社區、人群	安享天年或抱憾而終

1-2 人際關係的需求

　　別人對我們的瞭解，絕對不會超過我們對自己的瞭解。如果我們希望別人關心我們，我們必須先關心自己。人總是傾向於把自己的情感和行為歸咎於外在的因素，而很少捫心自問「為什麼我會有那樣的行動和反應？」優柔寡斷是無法與他人建立關係的，怯懦、狐疑不定、怕冒險，更使我們不能與他人靠近。如果要建立關係，必須懷著大膽、果斷和專心致志的決心。本節將從相關理論探討瞭解人際關係的基本性質：

一、William Schutz 的人際需求論

　　美國心理學家威廉‧舒茲（William Schutz）認為人際關係與溝通是基於人對愛、歸屬和控制的慾望（圖 1-3）。

愛	歸屬	控制
人都有表達和接受愛的慾望。	人都有希望存在於別人團體中的慾望。	人都有希望影響周圍的人與事的慾望。

圖 1-3　William Schutz 的人際需求論

二、Maslow 的需求層次論

　　根據 1968 年，行為科學家馬斯洛（Maslow）的需求層次論，人類的需求共可歸納為五種基本類型與層次（圖 1-4）：

1. 生理需求（Physiological Needs）：包括饑餓及性等需求。

2. 安全需求（Safety Needs）：即求避免遭受傷害或危險之需求。

3. 社會需求（Social Needs）：即對於愛和被愛、友誼及歸屬需求。

4. 自尊需求（Esteem Needs）：即自尊和被他人尊重之需求。

5. 自我實現需求（Self-Actualization Needs）：是人們在基本需求滿足之後所呈現出來的一種更上一層的需求與自我提升。

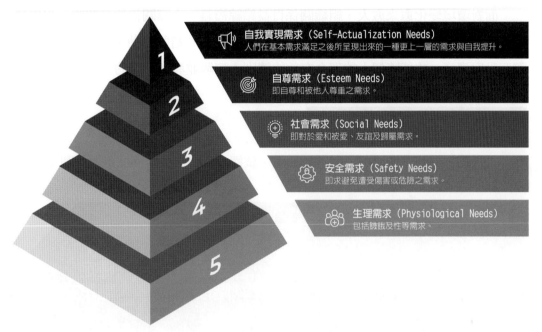

圖 1-4　Maslow 的需求層次論

三、交換理論

　　李淑娥（1996）引述 Thibaut & Kelley 的交換理論，指出社會互動其實就是一種交換行為；而個人在交換行為時，必定考慮過可能牽涉的利益和報酬。換言之，在交換過程中，個人對與他人互動所可能產生的利益，必先加以估量。如果在交換過程中雙方不能得到滿足的結果或報酬，則沒有交換的必要。

　　交換理論雖然從利益和賞酬的觀點來剖析個人與個人之間互動關係的進行，但在現實社會裡，有許多的交換關係來自社會規範，而非個人的選擇，例如在家庭內父母與子女之間的交換關係，就是一種社會的道德規範。人際的關係可用所付出的代價（Cost）與所獲得的報酬（Reward）加以解釋：代價是指付出的時間、精力、互動的壓力、物質等，而報酬則是指愉快的感覺、聲譽、感情滿足、經濟利益等。

1-3 人際關係的建立過程

面對環境變化愈來愈大，組織關係日益錯綜複雜，人際關係的良窳將直接影響到共事與合作的氣氛，不論是內在的工作協調或外在的結盟互動，都需要良好的人際互動與溝通，才能將個人的理念有效的讓別人瞭解並發揮影響的作用。

一、人際關係的建立情形

人際關係的建立情形可以歸納為初識、試探、親密及穩定四個階段（圖 1-5）。

01 初識 階段	02 試探 階段	03 親密 階段	04 穩定 階段
初次接觸，談話生疏，只是禮貌性的客套往來，以致互動不豐富、沒有效率。	開始探索彼此個性，行動較自然而平順，對表面話題會比較開放。	雙方已日漸熟識，且能互相影響，交談內容豐富而有趣，彼此相互吸引，行動一致，心靈相通。	雙方互動已達極致、看法一致，也對對方十分了解，接觸頻繁，話題多元，自我開放已達到一定程度。

圖 1-5　人際關係的建立情形

二、人際親疏指標

隨著社會環境與價值觀的改變，傳統文化受到了相當程度的衝擊，儒家倫理思想逐漸凋零，已面臨日趨嚴重的窘境。經濟的繁榮使個人意識抬頭，現代人的一種特徵：「不自覺的孤立自己」造成人際間的隔閡，社會人際關係漸感疏離。

個人主義的抬頭與平等理念的興起，使許多夫妻同時投入職場，卻疏於家庭生活的經營，導致離婚率日漸攀高。而父母奔忙於工作，對孩子有養而無教，親子關係不良等種種現象也層出不窮，這些環環相扣的處境，總體來說，已經使我們身處在人來人往的社會中，卻日漸疏離，每個人的心靈普遍存在著空虛與孤寂。

面對日益淡薄的人際關係及日趨式微的傳統宗族、制度和鄰里關係，我們急需的是重整舊的人際關係，重建新的生活價值觀。健全身心的個體，需要良好的人際脈絡支撐，因此重整健全的人際關係，能讓受傷的心靈得到療癒，重新審視生命意義，彼此扶持互相支撐，此乃刻不容緩。至於檢視人際間的親疏程度，可以用下列八個指標來予以度量：

1. 互動的豐富性：互動次數、頻率和持久性。

2. 交往的獨特性：對方願意投入關係的程度、溝通深度。

3. 訊息的效率性：預測、瞭解、追蹤對方心意的能力與程度。

4. 溝通的替代性：對方願意投入關係的程度。

5. 行動的一致性：相互依賴性與感受度。

6. 舉止的透析性：對彼此關係的興趣程度。

7. 互動的自發性：對正面情感如關懷、承諾和信任的感受程度。

8. 相互的評估性：對彼此的瞭解程度。

Saenz（2002）針對社會心理學家 Short、Williams 與 Christie 於 1976 年在《社會臨場感》一書中提出在中介環境下「與他人密切互動以及事後的人際關係密切程度」整理了中介溝通環境之社會臨場感建構及衡量指標，請見表 1-2。

表 1-2　社會臨場感建構及衡量指標

指標	內容
互動性	指學習者間、師生與教材三類型互動關係。
立即性	指個別化回饋、個人化交流、使用共融的語言以及關心他人。
親密度	指信賴、關聯、自家人、自我揭露以及結盟。

PLUS+ 人際依附風格量表

　　依附是一種強烈且持續性發展的關係，其主要影響來自於幼兒時期與主要照顧者所形成的情感連結，依據連結程度的差異會產生不同的親密關係傾向，這也成為個體長大後在與他人在建立情感連結時，所用來建立人際關係模式的依據。

　　Bartholomew 和 Horowitz（1991）以英國心理學家約翰‧鮑比（John Bowlby）所提出的依附理論（Attachment Theory）作為理論基礎，並且應用於研究成人的人際依附關係上，這兩位學者將個人對自我依賴及逃避他人的主觀認知分為正負兩面向，以自我是否值得被愛與支持及他人是否值得信任的觀點進行研究分析，發展出以下四種不同類型的人際依附風格（Attachment Styles）：

安全依附型（Secure Attachment）

　　自我認同感高，對與他人的親密關係感到自在，並且認為別人會接納自己的一切。在良性互動的過程中，雙方會有好的回應，於維持親密關係的同時也能夠保有個人的自主性。

焦慮／過度專注依附型（Preoccupied Attachment）

　　自我評價低，對自己有較多負面的想法，但是，對他人卻是給予正面的評價，也經常性會藉由過度的依賴他人以接納自己進而肯定自我。在與人接觸交往時，會渴求親密關係，希望得到他人的贊同，卻又害怕被拒絕。

逃避依附型（Fearful Attachment）

　　對自己與他人都存有負面的看法，認為自己沒有價值、不值得被愛，乃甚至懷疑是否有人會願意愛自己，因為很難完全信任或依賴他人，時常擔心自己與他人變得太親密時會受到傷害，因而逃避和別人親近，壓抑對依附的需求。

排除依附型（Dismissing Attachment）

　　對獨立自主感到重要且認同自我程度高，雖然對自己抱持著正向的評價，卻無法相信他人，凡事認為自己可以做到，因而不願依靠別人，也不希望別人依靠自己。在此情況下，會傾向於逃避和他人建立過於緊密的關係並保持距離，以免自己受傷或因人而失望。

（資料來源：社團法人中華民國晴天社會福利協會）

| SCAN ME |

想瞭解你的依附風格以及對人際關係的看法嗎？快點進來看看吧！

（資料來源：華人心理治療基金會）

1-4 人際關係的疏離過程

在家庭或工作領域中，人際間的相處氣氛，會影響工作與家庭生活。在多元思潮的衝擊下，人們相互之間共享的價值觀越來越少，人際關係日益疏離，而作為群體生存的人們，是需要通過認同和共識下的溝通來確認自我存在的價值，日益疏離的文化對人的自我形成極大的壓力，而這是當下社會中的文化危機──社會缺少一種共同的文化來凝聚疏離的個體。

在家庭環境中，當發生家庭疏離現象時，將無法從家庭中獲得家人的支持與肯定，家庭生活品質低落。同樣地，在工作領域，人際關係不良也會影響工作情緒、降低工作績效，喪失自我價值，感受孤獨、無助、挫折、焦慮，將造成工作衝突，最後導致工作倦怠。具有高度人際關係者，能做出自己喜歡的選擇，並在愉悅的心情下從事各項活動，所以不會產生挫敗感。

至於在各階段中，如果產生人際疏離而受創時，個人行為可能的反應如圖 1-6。

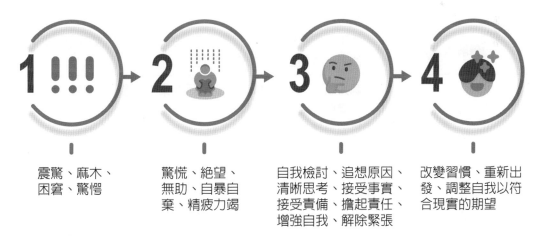

1 !!!	2	3	4
震驚、麻木、困窘、驚愕	驚慌、絕望、無助、自暴自棄、精疲力竭	自我檢討、追想原因、清晰思考、接受事實、接受責備、擔起責任、增強自我、解除緊張	改變習慣、重新出發、調整自我以符合現實的期望

圖 1-6　人際疏離受創反應

1-5 人際關係的維繫

　　現代社會的進步速度，讓人與人之間總是不經意地以忙碌作為藉口，結果忽視了人際關係的維繫。增進與他人進行有效溝通的能力，是維繫良好人際關係的首要條件，表 1-3 幾項通則提供參考：

表 1-3　人際關係與溝通的維繫通則

通則	內容
同理心	從對方立場來設想，將心比心，並且用熱忱、尊重、體諒的方式去溝通。
溝通的意願	與人溝通首先要有意願，瞭解溝通的障礙，並且盡可能去突破。以一顆開闊的心胸，傾聽對方的訴說，千萬不要立即下價值判斷，且最好以對方的立場和觀點去設想。
當一位好聽眾	用我們的心靈去聽聽對方的想法與感受，而不只是字面上的意思，然後要坦誠地告訴對方，我們聽到了什麼？有什麼樣的感受和想法？
善解人意	我們不一定要贊同他人與我們不同的意見，但是如果我們能瞭解他人，我們自己也會快樂無比。
傾聽	指聽人傾訴、向人傾訴。傾聽就是要集中注意、有興致、關懷、用心體會、確認、察覺地聽，然後表現出感動以及欣賞。 傾訴五分鐘法則：輪流傾聽對方說話五分鐘，五分鐘內要完全傾聽而不插嘴、詢問等。
真誠	指接納真實的對方、表達真實的自己。弘一大師提到：「在世間唯一難行的，不是殺生戒，也不是邪淫戒，而是妄語戒；有許多無辜的災禍、不幸的糾紛與悲慘的遭遇，都從『妄言』而來。說到『妄言』，唯一能制止它的功夫，便是一顆誠心：對人對事恭敬，不掉以輕心。」
加強對自己的瞭解	知道自己會說出什麼樣的話，也是能與他人維繫良好人際關係的技巧之一。
要善於處理自己的情緒	不要讓不好的情緒影響了與周圍人的關係。

研究也顯示：人際關係的維持與關係中的回饋和公平性有密切的相關性。以下的一些策略或措施，可以幫助我們維持正常的人際關係：

1. 表達明確信念。
2. 秉持開放態度。
3. 採取正面回應。
4. 拓展社交網路。
5. 分享生活情趣。

羅斯福說：「成功公式中，最重要的一項因素是與人相處。」人生在世，總要和不同的人打交道，溝通協調，處理各種人際關係，這是每天都在進行而無可避免的事實。成熟且實用的人際關係技巧是敞開自己、廣結善緣、謙和待人，這樣不僅可以營造和諧的氣氛，也可使自身心情輕鬆愉快，更有益於個人工作的發展與事業的開拓。

人要先自重而後才能人重，自尊自重是應該的，但自尊自重的同時，我們還要懂得尊重他人。有些人自尊心很強，但不尊重他人，這種人終究也不會得到別人的尊重。懂得尊重他人的人，才能懂得自尊與自重。不懂得尊重他人的人，再自重、再怎麼維護自己的人格，其實人格都不算健全。只有懂得自重且會尊重他人，才是真正的自重，才是健全的人格。

溝通是人際關係中最重要的一部分，它是人與人之間傳遞情感、態度、事實、信念和想法的過程。良好的溝通指的就是一種雙向的溝通過程，用心去聽對方在說什麼？去瞭解對方在想什麼？對方有什麼感受？並且把自己的想法回饋給對方。溝通過程中可能因溝通者本身的特質或溝通的方式而造成曲解，因此傳送訊息者與接收者間必須藉著不斷的回饋，去澄清雙方接收及瞭解到的是否一致。一般而言，溝通包含語言和非語言兩個部分，前者指的是說話的內容，後者如臉部表情、手勢、目光接觸、語氣、觸摸、距離等。

人際關係是否良好，端看你對自己有沒有自信。如果一方面覺得自己很無聊，而另一方面卻又希望得到他人的重視；或由於太過本位，只想引起別人的注意，很自然的就得不到別人對我們的好感。這時，我們就必須檢討自己「為什麼那樣希望得到別人的認同？」，我們應面對現實的生活，活在肯定自己的世界。

PLUS+ 人際關係維持秘方

一分鐘人際關係十八法

（一）令自己魅力四射

1. 保持身心暢快。
2. 增添你的吸引力。
3. 做個滿懷自信的人。
4. 大受歡迎之道。

（二）自尊自重

1. 欣賞自己的長處。
2. 切莫自我放棄。
3. 動人風範始於獨處。
4. 停止自我施壓。

（三）留意溝通

1. 與人溝通顯品格。
2. 亂發脾氣的禍害。
3. 表達感受要委婉。

（四）獲取他人的重視

1. 成為核心人物。
2. 扮演主人家的角色。
3. 留給對方好印象。

（五）修養的鍛鍊

1. 不受別人的影響。
2. 但求心之所安。
3. 中庸之道勿執著。
4. 處事要胸有成竹。

（六）以理性駕馭激情

1. 保持頭腦清醒。
2. 做事多想後果。
3. 培養忍耐力。
4. 儘量少要求對方。

（七）觀人於微

1. 以貌取人常出錯。
2. 讚美背後的深義。
3. 找出知己良朋。

（八）敢於提出要求

1. 做個有原則的人。
2. 說「不」的技巧。
3. 與陌生人打交道。
4. 有求於人不丟臉。

（九）開放抱持不自閉

1. 待人冷漠也是惡。
2. 收斂嫉妒心。
3. 心胸狹窄的表現。

（十）問心無愧

1. 不如意之事一笑置之。
2. 毀譽拋諸腦後。
3. 要有容人之量。

（十一）伸出友誼之手

1. 友善對待身旁的人。
2. 君子之交淡如水。
3. 信任你的朋友。
4. 不可自我中心。

（十二）待人態度要謹慎

1. 多管閒事要不得。
2. 友情愛情要分清。
3. 待人寬厚律己嚴。
4. 信口開河人憎厭。

（十三）安守本分

1. 是是非非的處理。
2. 以不變應萬變。
3. 做個頂天立地的人。
4. 面對他人的刁難。

（十四）建立快樂的形象

1. 溫柔敦厚無愁無恨。
2. 幻想令生活更美好。
3. 改善生活素質。
4. 記取歡愉往事。

（十五）知錯而能改

1. 坦誠面對缺點。
2. 虛心接受批評。
3. 不要自責太深。

（十六）化壓力為動力

1. 反省生活態度。
2. 享受閒暇活動。
3. 自療精神緊張。
4. 自助自強無畏懼。

（十七）掌握自己

1. 成為自己的主人。
2. 慢慢認識自己。
3. 遺世獨居的能力。

（十八）識奸人防奸人

1. 人不可以貌相。
2. 忘恩負義之徒。
3. 橫刀奪愛毀人幸福。
4. 披著羊皮的狼。

民間流傳的「做人十要」

1. 一表人才、兩套西裝：是做人的基本修養。
2. 三杯酒量、四圈麻將：是社交生活的必要媒介。

3. 五方交遊：三教九流的人都不必排斥。人際
   關係擴大，交往的範圍才會增廣。
4. 六出祁山、七術打馬、八口吹牛：都是建立
   良好人際關係的應有技巧。
5. 九分努力，還要加上十分忍耐：唯有能忍人
   所不能忍，才能長期維持良好的關係。

建立人際關係的基本原則

1. 禮儀 —— 不可逾越的分際。
2. 堅持明快的態度。
3. 掌握時機。
4. 瞭解內心邪惡的本質。
5. 「道義」與「借貸」的拿捏。
6. 第一印象。
7. 送往迎來。
8. 自私自利的行為會自食惡果。
9. 施比受更有福。
10. 誠於內形於外。

做個讓人一見難忘的人

1. 改變説話的技巧。
2. 偶而也可以舉「極端的事例」為證。
3. 不要隨意附和別付人。
4. 養成反覆述説的習慣。
5. 避免自吹自擂。
6. 做個「擅於應答」的聽者。
7. 避免牽扯到宗教上的話題。
8. 正確地應用外國語言。
9. 謙遜要恰如其分，稱讚要適可而止。
10. 禍從口出。

取得別人信任的關鍵

1. 化敵為友，勿化友為敵。
2. 多結交摯友、忘年之交。
3. 本性頑固的人不擅於交際。
4. 不要刻意的結交社會名流。
5. 誰是益友、誰是損友。
6. 不要和受女人左右的男人交朋友。
7. 做一個能夠幫助他人產生勇氣的人。
8. 重視老朋友。

人際關係的致命傷 —— 和朋友交往的重點

1. 頭銜、外貌並不代表一個人的價值。
2. 不説謊、不攀附權貴。
3. 優先考慮眾人的立場。
4. 不要占用他人時間、不敲別人竹槓。
5. 再怎麼親密的朋友也要避免酒後失態。
6. 血氣方剛的人難成大器。

什麼人才是最受歡迎的朋友

1. 培養有益身心的興趣。
2. 多涉獵食物和酒的知識。
3. 適時的調整自己。
4. 開拓潛力、增加魅力。
5. 要有自己的看法及構想。
6. 真情流露的魅力。
7. 讀書是最好的競爭武器。
8. 培養迅速敏捷的思考力。
9. 堅定的人生目標。
10. 保持一點神秘感。

課後討論

1. 請說明愛德華・霍爾（Edward Hall）人際距離類型。

2. 請說明人際關係建立過程的四個階段。

3. 請說明人際間的親疏程度可用哪八個指標予以度量。

4. 請說明人際關係維繫的通則有哪些。

5. 說明日常生活個人的人際關係建立方式。

第2堂

人際溝通

　　人際溝通是指兩個個體面對面或在群體間的溝通，具有心理、社會和決策等功能，與我們的生活層面息息相關。良好的溝通可以刺激成長，也是生活的良伴，更是一種工作技能。儘管電話、網際網路已縮短人們溝通的速度，但溝通的內容還是無法以科技的成果加以取代或省略。人際溝通的過程可運用的工具有很多，例如語言、文字，或是圖片、數字、符號，也可以加上姿勢、擺動等非語言方面的動作。

| 本堂內容概要 |

從賈伯斯（Steve Jobs）的簡報看人際溝通

賈伯斯是全世界最擅長擄獲人心的溝通傳播者，他會把自己當作電影導演來構想簡報內容，他要營造的是一種情境，如同電影情節中有衝突、有拯救、有英雄、有壞人，故事節奏有高低起伏，讓台下聽眾沉醉其中。

2008 年蘋果 MacBook Air 的發表會上，賈伯斯開場就說：「There is something in the Air today（今天空氣裡有些不同的東西）」，然後充滿熱情地舉出發表重點。此次發表會如同 Apple 邀請函上的敘述一樣，將焦點集中在筆記型電腦上，推出新款 MacBook。當賈伯斯從牛皮紙袋裡拿出 MacBook Air 的那一幕，在場全部的人都瘋狂了，一台筆記型電腦居然從牛皮紙袋拿出來，那就是驚喜，是發表會的高潮。

賈伯斯擁有一種主宰場面的力量，他的聲音、手勢、肢體語言都散發出權威、信心與能量。例如，他會用吹口哨表示「呼～鬆了一口氣」，也會用手掌合十表示「非常感謝」。而他以肢體語言展現自信的小祕訣來自於無需手持的隱形麥克風，還有藏在右手掌心的輕巧遙控器，讓他的肢體語言可以毫無負擔地隨著情緒做出不同動作。

在穿著上適度地型塑個人的特色和風格，可加深觀眾的印象，而賈伯斯簡報時也有套習慣穿著的「制服」：黑色高領衫、洗舊褪色牛仔褲與球鞋，這型塑了賈伯斯的整個人的風格，觀眾每次見到他都沒有陌生感，這也是非語言溝通的一種形式，有效加強了賈伯斯的簡報發表效果。

| SCAN ME |

2008 年 MacBook
Air 發表會

學習筆記

人在互相溝通的時候，口語僅佔 7%，而肢體語言則佔了 55%，其中又以面部表情所佔最多，從賈伯斯的簡報中可學習他的聲音、手勢、肢體語言溝通的魅力與簡報技巧。

2-1 人際溝通的重要性

一、溝通的定義

　　溝通是什麼？溝通是資訊的交換與意義的傳達；它同時也是人與人間傳達思想與觀念的過程。溝通（Communication）一字是由拉丁字「communis」蛻變而來，原意是「分享」或「建立共同的看法」，Aubrey C. Sanford 認為溝通是訊息傳送和被人瞭解的過程，包括三項要點：通常發生在兩人或兩人以上的團體之間、訊息的傳送、有意義的溝通。Phillips 等人則認為溝通是一種過程，意指兩人或兩人以上的團體，經由符號的交換而建立關係的過程，這些符號在交換的過程中產生意義，並藉由意義的交換使關係得以發展。換言之，溝通是「一種傳達意思給別人，且為別人覺知到的行為。這種行為可以是語言或非語言的，只要對話是為了傳達意思，就能算是溝通」（圖 2-1）。

傳送訊息者 ⇄ 訊 息 ⇄ 接收訊息者

圖 2-1　溝通的基本模式

二、溝通的真諦

　　在人際互動頻繁的現今，儘管智慧的研發、科技的發達，電話、網際網路已縮短人們溝通的速度，但溝通的內容依然無法以科技的成果加以取代或省略。因此，瞭解溝通的內涵及重要性，體認溝通的真諦，才是建立良好溝通的本質。

　　我們每個人每天都不停地在進行溝通，對於溝通這件事，我們做得是多麼自然，不管是高興、憤怒、悲痛……都會運用文字、語言等方式表達。溝通不難，但良好的溝通卻不是簡單的事。人們在日常生活與繁雜的工作中，自然而然會養成無意識的習慣，不要輕忽習慣的力量，它可是會決定一個人這一生是否平順？是否成功？是否樂觀？的關鍵因素。若沒建立得宜的溝通習慣，就很難有好的溝通及成功的未來。

雖說溝通是每個人每天都在進行的事，但不應等到想要溝通才去溝通。如果對溝通採取被動、消極態度，很難有成功的未來。想一想那些成功人士，大多有著積極的人生態度，做事認真勤奮，處世圓融負責，所以會以主動的態度處理周遭的事物，而不是被動地等到需要溝通才去溝通，畢竟若因被動錯失許多機會，他又怎會成功呢？

或許有人會認為溝通很浪費時間，事實上，做每件事情都是需要花費時間，但是若本著第一次就把事情辦好，一次就把事情敲定，以後就毋需再浪費多次時間，不斷、不停、反覆的為此事說明，因此在第一時間很費力地盡量將事情溝通好，可省卻未來說明的時間。

有人會說，我已經告訴他了，難道這不算是溝通嗎？很多人常誤解，認為已經告訴對方了，就是做過溝通了，嚴格說，這不算溝通，只是單向的表述而已。既然稱為「溝通」，就是需要彼此交流意見。

公司在應徵人才時，莫不希望所徵求的人才是主動積極又服務熱忱高的人，有良好的人際溝通技巧，能將所託付的業務辦得很好。大凡有良好人際溝通能力的人，會主動關照周遭的人、事、物，懂得運用個人專業知能與技巧於業務上，有平穩的情緒、敏銳的觀察，掌握及調和組織內氣氛，是一個有人緣、有績效的人。因此，可見溝通是現今生存非常重要且必備的技巧。

有人會問，到底溝通能力是否是與生俱來？溝通是人類後天所習得的「本領」，而非天賦的「本能」。良好的溝通能力與技巧之養成，首重於家庭。子女在家庭中若有充分的親子溝通經驗，從其中學得溝通態度、知識與技能，將有助於對問題順利處理與解決的能力。為了培養子女良好的溝通能力，父母應該於子女懂事開始，就運用各種正確而充分之親子溝通，教育與訓練子女利用溝通技巧，有效解決問題。

三、有溝就能通

在生活中，我們可以看到很多的溝，如水溝、鴻溝等，因為有水溝可以疏通水流，讓我們不被水患所苦，因為有水溝的引流，讓水得以引入大海中，大水能川流不息；水溝雖是簡單的結構，卻有相當大的功效。想想若沒有水溝、我們在生活環境上壓力會有多高，就無法安心生活與工作；人類的溝通就如同水溝一般，透過有形、無形的溝通管道，讓人們彼此傳遞訊息、傳遞關愛與溫暖，而活化、豐富整個社會，所以「溝」可說是人與人之間的理念、想法、看法、作法透過溝而傳遞下去。

「通」就是傳遞、流動之意，將彼此的心靈鴻溝，搭建出交流的橋樑，疏浚心靈河川的障礙。現在仍以水溝為例，若僅有水溝而溝內沒有水或有阻礙物，則無法使水溝保持暢通的狀態，其實已失去水溝設立的目的，因此就實際面而言，除建了水溝外，必須有內容物——即水，不管是清水、濁水，才能流動，才能達到疏導之用。同理，對於人類的溝通，必然是透過彼此交互的訊息流動，若僅有一方的訊息輸入，無法達成溝通的目的，都不是很好的溝通模式。

（一）溝通障礙

當雙方訊息無法繼續傳遞下去，雙方無法充分表達訊息，就會出現「溝通障礙」，例如在家庭中、會議上、校園中的爭吵、抱怨或抗議。

到底什麼狀態下會產生溝通障礙呢？舉凡彼此缺乏誠信、主觀意識強烈、缺乏充裕時間、缺乏傾聽技巧、溝通訊息不正確、無法反躬自省、自私等因素都會引致溝通障礙。若溝通雙方無法本著誠信的心、相互尊重與包容，彼此猜忌、不滿，當然會出現障礙；同時表達者若有強烈的主觀意識，雙方不容易有共識，無平衡點，所以溝通無效；在溝通時若無足夠的時間進行深入溝通，便無法將事情說明清楚，容易產生誤解；再者與人溝通時應心平氣和、耐心傾聽，不要急躁，要有傾聽的技巧，瞭解發訊者所想表達的意義；至於溝通訊息時，正確解讀訊息相當重要，若無法掌握正確的訊息，講也是白講，無助於溝通；提到應反躬自省，與人相處溝通貴在真誠，若無法以誠待人，再多的溝通都是虛假，無法獲得真正的友誼，自然久而久之就會產生溝通障礙；最後提到自私這一點與前項一樣，為了讓個人建立良好的人際關係，不自私是與人交往最重要且最基本的態度。

（二）有溝不通

有人說我與他溝通半天，但始終就是沒有辦法和他繼續溝通，真是所謂「有溝不通」，由此表示他們間的溝通是出現障礙，彼此因為猜忌無法坦誠，在進行溝通時，或抱怨批評、相互叫罵、出言不遜、惡言相向，甚至希望看對方笑話，如此豈能期待獲得好的溝通，將事情圓滿處理。若團體間的成員都是如此性格的人員所組成，非團體之福，恐是爭議的開端，畢竟貌合神離的團體是無凝聚力可言，彼此無共識，又如何冀望有好的業績呢？我們是不可以輕忽溝通對每個人的影響及整個組織的永續經營。

2-2 人際溝通的概念

一、人際溝通的歷程

人際溝通（Interpersonal Communication）是一種有意義的互動歷程，其含有三個重要的概念——

1. 人際溝通是一種歷程（process）：在一段時間之內，有目的地進行一系列的行為。這些行為在每一次溝通的歷程裡，都會產生意義，都算是在進行人際溝通。

2. 是一種有意義（meaning）的溝通歷程：在溝通的過程中，溝通的內容是「什麼」？所傳達的其意圖是「為何」？此溝通有多重要的價值？

3. 雙方在溝通歷程中是一種互動的表現：在溝通時及溝通後所產生的意義都有責任存在。在尚未溝通之前，不能先預測溝通互動後的結果。

溝通可以不斷延續下去，但也可能中止。雙向式溝通為互動式的意見交流，所以會一直延續，如情侶約會，雙方的溝通可以延續很長的時間。另一種為單向式的溝通，如父母命令子女不要不停地玩電腦、老師要求學生上課不要遲到等，此類溝通為單一方傳達訊息，要收訊的這一方遵行發訊者的一種溝通方式，因此很容易就中止。

二、人際溝通的特色

（一）具目的性

人與人溝通時，有目的性存在。比如你在一個城鎮中迷路了，想開口問路希望獲得幫助，不論你問的對象是誰，不論你的語氣是和緩或著急，均有一個你所要設法求得目的性存在。

（二）具象徵性

溝通可能具有語言性也可能是非語言性，如面部表情能夠表現出你的非語言溝通，或是書信、文章文摘等可以具體的文字，傳達出其表徵的涵意，均有一種象徵

性的作用。所以比如吵架，有破口大罵的一種非理性溝通方式，也有冷戰不說話，但彼此雙方也能夠明白對方所表徵的意思。

（三）具相互性

指任何的溝通中，人們不只是分享內容意義，同時在分享的過程中，也顯示出彼此間的關係。互動的行為中涉及到關係的兩個層面，一種是呈現於關係中的情感，另一種是關係本質的主控者，而關係的控制層面有互補的，也有對稱的。在互補關係中，一人讓另一人決定誰的權力較大，所以一人的溝通訊息可能是支配性的，而另一人的訊息則是在接受這個支配性。在對稱關係中，人們不同意有誰能居於控制的地位，當一人表示要控制時，另一人將挑戰他的控制權以確保自己的權力，或者是一人放棄權力，而另一人也無法承擔責任。互補關係比對稱關係較少發生公然的衝突，但是在對稱關係中，兩人的權力較可能均等。

（四）透過學習而來

人際關係的互動看似自然、與生俱來，所以很少人注意溝通的形態與技巧。有些人總是把一些溝通上或態度上的錯誤想成「這是天生的，無法改變的」，就不試著去改正自己的錯。其實溝通可以透過學習不斷修正，我們都要不斷的從學習和練習中獲益。

三、人際溝通的模式

溝通模式包含兩位溝通者（一人是傳遞訊息者，另一人是接收訊息者）、溝通的訊息以及溝通的管道，然而在溝通的過程中，會影響到溝通結果的干擾因素也必須列入考量——

（一）傳遞訊息者

為了使對方瞭解所傳遞的訊息，在傳遞時必須先建碼（Encoding），也就是訊息傳遞者將訊息轉換成他認為對方可以瞭解的符號的過程，如此才有可能將訊息經由適當的溝通管道傳給對方。

（二）溝通的管道

日常生活，人際溝通過程運用的工具有很多，諸如運用語言進行交談，利用文

字書寫傳遞訊息，也可能同時利用一些圖片、數字、符號，甚至溝通過程中，為了使表情更能達意，會加上一些動作、姿勢、擺動等非語言方面的訊息，這些都是溝通過程，很自然發生的方式。詳細介紹請見 2-5 人際溝通的管道。

（三）干擾因素

干擾因素包含物理因素（如噪音、高溫或低冷、空氣不佳、氣味好壞等）、心理因素（如正、負面情緒或個人之偏見）及文化因素（如文化刻板印象、價值體系、不同文化背景等）。

（四）接收訊息者

為了瞭解對方所傳遞的訊息，訊息接收者在收到對方之訊息時必須先解碼（Decoding），也就是訊息接收者知覺對方所傳送到訊息後，自我解釋及評估的過程。此時，接收訊息者在解碼的過程中也就成為訊息的解釋者，個人的文化背景、自我與歸因方式也就發揮了作用。

四、人際溝通的目標

以下是一些我們可以常看到的溝通場景：

應酬或閒談	**報導式談論**	**分享個人觀念**	**分享個人感受**
「你好嗎？」或「你去逛街呀？」	「今天的溫度是迄今為止，今年最熱的一天！」	「我認為這種做法不好！」	「當我知道這件事後，我感到很不開心！」

從這些場景我們可以依其溝通的目標分為：

1. 傳達事件：陳述事實，引起對方注意。
2. 表達情緒：表露觀感，引起對方認同。
3. 營造關係：強化觀感，爭取對方同意。
4. 達成目標：鞏固關係，確定目標達成。

第1堂
第2堂
第3堂
第4堂
第5堂
第6堂
第7堂
第8堂
第9堂
第10堂
第11堂
第12堂
第13堂
第14堂
第15堂

五、人際溝通的功能

　　人際溝通具有心理、社會和決策等功能，與我們的生活層面息息相關。

（一）心理功能

1. 為了滿足社會需求和他人溝通：心理學認為人是一種社會的動物，人與他人相處就像需要食物、水、住所等基本需求一樣重要。

2. 為了加強肯定自我而和他人溝通：有時藉由溝通，我們能夠從別人口中認識不同面向的自己，人都想被肯定，受重視，從溝同互動結果能找尋到部分的答案。

（二）社會功能

　　人際關係提供了社會功能，藉著社會功能我們可以發展與維持與他人間的關係。我們必須經由他人的溝通來瞭解他人。藉著由溝通的過程，關係得以發展、改變或者維繫下去。因此在與某人做第一次的交談後，可能會決定和此人保持距離或者接近他。

（三）決策功能

　　人類除了是一種社會動物之外，也是一種決策者。我們無時無刻都在做決策，不論接下來是否要去看電視，明天要穿哪一套衣服，或者是否該給對方一個微笑。有些決定可以靠自己完成，有時候卻得和別人商量才能做決定。而溝通滿足了決策過程中兩個功能：一是促進資訊交換，二是影響他人的決策。正確和適時的資訊是有效決策之鑰。現今我們也藉著溝通來影響他人的決策，如和朋友去買衣服，他的詢問意見與你的傳達意見之間的互動就可能會影響到結果。

PLUS+ 人際溝通目標量表

　　在這一份測驗中，你可以檢測自己在人際溝通時，自我與他人取捨之間，究竟是彰顯自我價值？還是關懷他人。

| SCAN ME | 想瞭解你的人際溝通目標量表嗎？快點進來看看吧！（資料來源：華人心理治療基金會）

2-3 人際溝通的形式

一、人際溝通的常見形式

溝通形式就個體而言，可分為人際溝通及組織溝通二種；人際溝通是指兩個個體面對面或個體在群體間的溝通，如打電話、發 e-mail 電子郵件等；組織溝通是指多個體或群體間的溝通，如公務員代表該單位去開會，會中所表達意見，非個人的意見而是該單位的意見。就場合而言，可分為正式溝通及非正式溝通。

（一）正式溝通

正式溝通（Formal Communication）指一組織對內或對外所進行的公文，正式會議的召開、公司的布告、刊登廣告等即是。又可分為上行溝通、下行溝通、平行溝通、斜行溝通——

1. 上行溝通：上行溝通用於交換資訊、解決問題及回應下行溝通。在許多組織中，上行溝通的使用率遠不如下行溝通那麼頻繁。主管倚賴於部屬提供資訊，員工的報告讓主管得以知道目標達成多少，目前有哪些問題存在，同時主管也能從中瞭解員工對組織工作的看法。

2. 下行溝通：下行溝通是指資訊的流動是由組織層次的較高處流向較低處，通常下行溝通的目的是為了控制、指示、激勵及評估。其形式包括政策宣示、備忘錄、任務指派、下達指令等。有效的下行溝通並不單只是傳送命令而已，而是能讓員工瞭解公司之政策及計畫之內容，並獲得員工的信賴和支持，因而得以有效的期待，同時有助於組織決策和計畫的控制，達成組織之目標。

3. 平行溝通：平行溝通可分為兩類：第一類是在一個部門內同事間的互相溝通，第二類是不同部門間但為同一層級的員工。基本上，這類溝通的目的是為了交換資訊、解決小問題，或是出自社交需求等。彼此之間的溝通。平行溝通的方法，包括文書、備忘錄、會議、洽商、聯絡單等，或是其他非正式的方式。

4. 斜行溝通：斜行溝通和不同部門間的平行溝通類似，不同的是溝通的對象是階層相對較高或較低的人員。這種情況可能發生在無法有效的和同一層級的人員溝通時，而向其上級溝通或較低階層的直接承辦人員溝通。

（二）非正式溝通

　　非正式溝通（Informal Communication）指非正式社交活動的訊息交流，如同學間的耳語、同事間的聊天、員工私下間的交談、謠言、非正式的接觸、社交、來往、友誼、非正式的宴會、聚餐、郊遊等。

　　事實上我們日常相處接觸中，非正式的溝通所占的比例較多。對於一般性的溝通，個人的人格特質、人際關係、溝通技巧等因素是影響溝通品質的重要因素，人際關係圓融、良好的人，在非正式的溝通場合中，永遠是最亮眼、常勝的，因此可見人際圓融亦繫乎個人幸福與成功。

　　目前企業界、機關組織、學校等團體，非常強調走動式的管理，即不再為上對下式較威權的管理，希望領導者能多參與團體內部，主動瞭解、掌握事件及團體討論爭議的核心問題。因此，走動式是能隨時伺機行動，取得優先機會，在第一時間做好處置，具機動性，能立即做很好的處置，故有績效性，所以稱為「機動有效的走動式溝通」。

　　另一種與前項走動式溝通方式頗多雷同，同樣採接觸的模式，只是其接觸層面更深層，彼此透過深入的瞭解、互動，凝聚共識，對於問題、業務的推展，因彼此已有良好的默契與情誼，對於困難、棘手的問題，能本著同甘共苦、休戚與共的精神，奮力完成，就算有危機事件都能化險為夷，故稱為「深入共識的根轉式溝通」。

二、人際溝通分析模式

　　溝通分析又稱交流分析、互動分析。溝通分析的目的在於幫助當事人對於現在的行為與生活方向重新做決定，讓個體學會在生活裡除了無語認命的方式外，還有許多其他的選擇。溝通分析與大部分的治療法不同，因為它是契約與決定導向的，由當事人訂定契約，清楚確立治療歷程的目標與方向；同時把焦點放在幼年所做的決定，並強調我們有重新做決定的能力。治療的本質就在於以自覺、自發及親密的自主性生活型態，去取代受到遊戲與自我挫敗的生活腳本所支配的生活型態。

加拿大心理學家艾立克・伯恩（Eric Berne）於 1950 年代提出 PAC 模型，指出每個人的個性都包含三種自我狀態（Ego State）：父母、成人與孩童（圖 2-2）。

父母自我狀態（Parent ,P）
權威、強制，如：這麼簡單的事都做不好，真糟糕。

成人自我狀態（Adul ,A）
成熟、中性、客觀理智，如：你能夠把這事做好嗎？

孩童自我狀態（Child ,C）
直覺、軟弱、天真，如：好討厭！你又來了！

圖 2-2　人的三種自我狀態（Ego State）

P 父母自我狀態類型的人說話時習慣展現威嚴，常採用命令式的語調，如「你應該」、「你不是」、「你必須」或「怎麼那麼笨」、「怎麼什麼都也不會」，行為則多挑剔、斥責他人。

A 成人自我狀態類型的人行事理智、明辨是非，凡事就事論事，會依據現有條件客觀思考，溝通時會以清晰的邏輯說服他人，如「我的觀點是」、「我個人的想法為」、「根據狀況」，但不會擺出任何架子。

C 兒童自我狀態類型的人說話常感情用事，想到什麼說什麼，如「我想要」、「我不管」，行為也有可能不具主見、不負責任、任性或喜怒無常。

當不同類型的人有了交往之後，他們之間所發生的一切，都會牽扯到各自的自我狀態。兩人之間的溝通，常有「互補式」、「交錯」、「曖昧」三種溝通形式。

互補式溝通是「一種適當的也是預期中的溝通方式，同時還遵循正常人際關係的自然法則」，具有直來直往的開放特性。互補溝通可以說是兩人對於對方期望的互補滿足，可以發生在任何兩種自我狀態之間，當溝通的雙方處於父母對父母、成人對成人、兒童對兒童、父母對兒童時，此時溝通的雙方就是在互補溝通的狀態裡。例如小孩對爸媽說：「原本的校外教學遇到疫情取消了，下一次的校外教學不知道會不會又因為疫情而取消。」父母說：「你一定很難過吧！我們都要做好防疫的準備，這樣疫情控制下來，校外教學就有可能舉辦了。」

交錯溝通是當一個人對另一個人有所期待而沒有得到預期的反應，這時人們可能退縮、逃避對方或轉換溝通方式。人際關係中的痛苦常由交錯溝通而來，交錯溝通可說是人際關係發生故障的訊號。例如 A 小姐對 B 先生說：「我已經做了一星期的家事了，接下來換你。」B 先生卻回答：「女生做家事天經地義，怎麼還會輪到我做呢？」

曖昧溝通在表面上它是以社會可以接受的方式表達意願，實際上卻另有所指，即牽涉到二種以上的自我狀態，一個是表面的，一個是暗藏的。例如女朋友對男朋友說：「明天就是情人節了耶！」男朋友卻回答：「對呀！時間過得真快」。

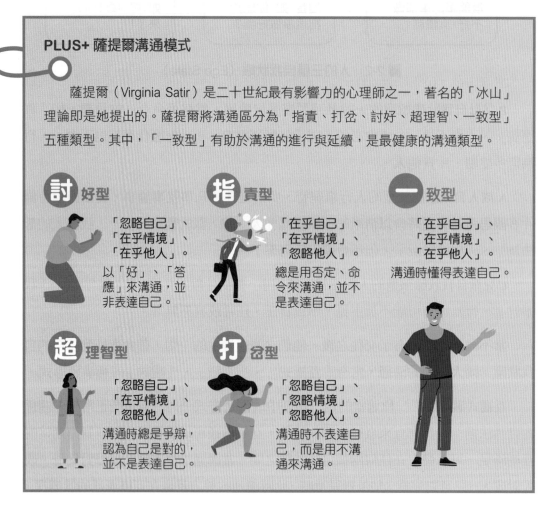

PLUS+ 薩提爾溝通模式

　　薩提爾（Virginia Satir）是二十世紀最有影響力的心理師之一，著名的「冰山」理論即是她提出的。薩提爾將溝通區分為「指責、打岔、討好、超理智、一致型」五種類型。其中，「一致型」有助於溝通的進行與延續，是最健康的溝通類型。

討好型
「忽略自己」、「在乎情境」、「在乎他人」。
以「好」、「答應」來溝通，並非表達自己。

指責型
「在乎自己」、「在乎情境」、「忽略他人」。
總是用否定、命令來溝通，並不是表達自己。

一致型
「在乎自己」、「在乎情境」、「在乎他人」。
溝通時懂得表達自己。

超理智型
「忽略自己」、「在乎情境」、「忽略他人」。
溝通時總是爭辯，認為自己是對的，並不是表達自己。

打岔型
「忽略自己」、「忽略情境」、「忽略他人」。
溝通時不表達自己，而是用不溝通來溝通。

2-4 人際溝通要有效

一、有效溝通的面向

要如何達到溝通的目的，做有效的溝通，以下將就影響有效溝通原則分為資訊傳送、語言表達及溝通者行為與心理等三方面，予以說明。

（一）資訊傳送方面

1. 應避免在吵雜的溝通環境中。
2. 有標準化的傳遞工具。
3. 縮短溝通的流程。
4. 暢通組織內的溝通管道。
5. 選擇適當的溝通管道與模式。
6. 充分發揮溝通的優點。
7. 健全溝通回饋管道。
8. 組織應定期召開會議，傳達重要訊息。

（二）語言 (Semantics) 表達方面

1. 適當的運用專門術語。
2. 字義應簡單明確，易於瞭解。
3. 尊重對方，不能做人身攻擊。
4. 避免使用不適當的語言。
5. 少用激烈性、強烈性的批判語言。
6. 用短句代替長句。

（三）溝通者之行為與心理方面

1. 在溝通前，應確立溝通的目的，可先實際練習溝通。
2. 妥善利用身體語言。採取明確中肯、支持性而非防衛性的態度。
3. 溝通時，應考慮到整體實質環境與人性環境。
4. 尊重他人，以他人立場，可多瞭解情況。
5. 在規劃溝通作業上，應諮詢他人的意見。
6. 在溝通時，應留意溝通的語調及訊息的潛在涵義。
7. 溝通時亦需著眼未來，持續追蹤溝通效果。

二、有效溝通的法則

　　溝通技巧並無統一的標準，常會因應環境而有不同，若講了半天沒講出目的或是對方根本沒聽懂，就白溝通了，以下略述幾項溝通時應注意的要點：

1. 訊息要儘可能簡單、清楚，好讓對方聽得懂：溝通時最重要的就是讓對方很快且清楚知道所表達的意義，及做好回應。

2. 環境場合務必適合訊息傳遞：訊息傳達的環境狀態，是影響訊息品質的重要因素，在和諧融和的環境下，表達感性的言語，很容易獲得共鳴；在吵嘈的空間下，如何要求好的收訊品質及良好的回應。

3. 要引起聽者的注意：進行溝通時，一定要引起收訊者的注意，否則溝而不通，等於沒做。

4. 用開放提問法和傾聽確認對方是否充分瞭解你所傳遞的訊息：這是溝通進行時的技巧，為確認所表達的訊息，對方是否理解或誤解的一種技巧，透過開放式提問法和傾聽來確認對方的瞭解情形。

5. 積極聆聽，察言觀色：與人溝通時，要有禮貌，目視對方積極聆聽，並適度回應，同時應察言觀色，瞭解對方表達的內涵。

6. 適時鼓勵，讚賞肯定：與人互動過程中，言談中必定會有峰迴路轉時刻，激動處要相互砥礪；感傷處也要適時注入關懷，給予肯定與讚賞，使彼此獲得更多能量，能繼續再前進。

7. 掌握時機，表達自己：溝通亦是個人表達意念、理想、風格的好時機，但如何運用時機是相當重要的，在適當的時機，將個人美好優質的一面做適度的回應，是一個很棒的宣導機會。

8. 把握溝通的七 W：所謂溝通的七 W 即 Why（為什麼要溝通），Who（誰要進行溝通）， Whom（向誰去溝通），What（溝通些什麼），When（何時進行溝通），Where（何處進行溝通），How（如何進行溝通）等七個要素。

9. 善用溝通三心：溝通的基本態度有三心：誠心、非占有的愛心以及同理心。誠心是指忠於自己的觀念與感情；非占有的愛心是強調接納與尊重；同理心是以站在別人的立場來分析。

2-5 人際溝通的管道

人際溝通的管道可分為語言、文字、肢體語言。

一、語言

語言溝通是藉著具有共同意義的聲音,透過口頭傳述,系統性的溝通思想和情感的方法,又稱為口頭溝通。語言能力並不等於溝通能力,語言能力主要是在於表達並傳遞訊息;溝通能力是溝通者能針對當時情境與特性,做最適當的表達,讓對方清楚知道溝通者所要傳遞的訊息。而副語言則指說話過程中的聲量、聲調、節奏、速度、情緒(如猶豫、顫抖、哭笑),或是出現呻吟、打呵欠、打噴嚏的動作。例如,一個人興奮、生氣、驚訝、說謊時,音調會較高;但悲哀及沮喪時,卻剛好相反。溝通時,三種管道常同時並用,而研究顯示,人們依賴臉部線索解讀訊息的程度遠大於口語線索或口語訊息本身。

(一)常見的語言溝通方式

演說、對談、團體討論、非正式的謠言等,都是常見的語言溝通方式。

1. 演說:溝通者將自己的想法、訊息與多數人分享。演說通常屬於較單向的溝通,因此溝通者必須能明確且清晰的要表達之意思,具體且清楚陳述。此外,也可藉由肢體語言的搭配,使得演說更為生動,以吸引接受訊息者的共鳴,以求得溝通之效果。

2. 對談:對談通常是溝通中互動性最高,且最能將訊息直接傳達的最佳方式,但也最易受到環境、情緒、用字遣詞等外在因素影響。

3. 團體討論:由兩人以上成員所組成之對談,可稱為團體討論。團體討論中,因為參與人員較多,更應重視團體成員的感受,以及清楚具體的語言表達;此外,討論的情境與氣氛也是取決於成敗之關鍵。

4. 非正式的謠言:口頭訊息可以很快的傳遍,也很容易被扭曲。謠言是非正式的溝通管道,具有三項特色:

(1) 不是管理者所能控制的。

(2) 被認為比正式的溝通管道更為可靠的資訊來源。

(3) 滿足群體內的自利需求。

（二）語言溝通的特色

聲音的四個主要特色包括：音調（指聲音的高低）、音量（指聲音的大小）、頻率（指聲音的快慢）、音質（指聲音的音質）。

這些不同特色的作用，能加強或抵觸由文字本身所傳達的意思。當我們的情緒處於憤怒狀態，通常說話音調高、大聲、快速，而在心情難過時，則會出現較低沉、輕聲而緩慢的說話方式。除了音頻、音量和音調的改變之外，每個人也都會利用不同的音質來傳達特別的心境。比方說，撒嬌抱怨的時候，通常會帶些鼻音來講話，緩慢、帶有氣音說話方式，則讓人有柔弱的感覺；嘹亮、昂揚的聲音聽起來就令人振奮；刺耳、嚴厲的聲音則讓人聯想憤怒的情緒。對每一種音質，都賦予不同的想法、感覺或價值判斷。

（三）語言溝通的原則

1. 注意語言的音調、抑揚頓挫、語言的先後順序、起承轉合以及使用語言者的心理狀態。

2. 注意贅語的干擾：通常在談話中，本身很難發覺說話中的贅語，但對聽者可能會造成很大的困擾，影響注意焦點進而妨礙溝通。

3. 注意用字遣詞：在語言溝通中往往用字遣詞不當，將會引發誤解進而影響溝通的成效。因此，談話中要能注意對方感受，選擇對方最能接受的字詞來組成語言進行溝通。

4. 注意雙方的情結、動機、性格、經驗和知覺等影響。

二、文字

（一）文字溝通的意義

文字溝通又稱書面溝通，是運用具有共同意義的符號，有系統的溝通思想和情感的方法。

（二）常見的文字溝通方式

文字溝通的方式有文字、圖畫、數字、符號、記號、藝術品、信件、公文、刊物等。由於文字並非人人都懂，以致文字溝通大多表現在一定領域內的人際之間。例如，文字本身只有受過相當程度教育或某些識字的人才能瞭解，以致常侷限於這些人才能運用。又如符號的使用多在具有同質性的團體成員之間，才能心領神會。藝術品所表現的訊息，必須受過同樣藝術訓練的人才能理解領會，凡此都是文字或書面溝通的限制。因此，文字溝通的運用，首先必須力求通順。一篇順暢通達的文章，不但可清楚地表達它的原意，且能使人產生清新愉悅的心情；而一篇文句不通的文章，不但無法表達它的原意，且會造成閱讀者情緒的困擾和心思的混亂，以致無法達到理解與溝通的目的。表 2-1 為文字溝通與語言溝通之比較。

表 2-1 文字溝通的優缺點

優點	缺點
1. 實質的、可加以保留存檔，以供查證。	1. 必須花費許多時間才能做成溝通。
2. 溝通者較為謹慎行事。	2. 無法立即得到回應。
3. 較佳邏輯性、明確性和嚴謹性	3. 無法立即證實是否被誤解。

三、肢體語言

人類最早使用的溝通方式可稱為肢體語言溝通，包括肢體的擺動、姿勢、注視、皺眉、搔頭。肢體語言溝通或其可包括人類的任何肢體動作，如身體的面部表情、身體距離、音調的抑揚頓挫、搖手、搖頭等，都能傳達某種訊息，由此可知，肢體傳遞訊息的方式，並不少於語言溝通，且是最原始的溝通方式。新生嬰兒在出生並不具備運用語言的能力，必須經過相當時期的成長與學習，始能逐漸瞭解語言的涵義，並懂得運用完整的句子以表達其意思，甚至一直到成人。

（一）肢體語言溝通的意義

指一個人透過臉部的表情，眼神的注視，手勢及其他身體動作、說話的口氣、穿著等，來表達訊息感受或企圖影響他人的溝通行為。因此，所有的肢體動作都有其意義，沒有任何肢體動作是偶發的。肢體語言具有持續的、多重管道的進行、呈現較深的情緒內容、溝通訊息較模糊、文化上有較多的差異性等特性。

（二）肢體語言溝通的功能

肢體語言可傳達語言未明確表達的訊息，例如，雙臂交叉胸前表示防衛，聳肩表示不在乎，輕拍額頭表示忘記。生氣時，雙手會握拳，甚至搥桌。雖然有人不認同肢體動作所代表的意義，甚而認為某些肢體動作是無意識的，但肢體動作並非無特定意義，甚而它與口語結合時，會使訊息的傳達更為完整。肢體語言具體功能有：表達情緒、傳統態度、搭配並潤飾言談、呈現自我形象、儀式行為。

（三）肢體語言溝通的方式

肢體動作的表達方式甚多，條列如下：

1. 眼神接觸：溝通者可善加利用眼神與對方進一步接觸，提供更多訊息，以達成溝通之目的。在所有的肢體語言中，最能點綴溝通的就屬於眼睛。一般而言，眼睛可以敏感地反應一個人的情感。個人在交談時，不只是需要嘴角上的笑容，而且眼神中必須滿溢著光輝，如此才能顯現出穩健、溫暖，讓對方心存感動。

2. 臉部表情：是最能表達情緒的部位，包括喜、怒、哀、樂、好、惡、憂、懼等，都可從臉部表情顯現出來。但也最複雜、最難以辨別，因為人類可以同時表達多種情緒。如能善加運用，可體會對方及情境的瞭解程度。

3. 手勢：是最常運用的肢體語言溝通方式。大部分的手勢動作多為協助或伴隨語言溝通而來的。只是手勢常因人而異，有些人手勢比說話多，有些人說話比手勢多。大部分的人想隱藏情緒時，會特別控制臉部表情，但較不會去注意手腳的動作或姿勢，因此手勢是情緒的最佳指示器。

4. 姿勢與姿態：姿勢包括身體的各種形態、位置和移動等。姿勢的改變也是一種溝通，如身體坐直而前傾表示高度注意，靠背而坐表示鬆散，突然起立表示談話結束等。通常大部分的人都會忽略姿勢的訊息，因為有時真的是不容易察覺它所代表的訊息。因此，如能敏銳察覺到細微的變化，這種變化常常是由內在感受而顯現於外的。這將對溝通有相當大之助益。

5. 身體距離：身體距離也是一種肢體動作和溝通方式。通常身體保持一定距離表示警戒，身體靠近表示親密。身體的距離常隨著社會文化的不同而有所差異。例如，中東人在談話時要靠近，美國人則保持一定距離；中國人以握手為禮，美國人則為擁抱等。

四、其他影響溝通的要素

1. 衣著的選擇：穿著的方式會影響他人的看法，衣著是具有社會訊息的傳遞功能，不同的衣著適合於不同的社會情境，於特定情境中，會對特定角色給予正式的衣著，因此不同場合不同角色，將有不同之正式衣著。

2. 人際接觸：接觸是人際溝通中另一個原始形式。接觸對孩子的重要性也是一樣的，觸摸是指用手去輕拍、拍擊、捏、重擊、握、擁抱和撫摸。這是人類最早的重要溝通管道，也是自我表現的基本部分。個人使用觸摸行為的理由相當多元；也許是無意的、不摻雜個人感情的或是有意的、親密的。

3. 永久結構的經營：在居住、工作環境中，在空間內所無法移動之建築物，都是屬於永久結構。可以針對所要溝通事務之性質，選擇適當良好之建築物或空間，以讓溝通能經由環境作進一步幫助。

4. 空間內可移動物品的經營：可透過布置安排物品來經營溝通的空間，創造想要的氣氛，空間的安排對於溝通的影響非常的大，善加規劃有助於溝通之成效。

5. 氣溫：對於溝通也有相當的影響，例如，天氣炎熱，說話就顯得不耐煩；天氣寒冷，說話就較為吃力，且不容易專心。因此，在舒適的氣溫下，溝通是最順暢的。

6. 燈光：燈光的明亮，對於溝通的進行也有相當的影響，選擇適當的場所與燈光是非常重要的。

● 課後討論

1. 請說明人際溝通的功能？
2. 請說明語言溝通常見的方式有哪些？
3. 請說明文字溝通常見的方式有哪些？
4. 請說明肢體語言常見的方式有哪些？
5. 請說明自己平日喜愛的溝通方式，並分析優缺點。

第1堂
第2堂
第3堂
第4堂
第5堂
第6堂
第7堂
第8堂
第9堂
第10堂
第11堂
第12堂
第13堂
第14堂
第15堂

第3堂

人際行為模式

　　人際行為模式是指人類的行為型態，大抵上包括人際關係與人際溝通。由於此種行為型態都有一定的模式，所以稱為人際行為模式。人際行為通常都是從個體出發，由個體在人際環境中依人際互動過程中作自我表現，包括人際知覺、人際吸引、人際溝通和人際親疏等。在經過這些要素的影響後乃形成人際關係的目標達成與否。

　　要了解人際行為模式，首先要瞭解一個人個體的自我知覺，然後再擴及個體的人際知覺，接下來再談人際關係的自我認識與表現，最後再看人際行為與社會調適。

| 本堂內容概要 |

3-1　　個體的自我知覺

3-2　　個體的人際知覺

3-3　　人際間的自我認識與表現

3-4　　人際行為與社會調適

勇於認錯，自我省察

　　山上有二間廟，甲廟的和尚經常吵架，互相敵視，生活痛苦；乙廟的和尚，卻一團和氣，大家笑容滿面，生活快樂。

　　某天，甲廟的住持便好奇的前來請教乙廟的住持：「你們為什麼能讓廟裡永遠保持愉快的氣氛呢？」住持回答：「因為我們都會做錯事，也都會認錯。」

　　甲廟住持正感疑惑時，忽然看見一名和尚匆匆從外面歸來，走進大廳時不慎滑了一跤，正在拖地的和尚立刻跑了過去，扶起他說：「都是我的錯，我把地擦得太濕了！」站在大門口的和尚，也跟著進來懊惱的說：「都是我的錯，是我沒告訴你大廳正在擦地。」被扶起的和尚則愧疚自責的說：「不！不！這是我的錯，都怪我自己太不小心了！」前來請教的甲廟住持看了這一幕，心領神會，因為他已從中領悟答案了。

　　甲廟的和尚不論是什麼事，都不肯認錯，所以經常吵架；反觀乙廟的和尚，懂得認錯，所以能「大事化小，小事化無」。所謂「人非聖賢」，人難免會犯錯，犯錯時就應該勇於認錯，不要逃避。

　　往往，我們為了保護自己而推卸責任或與人爭吵，但認錯未必會是輸，因為認錯不但能表現出個人修養，反省自己激勵向上，甚至可以化暴戾為祥和。

📋 學習筆記

　　人的一生，總會扮演各種不同的角色：家庭中，當子女不肖時，我們應該檢討自己是否未盡教養之責；公司裡，當屬下績效不佳時，我們應該檢討自己在教導治理方法上，是否出了問題；社會上，當大家責怪環境惡劣時，我們應該檢討自己是否就是那個破壞環境的人。

　　一個人如果沒有時時自我省察，認清自己的長短缺失，很容易得意忘形而失敗。

3-1 個體的自我知覺

一、自我知覺的概念

個體的自我知覺是指個體對自己的定義和評估。基本上自我分為兩個部分，一個是指主體我，也就是處理訊息和解決問題的我；另一個是指對應於他人關係的自我，是我們與他人互動的過程中的受體。

自我知覺（Self perception）是指個體由自己的行為來推斷自己對自己的態度。當個體知覺有兩個認知（包括觀念、態度、行為等）彼此不能調和一致時，會感覺心理衝突，促使個體放棄或改變認知之一，遷就另一認知，以恢復調和一致的狀態。

個體與其環境無法分離，個體可視為是一個「環境中的自我」，亦即要個體行為有效，他必須對自己與周遭環境有充分的自我察覺（Self-awareness），其目的在於協助當事人能提高其自我察覺能力，並與環境做良好的接觸，以經驗其內在的衝突，統整其人格的分歧與對立，處理僵局（Impass），進而完成未完成的事，使當事人能從對環境支持的依賴而內向尋求自我支持，以達人格的成熟與負責的態度。

至於知覺，則是指眼睛、耳朵、鼻子、皮膚和舌頭所感覺到的訊息，經由大腦加以選擇、組織、解釋和評估之後，所賦予有意義的訊息過程。

個體的自我知覺包括個體的自我概念、自我印象和自尊三方面（圖 3-1）。

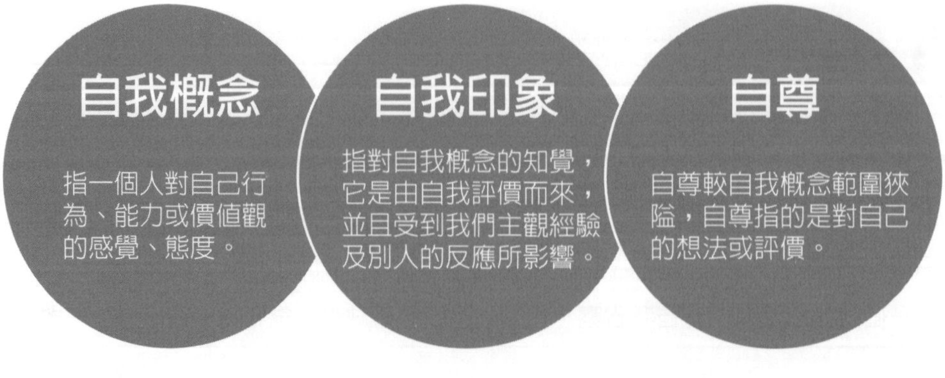

自我概念
指一個人對自己行為、能力或價值觀的感覺、態度。

自我印象
指對自我概念的知覺，它是由自我評價而來，並且受到我們主觀經驗及別人的反應所影響。

自尊
自尊較自我概念範圍狹隘，自尊指的是對自己的想法或評價。

圖 3-1　自我知覺包括自我概念、自我印象和自尊三方面

（一）自我概念

　　自我概念（Self-concept）是指一個人對自己行為、能力或價值觀的感覺、態度及評價。此外，自我概念也是一個人對自己是什麼樣的一個人的一種想法，它影響著關於自我訊息的處理歷程。我們每個人可能會在不同時間、不同情境扮演著不同的角色。心理學家卡爾‧羅吉斯（Carl Rogers）認為在個人思想和經驗中最重要的部分是對「我」的看法，即自我概念。它會影響個人如何去認知周遭的世界，進而影響一個人的行為。

　　自我概念的涵義範圍較自尊（Self-esteem）廣，它包含個體看自己的各種角度，涉及所扮演的各種角色，對自身所有的標示與描述，如認為自己是誠實的、溫暖的、具魅力的、過胖的。自尊則較自我概念範圍狹隘，自尊指的是對自己的想法或評價「高、低」。若認為自己是有價值的，則自尊較高。反之，若對自己有許多懷疑，不肯定自己的價值或不喜歡自己，則自尊的程度較低。

　　「理想的自我概念（Ideal self-concept）」是指自己希望自己成為的型態、樣貌，「現實的自我概念（Actual self-concept）」指的是自己認為自己目前所擁有的型態、樣貌。當兩者較接近時，個人整體上會擁有較好的自我概念，當兩者差距太大時，個人對自己有較多的不滿，並擁有較差的自我概念。

PLUS+ 主體我與客體我

　　美國心理學者詹姆斯（William James）認為自我包括「主體我」（self-as-knower）及「客體我」（self-as-known）。「主體我」具有感知能力，是能經驗想像、知覺和計畫、決策和適應外界的行動體。「客體我」又稱為「經驗的自我」，是經驗與意識的主體，是「所有一個人可以稱為屬於他的全部東西」，不僅是他的身體，還包括他的房屋、汽車、朋友、名譽、工作心理等。「客體我」也是人際間關係間個體所知覺感受的自我。「客體我」由三部分組成：

1. 物質我（The material me）：指個人的身體、衣物、財產。

2 社會我（The social me）：指個人的社會地位、聲望。

3. 精神我（The spiritual me）：指個人的心理傾向、理想、志趣。

（二）自我印象

　　自我印象是指對自我概念的知覺，它是由自我評價延伸而來，並且受到主觀經驗及別人的反應所影響，例如照鏡子時，若看到的是自己喜歡的樣貌，就會對自己滿意；和別人交談，若感覺自在，可能就會認定自己頗有人緣，這些皆會改變知覺形成自我印象。

　　要了解自我，其實就是要了解「自我印象」。我們的自我印象，決定了我們對世界的看法，也決定我們的未來命運。自我印象可能有兩項因素足以影響人際表現，第一是自我實現預言，如自己認為是受歡迎的人也會主動認識人，如所預期的認識不少人。第二是過濾訊息，如我不可能像你說的這麼好，忽略這個訊息，選擇強化自我印象的方面，以上皆會影響日後的人際表現。例如就學校與學生的關係而言，學校是一種生活情節，透過在學校和他人互動的結果，學生以印象管理（Impression management）發展自我，除可確認在別人眼中自身的形象是否符合自己期待，同時也可能在演出過程中受他人的傷害，而瓦解已經創造的自我印象。

　　高夫曼（Erving Goffman）說：「每個人都希望別人重視自己，或讓別人知道自己很重視他，或獲得一個模糊的印象。他也希望和別人一樣，使得互動可以繼續，或停止、混亂、誤導、敵對或侮辱對方。先不管這些人心理的特殊目的或動機目的，他的興趣可能都是想控制對方的行為，尤其是別人對自己的反應。」

PLUS+ 印象管理（Impression management）

　　「印象管理」一詞最早出自於高夫曼（Erving Goffman）《日常生活中的自我表演》（The presentation of self in everyday life）一書中，他認為互動中的一方，喜好透過語言與非語言的訊息，控制他人的行為，使他人對其具有良好的印象，例如因為在意自己形象是否在別人眼中看起來是自己期望的樣子，而時常在社群媒體上發文、傳照片經營自己的形象。簡單來說，「印象管理」就是個人為了去創造或是維持所需形象所產生的行為。

　　高夫曼認為社會交往就像戲劇舞台，每個人都在扮演某個角色，竭力維持一種與當前社會情境相吻合的形象，以確保他人對其做出愉快的評價。

第1堂
第2堂
第3堂
第4堂
第5堂
第6堂
第7堂
第8堂
第9堂
第10堂
第11堂
第12堂
第13堂
第14堂
第15堂

（三）自尊

　　自尊是指對自己正面或負面評價的「高、低」。自尊會影響溝通，進而形成日後對別人的知覺，例如低自尊的人容易否定自己，並且以自我否定的方式來與人互動，如此容易產生溝通恐懼及社會焦慮，影響日後的人際表現；而高自尊的人則出現較正面的觀點，預期自己容易被接納，如此在與人互動時則表現較有自信。

　　凡是有自尊心的人，都會自覺地培養作為人所應該具備的美德。一個懂得自尊的孩子，不僅尊敬老師，也會愛護弱小，一定是一個品學兼優的好學生。對於一個成年人來說，自尊作為高尚德行的標誌，和名譽密切相關。只有通過不懈的努力爭取來的名譽才是最寶貴的，有了名譽才可以得到別人的尊重。其中雖然不免有虛榮的心理，但是只要在自身的努力中沒有不正當或者欺騙的行為，適當的虛榮心反而會成為他們繼續進步的動力。

二、自我概念受到的影響

（一）家庭環境

　　人誕生於家庭，成長於家庭，家庭是子女成長的安全庇護所，提供子女經濟、教育、心理的需求，家庭更肩負了子女健全發展的責任。因此，家庭的氣氛、父母的教養方式、親子關係、婚姻關係、手足關係等，對一個人的認知、社會、情緒及人格發展，均甚為重要。父母管教子女的方式大致分為專制權威型、民主權威型、寬容放任型、忽視冷漠型（圖3-2）。

高要求

專制權威型	民主權威型
強調孩子要服從，遵守秩序與傳統，不在意孩子需求	採取開放的溝通模式，尊重孩子，必要時才會展現威嚴

低支持　　　　　　　　　　　　**高支持**

忽視冷漠型	寬容放任型
漠視孩子的需求，也未給予照顧、關愛，不要求孩子的表現	對子女放任，完全讓孩子自己作主，對孩子的要求較低

低要求

圖 3-2　父母管教子女的類型

1. 專制權威型：此類型父母在日常生活中以絕對的標準來衡量子女的行為，父母以權威方式管教子女，強調子女要絕對服從，遵守秩序與傳統，不鼓勵子女表達意見，親子之間少有溝通。

2. 民主權威型：此類型父母期待子女表現成熟的行為，訂定合理的行為標準，然後以堅定的立場去貫徹始終，鼓勵子女的獨立性與個性表現，親子間採用開放的溝通、尊重子女，但必要時仍會使用父母的權威。

3. 寬容放任型：此類型父母以放任方式對待子女，完全讓子女作主，接納子女一切行為，很少使用懲罰方式。

4. 忽視冷漠型：此類型父母漠視孩子的需求，也未給予照顧、關愛，不要求孩子的表現。

（二）學校環境

　　學校裡的人際關係主要建立在師生關係以及同儕的互動與認同上。學校是學生接受教育的搖籃、提供學生人性、事務性、物質性、文化性、社會性的學習場所，也是學生接受人格培育的地方。教師每天與學生相處，關係密切，雙方的態度、言行均會直接影響學生的學習過程、自我形象和成長方向。教學方法上，教師宜採用不同類型的教學法，視情況靈活變通，以增加學生的學習興趣，培養學生的思維能力。要學生有效學習，必須先激發其學習動機，產生了學習動機後，就要維持學生的專注力，加強學後保留。教師對待學生的態度方面，宜多採用正增強，減少懲罰的方式，懲罰不能建立正面行為，只會讓學生養成逃避的心理。許多時候，教師會認為表現良好是學生的「本分」，吝於讚賞學生。實際上，適當、避免空泛而評價式的讚美會使學生感到受重視，知道何種行為可被接納，不要以為教師對學生的影響力只限於課堂內，其實教師是可以在多方面幫助學生成長和學習。

（三）生活經驗

　　每一個人都有不同的生長環境與人生際遇，有人出生在父母社經地位良好的家庭，有人卻從小長在艱困貧劣的家庭中，不同的生活經驗對子女的成長與人格發展會有很大的影響。處在資訊爆炸的時代，意味各種資訊內容的氾濫。我們都清楚知道，資訊需要經過整理、過濾、消化和獨立思維的分解，才能成為有用的知識。在網路世界裡，有許多虛擬，甚至不良資訊，個人的身分可以在網上被隱藏，知識產權可以受到挑戰，所發布資料的真確性會受到質疑。

3-2 個體的人際知覺

一、人際知覺的概念

人際知覺又稱為社會知覺，是指對人的特性形成判斷的過程；它是知覺者、被知覺者與發生知覺的情境等因素交互作用之下的複雜歷程。

例如和某人互動，你可能會注意到他的外表、神采、姿勢、小動作，從對話中來獲知一些他的背景、興趣、能力及人格特質與人際風格，透過人際知覺來認識他人的結果。人際關係是互動的，因為意義發生於兩位參與者之間的原始訊息和對訊息的反應。溝通歷程發生於不同的人之間訊息的傳遞和回饋（Feedback），此歷程透過會被噪音干擾的知覺管道來進行。有效的人際溝通視個人的溝通能力而定。因為溝通情況是複雜的、多元化的，最重要的是要具有彈性的溝通能力，因此需要有非常多的人際技巧可供使用。

人際溝通是一個動態的過程，涉及的因素很多，如個人因素、情境因素、動機、知覺及反應等而這些因素間彼此又有存在牽一髮而動全身的相互關係。在核心的溝通歷程之外，個人因素是一個主要的影響因素，影響了個人的動機，並據此確立溝通的目的，進而影響個體的知覺、反應等。溝通的歷程大約遵循此模式進行，但因人際的互動是社會性活動，有其特定的背景，因此情境中的各種因素，如文化、環境等也無法避免地會對溝通產生影響，支配個人知覺及反應方式。

個體的人際知覺通常以人際判斷為基礎、依據多元線索推斷行為原因、以觀察者與行為者之分歧歸因等三方面來加以進行。

（一）人際判斷基礎

1. 情境：以對方身分地位、角色期望形成訊息。

2. 目標人物：判斷對方之外表、神情、語言。

3. 觀察者本身：個人觀察力、判斷力、價值觀。

溝通雙方在溝通歷程中，無論有意或無意都朝著所要達成的目標前進，以此為選擇訊息的依據，做出適當的反應。而目標常為個人動機所影響，以心理學家馬斯洛（Maslow）需求階層論（Maslow,1954）的觀點來看，動機的產生又源自於個人的需求。而個人的需求影響了溝通的目標，在溝通的過程中，雙方設定的目標若不一致或相差太遠，則無法達成共識，甚至容易產生誤會，影響互動的進行。

　　藉由知覺獲得環境中有關物體、事件或他人之訊息，是一種我們日常經驗的具體化過程（Mitchell ,1978）。知覺在人際互動中具有三項意義：

1. 自我知覺：了解自己所說、所表現及他人對此的印象為何。

2. 察覺他人的反應。

3. 統合知覺（Meta-perception）：即我們試著了解別人對我們傳遞出的訊息的覺知情形，並判斷他人對我們的知覺所傳出訊息的想法 (Hargie,1986)。藉由知覺，個人獲得人際互動間的線索，是做出反應時一項重要依據。影響知覺的因素包括：

   (1) 對刺激的熟悉度：這通常是指用語，我們說話時所使用的俚語，對於不熟悉的人來說，可能無法了解，甚至產生誤解。除此之外，如果不了解非口語，例如手勢等訊息，也可能產生溝通的障礙。

   (2) 對溝通對象的態度和情緒：例如我們可能較易知覺到我們所喜愛對象的行為表現，對於厭惡的對象則較少注意，甚至容易扭曲他們的行為。

（二）依據多元線索

1. 區辨性：從環境中之不同刺激是否做區別或選擇的一種反應。

2. 一致性：行為者對環境刺激所做某種反應之頻繁度及穩定度。

3. 同意度：從觀察者以外，其他的表現與目標者表現之一致程度。

（三）以觀察者與行為者之分歧

　　人際知覺包括對他人知覺及對自己的知覺。觀察者對行為者之歸因不同於行為者對自己行為之歸因。通常行為者較傾向將自身行為歸因於情境因素，而觀察者較傾向於將該行為歸因於行為者本身之因素，例如學生考試考不好，學生易歸因為題目太難，而老師易歸因為學生不努力。

以心理學的觀點來看，人一生的每一個時期，都有某些基本需求，個人的適應狀況與這些需求的滿足與否有很密切的關係，基本需求包括：愛、情感、隸屬、安全、自尊、獨立、成就等，構成了他們適應的基礎。而這些基本需求又反應在其獨特的特徵上——急於掙脫家庭的束縛、情緒多樣無常且具爆發性、獨立的企望非常強烈、期望與同儕建立關係、富好奇心、喜歡冒險等。因此，青少年的同儕人際關係，頓時成了此階段的重心。

二、外在特質與人際知覺的關係

（一）外表與態度

魅力不僅指天生的長相、體型，也包括表情、儀態、穿著等後天的學習。不少人迷信「天生麗質」或「窈窕淑女」的出眾外表，因此自卑「貌不如人」，以致與人交往時畏畏縮縮，忽略了真正的吸引力是「個人形象與魅力」。魅力是可以培養與學習而來，成功的人並不是某方面比人強而已，而是從修為著手，知識淵博、態度熱忱、為人誠懇、情感豐富，均渾然厚實者，不但使個人能力提升，更是在高度競爭的社會裡所不可或缺的優勢條件。

（二）聲音與表達

俗語說：「聞其聲即知其人」，聲音是傳遞說話者內在心性及情感最直接、最有效的工具。說話者若能不急不徐、適中得宜，行事必然中規中矩、有為有守，並能言之有物，得到他人的好感和信任。反之，說話急急切切目中無人、吞吞吐吐口齒不清、詞不達意不知所云者，顯示其自信心不夠，較不易為人所信任或認同。

（三）情緒反應與控制

大多數人的情緒總是會受到自己或別人牽動，有許多人認為：「人不應該有情緒」，甚至不肯承認自己有負面的情緒，但其實情緒會受他人影響這是很自然的事。情緒會隨環境的不同而變化，當一個人情緒不佳的時候，會喜怒無常、做事前後不一、舉棋不定，讓人很難和他相處。過分情緒化是性格上的缺陷，是心智不成熟的表現，然而，人一定會有情緒的，壓抑情緒反而會帶來更不好的結果，學著體察自己的情緒，是情緒管理的第一步。

3-3 人際間的自我認識與表現

一、人際間的自我認識

人際關係問題常常表現在難以和別人愉快相處，沒有知心朋友，缺乏必要的社交技巧，過分委曲求全等，以及由此引起的孤單、苦悶、缺少支持系統和關愛等痛苦感受。

「人生腳本分析」（Life Scripts）為加拿大心理學家艾立克 · 伯恩（Eric Berne）所提出的心理學詞彙，指人際間的自我認識包括「我不好，你好」、「我不好，你也不好」、「我好，你不好」、「我好，你也好」（圖 3-3）。

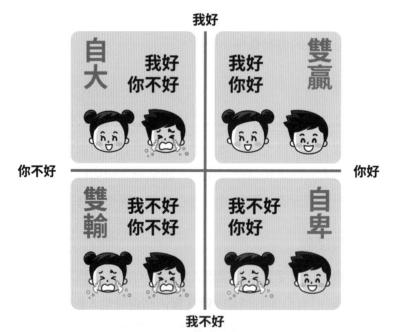

圖 3-3　人際間的自我認識

1. 我不好，你好：指太強調自己的缺點過於低估自己，以致產生不如人的心理，人際溝通缺乏信心。

第1堂
第2堂
第3堂
第4堂
第5堂
第6堂
第7堂
第8堂
第9堂
第10堂
第11堂
第12堂
第13堂
第14堂
第15堂

2. 我不好，你也不好：指不喜歡自己，也不喜歡別人；放棄自己也放棄別人，影響人際運作。

3. 我好，你不好：指認為自己最棒最好，別人都不算什麼，都很差勁，人際知覺過程產生偏差。

4. 我好，你也好：指了解自己的優缺點，也了解別人的優缺點，對自己有信心，對別人也有信心，日後人際關係佳。

　　人際情緒教育對周遭事物的變化感受好奇，也對人或事物的情感需要抒發，情緒教育的教導幫助自我動機情緒的了解與掌握，包括喜悅與憤怒、狂躁與憂鬱、失望與沮喪等等的認識，也包括如何處理自我情緒及適應變化，同理他人情緒與促進和諧的人際關係。

　　因此，思考與選擇價值判斷的過程中，留意價值的開展性、自主性及充實性，以澄清價值、發現價值、判斷價值，從而建立明確的信念。

二、人際中的自我表現

　　人際中的自我表現，乃是指個體在人際相處之間如何表現自我而言，這種自我表現包括有：自我認知、自我形象、自我覺知、自我肯定等，以下將具體加以說明。

（一）自我認知

　　個人對自己概括性的看法，即是認為「自己是怎麼樣的人」的一種想法。由於個人自我表現受到角色轉換、人際關係、文化期待、團體成員互動和自己所決定的相互影響，所以當情境改變時，若能適時形成自我的認知，將會形成不同的人際關係。

　　人際關係又稱為社會交流、交際、社會信息交流、人際溝通活動等，也就是「社交」之意。這是指一種社會上人與人之間交流聯繫所具備的心理適應能力。EQ 理論認為人際關係就是管理他人情緒的藝術和心理能力。當然人際關係並非侷限於情感領域，還存在於思想認知交流學習、人格同化和模仿、社會實踐行為、自我意識的作用等。

　　主要的社交技巧有：重視社交的「第一印象」。尋求知音的三原則（即真誠、互酬和心理相容三原則）。自覺培養「人緣性」心理特徵、尊重人、樂於助人、真誠待人。

（二）自我形象

　　指個人對自我概念加以延伸，由自我加以評估而表現出來的行為。自我形象是否合宜，取決於個人是否能清楚自己的地位或角色，以及是否能看清楚自己和作適當的反應而定。維護個人自我的良好形象，個人必須針對外來對自我的評論作立即的及時修正，進而確認強化或改變自己的知覺，如此才能建立起自己的良好印象。

　　國際激勵大師吉格‧金克拉（Zig Ziglar）先生秉持「只要你能幫助別人實現夢想，你就可以幫助自己美夢成真」的利他理念，設計一系列適合學生的訓練計劃，從培養正確態度出發，提升自我形象，建立良好人際關係，學習有效設定目標的方法，達成「積極思考立即行動發揮潛能創造成功」的學習目標。人際關係的重點在於「疼愛自己，關心他人」，建立一套人際關係哲學、定義最重要的關係——你與你自己，探索人際關係在你生活中所扮演的角色以及創造成功人際關係目標設定——「鎖定目標，掌握先機」，瞭解並相信設定目標的重要性，學習設定目標必備的心態與方法，確認達成目標的方法與行動步驟。

　　自我形象在於「剖析內在，激發潛能」，瞭解健康自我形象是發揮潛能的關鍵，學會辨識不良自我形象的表現，明白不良自我形象的成因，以確認維護健康自我形象的方法與行動步驟。

（三）自我覺知

　　指個人對自我形象的評定和看法。這也受到自我意識和外界刺激的影響。當個人認為與陌生人見面時，可結交到更多的朋友，則他必然會努力維持正面的自我形象，結交更多的朋友；相反的，個人若沒有結交朋友的意願，則他必然不會做這樣的安排。是故，自我覺知決定了個人的人際關係。

　　心智自我覺知的歷程是必要的。因為我們必須創造出全然不同的文化，不是植基於權威而是植基於各個真實的個體（非二手人）。覺知必須來自全然自由的心智，一個能深思熟慮，清明神聖的心智，才有辦法超越現狀，自我覺知無法從他人那兒學來，也非時間的產物。我們之所以常覺得時間不夠，迫在眉睫，是因為心智以成長或成就的模式來運作，要有「成就」需不斷堆砌種種知識或經驗才能「成長」。於是深陷其中而無法自拔。

基本的問題在於人沒有創造力，我們多數還沒有發現，自我創造力非凡的泉源並非來自於心智的累積。我認為這才是真正的課題，而不是如何改造外在環境，畢竟境由心生。

（四）自我肯定

指一個人能適度的表達自己、接納自己、滿足自我需求，並能不損害到他人的需要與權益。在人際相處的過程之中，愈能自我肯定的人，其與人成功相處的機會愈高。亦即，一個能自我肯定的人，必定是一位具有健全自我概念的人，則他在人際關係相處過程就不會輕易抱怨，且不易因他人的批評而受到傷害。總而言之，具有自我肯定的人，較有積極的態度，較能與人適切的相處。自我肯定能確認與維護個人的基本權益。能尊重、維護自己的權益，同時也尊重別人跟自己一樣擁有同樣的權益。換句話說，一個自我肯定的人，他（她）能以直接、真誠且合宜的方式，表達自己的需求、願望、意見、感受與信念；更重要的是，他（她）同時也能尊重別人跟他（她）一樣，擁有樣的行為表現與情感表達的權利。自我肯定行為能保護自己的權益，利己但不損人。從個人的自我肯定表現分析人際溝通型態：大致可分為以下四種型態：自我肯定型、侵犯型／攻擊型、退縮型及被動－攻擊型。自我肯定有「認為自己還不錯的權利」、「有尋求訊息的權利」的行為要素。

有尋求訊息的權利的行為要素可分：

1. 口語行為：適度的拒絕（說「不」）、真誠適切的情感表達（表示喜愛、生氣、以及不同意見的表達），以及合宜的請求等。

2. 非口語行為：視線接觸、面部表情、音量、姿勢、手勢及心理距離等。

PLUS+ 自我肯定練習

| SCAN ME | 一個神奇公式，搞定所有人際衝突！自我肯定式表達法

| SCAN ME | 先自我肯定，才能擁有價值感

| SCAN ME | 自我肯定感偏低會怎樣？【動態漫畫】

三、立場與觀念的差異

人類本應生而平等,但由於人類的個別差異,加上種族與成長地域的不同,產生不同文化與價值判斷,導致問題不斷產生,這些幾乎都和人類的「過度自我與偏見」脫離不了關係。「過度自我與偏見」幾乎天天都會在個人、社會、族群、國家,甚至是政治與宗教信仰等不同意識形態的人們身上上演。只可惜,人常不知反省,且又不自覺。所以,會有這樣的結果產生,除了因為人類的無知軟弱與膚淺外,人類幾乎天天在「力」與「利」當中拔河,當「利」益分配不均時,便會以「力」取勝。如此一來,價值與觀念的差異、立場與目標的不同,便會赤裸裸的流露,衝突便會隨之而產生。

眾生有煩惱,是因為執著的關係。以「我」的自私心理為中心,以自我為大,不但使自己痛苦,也影響周圍的人群跟著爭執痛苦。人類為滿足需求因此群體而居,組成家庭、社會團體與國家,成員在彼此偶然性的特定關係中共存,我們必須應付與調和為有秩序、規律與規劃的必然性情境,這種情境會顯現在文化間的差異上。

未來越來越明顯的趨勢就是全球化,亦即各國家或組織被整合到一個體系裡面的過程。全球化可設想成一種時空收縮的現象,資訊傳播的迅速導致社會變遷也越來越快,人類彷彿生活在同一空間,科技的發展克服了空間的阻隔,同時也揭穿了人類隱私權的藩籬。組織間的糾紛與衝突加劇,正如「蝴蝶效應」一般,組織若是忽略了上微小的細節,將有可能會釀成不可收拾的大禍,導致組織瓦解、潰散。因此,組織成員之間須有「調和」與「共容性」的觀念,這樣才能避免相互牽制扼殺的命運。

人們往往就是太執著,而有分別心,你我的界線劃分得清清楚楚,以致拚命去爭、去搶、去嫉妒,心胸狹窄、處處都是障礙。

心理學家卡爾·羅吉斯(Carl Rogers)指出:「在人和人之間,主要的溝通障礙乃是我們都有一種自然的傾向——對別人說的話(或對別的團體)施以裁判、評斷,或表示贊成、反對之意。」

達賴喇嘛也提到:「不管你是跟誰在一起,都要把自己看得比別人還低賤。如果你的態度謙遜,你的善良品質就可以增加;反之,如果你傲慢自大,就永遠不會快樂。你會變得嫉妒別人、瞋怒別人、輕視別人……」。

3-4 人際行為與社會調適

第 1 堂
第 2 堂
第 3 堂
第 4 堂
第 5 堂
第 6 堂
第 7 堂
第 8 堂
第 9 堂
第 10 堂
第 11 堂
第 12 堂
第 13 堂
第 14 堂
第 15 堂

藉由瞭解人際行為模式，認識自我和他人個性上的差異，並透過各種角度來分辨各種性格類型間的特性和優缺點，達到知己知彼的目的。

一、人際行為模式

人際行為模式中，可分為人際目標、人際環境和人際表現三方面：

（一）人際目標

任何人類行為都是有目標，人際行為亦是如此。個人之所以要和他人交往，可能在尋求他人的協助，也可能為了突顯自我的才能，也可能只在尋求他人的肯定和安慰，凡此都是人際目標。人際目標是以目標導向為基礎，呈現出個人或他人互動的方向與原則。

誰的溝通技巧好，誰的態度頑固不堪，都是要我們值得去學習與警惕自己別犯了同樣的錯誤。所以我們都必須去學好人際溝通，而且要不斷的學習和練習中獲益。

（二）人際環境

人際活動都是在某種環境中運作，包括內在環境與外在環境。內在環境指個人的心理狀態，如個人行為基礎與自我表現；外在環境則可擴大到人際互動過程與人際環境層面，例如人際親疏、人際溝通、人際吸引、人際知覺，以及組織、社會、文化、物理環境等方面，以上這些因素都是相互影響、交互作用。如家庭人際環境。講孩子的智力發展、講學習跟人際環境有關係嗎？太有關係了。良好的人際環境是孩子學習的重要條件，家庭心理氛圍好，你人際關係和諧，這孩子他心裏踏實，他有一種歸屬感，有安全感。如果人際關係不好會出現什麼情況？這個我都有調查。如果家庭不和睦，經常吵嘴、打架，孩子缺少安全感，心裡煩躁，嚴重影響學習。

（三）人際表現

人際交往過程，人際間所表現的行為是最真實而且具體。無論個人與他人交往時，是採取何種策略或表現出何種結果，這些都是具體的表現。當然，不管個人表現如何，這些都可能隨著時空環境而改變。人際溝通是一種歷程（Process），在一段時間之內，是採有目的式地進行一系列的行為。與您的親人飯後閒聊，或和您的好友千里一線牽的電話聊天，甚至您使用網路在 chat room 裡與網友們對談，都是一種人際溝通的例子。而在每一個溝通的歷程裡，都會產生意義，此行為，都算是在實行人際溝通；重點在於它是一種有意義（Meaning）的溝通歷程。溝通的過程中，及其重要性的價值對應出此溝通「有多重要」？雙方在溝通歷程中表現的是一種互動，在溝通的當時以及溝通之後所產生的意義都帶有責任存在。在尚未溝通之前，不能先預測溝通互動後的結果。即使人際行為有某種變化，但都在呈現其事實，這種事實皆深受人際互動過程和知覺所影響，只是它可能是良好的關係或不良的關係。

二、Erikson 的心理社會理論（Psychosocial theory）

個體在生命過程之中常有不同的身心發展階段，而這些階段也擁有不同的適應能力，從而影響到個體的人際關係。所以，個體在身心發展的不同階段，往往會表現不同的行為特質，這些不同的特質乃造就了不同的人際關係。

Erikson 認為人的一生可劃分為八個階段，每一階段均有重要的發展任務必須完成，所謂成長便是克服這些衝突的過程。而發展任務都和自我特質（Ego quality）有關。這些任務其實也反映每一階段成長的衝突，稱之為心理社會危機（Psychosocial crises）。Erikson 以一線的兩極端代表危機（如對人的基本信任感－不信任感）。危機之意義在於若某一階段的任務得以順利完成的話，則有助於以後階段的發展；反之，對日後發展有負向影響。

此外，Erikson 認為人的發展為個人成熟與社會環境之互動而成。發展任務是否順利完成有賴個人與社會環境之互動。因此 Erikson 提出在每一階段中重要的社會環境。一般而言，若各階段皆具有良好的社會行為特質，則個體日後將較易建立與維持較佳的人際關係。茲將個體各階段身心發展與適應行為的人際關係，以表格加以陳列，如表 3-1：

表 3-1　艾瑞克遜（Erikson）之心理社會發展時期

階段	心理社會危機	重要社會環境	有利之影響
0～1歲	對人的基本信念 vs 不信任他人	母親	驅力和希望
1～3歲	活潑自動 vs 羞愧懷疑	父母	自制和意志力
3～6歲	自動自發 vs 推縮內疚	家庭	方向和目的
6歲～青春期	勤奮努力 vs 自貶自卑	鄰居、學校	方法和能力
青春期	自我統整 vs 角色錯亂	同儕團體	奉獻和忠貞
成年期早期	友愛 vs 骯髒	夥伴	親和與愛
成年期中期	精力充沛 vs 頹廢遲滯	分工和享受家的溫暖	生產和照顧
成年期後期	自我統整 vs 悲觀絕望	相投者	自制和智慧

三、身心發展與適應行為的人際關係

　　凡事都有正面和負面，但是我們往往忘記了看待事物的角度是可以自行選擇的。當我們過於著重負面的觀點，壓力自會由然而生。所以我們要以一個宏觀的角度去看每一件事情，培養良好的批判能力。此外，我們要培養正面的思想，所以當負面的思想出現時，我們要立刻停止它，重組我們的思想，減少壓力的產生。我們如果想活得美好，這個角度的合理認知當然不可或缺。然而，單單如此是不夠的，在結構上，明顯的我們還需要另外一個角度，亦即關於我們自身生命內在生心理以及在「人」的領域內，人與人之間、人與社會之間相互依存的探索。

課後討論

1. 說明個體的自我知覺包含哪三項？
2. 說明知覺在人際互動中所具有的三項意義。
3. 說明艾立克・伯恩（Eric Berne）人際間的自我認識包括哪四類？
4. 說明過去家庭、學校及生活對你的人際關係影響情形。

第4堂

情緒與壓力管理

　　情緒是個體對刺激反應所獲致的主觀情感與個別的經驗，是一種意識狀態，會對個體產生促動或干擾。一時的情緒失控可能使人做出無法原諒的過錯；情緒，尤其是不愉快的情緒，應該表達而非壓抑，但表達不是完全的宣洩，而是理性思考後，找出利人利己的方式表現；要做情緒管理，就要知道情緒的惡化從何開始，而如何察覺情緒、控制情緒呢？本堂課將提供幾個情緒管理的方法。

　　紓解壓力最直接有效的方法，可透過瞭解、掌握身心狀況，並提升自身抗壓能力達成。一個人內在減少不必要的壓力因子、增強身心健康與營養的補充、學習壓力管理的技巧相互良性的作用，始能建構良好生命中的壓力管理。

本堂內容概要

4-1　情緒與壓力的基本概念

4-2　生命中的壓力管理

4-3　EQ 與情緒管理

4-4　向猶太媽媽學習逆境智商

4-5　四個步驟提高逆境智商

情緒與壓力下所造成的悲劇

　　新竹縣有位 39 歲林姓婦人疑因壓力過大，又找不到病因，在母親節前夕趁丈夫出門上班後，先悶死 2 名各為 4 歲、5 歲的兒子，再上吊自殺，葉姓工程師丈夫一回家看到妻兒都死亡，崩潰報警求救，仍無力回天。

　　現場發現林女用筆記本留下的 2 頁遺書，提到「我累了」、「兒子我帶走了」，還要丈夫處理財產，照顧好自己。林女結婚多年，丈夫在竹科工作，一家四口就住在離竹科不遠的竹北市高鐵特區內，她平時在家中全職照顧 2 個兒子，丈夫賺得多，外表看似光鮮亮麗，但葉姓丈夫供稱，妻子生前曾多次表示身體不適，感到刺痛，數次前往醫院檢查，安排過大腸鏡檢查，甚至看過身心科，但結果都正常，沒有找到病因，林女曾透露自己帶小孩壓力很大，「無法承受」。

　　工程師失眠、焦慮、憂鬱、自律神經失調來看診的比例是非常高的，尤其在家庭場域裡面，彼此的身心狀況會互相影響，變成一種家庭式的惡性循環。不少工程師太太們也告白，一家雖然外表光鮮亮麗，但妻子們往往都是辭掉工作，全職當家庭主婦，而丈夫工作沒日沒夜，她們總是強忍寂寞，獨自在家帶小孩，心酸只能自己吞下，壓力大到足以讓人窒息。

| SCAN ME |

情緒 v.s. 大腦　　關於情緒

學習筆記

　　是什麼樣的事情、社會期待及壓力大到足以讓一個身處中高階社會地位的家庭，身為妻子卻無能為力再繼續生存下去，甚至奪去自己及摯愛的幼齡孩子的性命？如何覺察情緒、控制情緒、建構壓力管理？

　　在一般人的生活當中，壓力與焦慮已經在生活經驗中占了很大的比重，但我們卻常忽略他們對我們所帶來的傷害。這些壓力和焦慮會一直日積月累下來到出現情緒或行為疾患的症狀，我們才會驚覺到其嚴重性。

4-1 情緒與壓力的基本概念

一、什麼是情緒

　　簡單的說，情緒是個體對刺激反應所獲致的主觀情感與個別的經驗，是一種意識狀態，會對個體產生干擾。而情緒通常是指我們所經驗的感受，或我們所感覺到的東西，以下用四個層面說明情緒是什麼。

（一）生理上的變化

　　情緒與生理關係密切，因此經驗某種情緒時，體內自然產生一些生理反應，通常不是我們所能控制的（表 4-1）。

表 4-1　生理反應與情緒

生理反應	情緒
遇劫歸來、上台演講心跳加快、呼吸急促、手掌出汗、口乾舌燥、膝蓋發抖、胃痛等。	害怕
心跳加快、呼吸急促、體溫上升、怒目相視、面紅耳赤。	生氣
被求婚時臉紅心跳、體溫上升等。	喜悅

　　生理上的改變可視為情緒改變的指標，但無法精確說明情緒為何，所以可能還需要其他的訊息。

（二）認知上的解釋

　　美國心理學家沙赫特（Stanley Schachter）和辛格（Jerome Everett Singer）在情緒二因論中，提出經驗一個特定的情緒，有兩個必要的條件，一是生理反應，二是認知線索。例如以下公式：

生理激發＋認知決定（生氣）＝ 生氣

生理激發＋認知決定（害怕）＝ 害怕

（三）非語文的表達

由聲調、表情、視覺接觸、姿勢、身體動作來表現一個人的情緒。

（四）語文的表達

Egan 提出用語文表達情緒的方式有四種：

1. 用一個單字或一個詞：我很生氣、我很高興等。

2. 用描述性的詞句：我覺得心像浮在半空中、我好像坐在雲端等。

3. 用對你產生的影響來描述：我覺得我好像被人討厭、我覺得妳真的很關心我等。

4. 用描述你想做什麼來描述：我覺得很想放棄、我覺得很想擁抱你等。

用語文表達情緒時，有時會很困難或模糊。所以，要學習更具體清楚的表達方式，有時可用多種方式一起來傳達。

二、什麼是壓力

壓力是「壓力因子」與「壓力反應」的組合，沒有同時具備這兩種成份就不算是壓力。身體在經過了有壓力的回憶後，心跳次數會增加，增加的原因不是生理活動所造成的，而是「想像」所引起的，因此證明了：「壓力因子」與「壓力反應」的本質有關係、「壓力因子」可能是導致「壓力反應」產生的刺激。

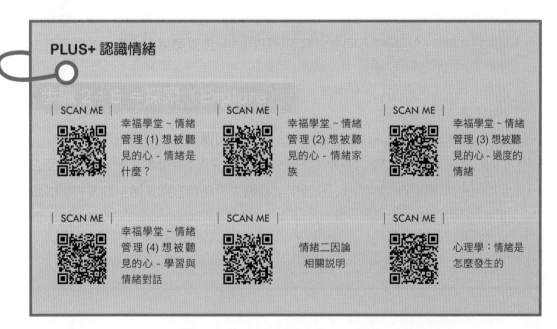

PLUS+ 認識情緒

SCAN ME	幸福學堂~情緒管理 (1) 想被聽見的心 - 情緒是什麼？
SCAN ME	幸福學堂~情緒管理 (2) 想被聽見的心 - 情緒家族
SCAN ME	幸福學堂~情緒管理 (3) 想被聽見的心 - 過度的情緒

SCAN ME	幸福學堂~情緒管理 (4) 想被聽見的心 - 學習與情緒對話
SCAN ME	情緒二因論相關說明
SCAN ME	心理學：情緒是怎麼發生的

壓力因子包含以下幾點：

1. 生理上的壓力：毒性物質、熱、冷。

2. 心理上的壓力：自尊受到威脅、憂鬱。

3. 社會上的壓力：失業、心愛的人去世。

4. 哲學上的壓力：時間的運用、人生的目的。

PLUS+ 康健人壽 2021 年「360°康健指數」調查

　　「360°康健指數」在 2021 年 4 月間調查全球包括台灣在內的 21 個國家地區，共 18,000 位 18 歲以上的受訪者，就身體、家庭、社交、財務和工作等五大面向深入探討疫情下民眾健康狀態的改變。今年的調查指出五大發現：

1. 台灣的整體指數為 55.9，全球排行倒數第三，僅贏韓國 54.0 和日本 53.2。

2. 有 93% 的台灣女性受訪者感到壓力，男性也有 90% 感到壓力。值得關注的是，台灣女性受訪者的壓力高出全球平均的 83% 不少。整體來說，台灣男性受訪者在照顧家庭和小孩方面，比女性受訪者擁有較正面的回饋。

3. 台灣人的五大面向指數皆下滑，其中又以家庭指數下滑幅度最大。家庭指數從 61.3 下滑至 58.5，工作指數從 64.6 下滑至 63.1，財務指數從 48.7 下滑至 47.3。其中，照顧家人的身體和心理健康的能力和與家人相處的時間是台灣人比較擔心的部分。

4. 在台灣，擁有 18 歲以上大小孩父母的健康狀態，比擁有 18 歲以下小小孩的父母來得更好，顛覆外界認為「有小孩的上班族父母比較崩潰」的印象。同時，在台灣有小孩的上班族中，有 40% 受訪者認為自己有足夠的時間陪伴家人，沒有小孩的上班族則只有 21%。

5. 台灣的財務指數如同往年，依舊是五大面向中最低，也在亞太區吊車尾。數據中，18 至 24 歲族群的財務壓力最大，僅有 5% 的受訪者對長期財務抱持正面態度。50 至 64 歲屆退族中僅 16% 對自己的財務狀態有信心，而 65 歲以上的退休族群也只有 13% 的人感到財務自由。整體而言，台灣受訪者中，僅 10% 受訪者對退休財務有信心。

（引用自 https://cnews.com.tw/195210818a01/）

三、情緒與壓力的探討

社會上有許多因情緒高漲而造成的悲劇,例如夫妻失和,妻子攜幼子跳河自殺;放榜後受不了大考失敗的挫折,而上吊自殺的青年學子;因女友移情別戀,由愛生恨的男友;動刀殺人,潑硫酸毀容的衝動情人;師生衝突後,師長的用力鞭笞,學生反過來打老師或殺害師長等。若有機會到監獄訪問受刑人他們為什麼會犯罪,以及對於所造成後果的想法,他們大多相當後悔,因為一時的情緒失控讓他們做了讓人不能原諒的過錯。

難道控制情緒是如此困難的事情嗎?其實不然!情緒,尤其是不愉快的情緒,應該表達而非壓抑,但表達不是完全的宣洩,而是理性的考慮後,找出利人利己的方式表現,關於情緒控制有下列的指標及想法可供參考——

(一)情緒成熟的指標

1. 獨立自主:不依賴,不隨便指責別人;有自我主張,不敏感於別人的評價,能蒐集客觀資料而訂定行事計畫,如工作計畫、讀書計畫、生涯計畫等。

2. 有責任感:能對自己的成敗負責,不推卸責任;不以焦躁、消沉面對挑戰,能冷靜的擔起人生、工作、家庭等責任。

3. 能自我肯定:能欣賞自己的優點,激發自己的潛能;不逃避弱處,肯改正缺點;有十分明確、穩定的人生目標,知道自己要成為怎樣的理想我。

4. 能適應環境:環境是死板的,而人是靈活的。情緒成熟的人遇到障礙時,懂得山不轉路轉的道理,能決定是開山洞或轉個彎,不會硬碰硬,結果使自己受傷。

5. 善與人協調合作:情緒成熟的人懂得「自尊尊人、自愛愛人」,把別人看得和自己同等重要。

6. 肯面對現實:現實不可能全是美好的、快樂的,總有缺憾、難過的時候,情緒成熟者勇於面對殘酷的現實,再尋求起死回生之路。

7. 保持樂觀、喜悅的情境:情緒成熟的人,內心時時平和,珍惜擁有,不計較損失,對遠景保持樂觀的看法。

由上面指標看來,想成為完美掌握情緒的高手似乎很難,但若能時時體察自己情緒,不要讓自己掉入情緒的陷阱中,對自我的情緒控制是極有幫助的。

（二）清新情緒的想法

下面幾項做法可以讓你的情緒更清新：

1. 激發出更多的愉快情緒來對抗不愉快。

2. 擁有使自己愉快的活動。

3. 學習人際溝通之道，與人和睦相處。

4. 培養幽默感，化解尷尬、悲苦。

5. 閱讀有關的心理學、人生哲學及宗教書籍，學習別人的經驗、智慧，使自己看得開、想得透。

剛才我們探討了如何使我們的情緒成熟與清新，而聯強國際負責人杜書伍在《聯強EMBA》一書中談到了壓力：「科技產業由於變化快速、競爭激烈，工作環境也因而充滿高度壓力。」壓力通常讓人感到不舒服，人們遇到壓力時，容易產生抗拒、逃避的心理，但抗拒、逃避並不能真正解除壓力，唯有思索壓力產生的原因，從壓力產生的根源著手，才能有效地紓解壓力，不受壓力擺布。

在每個人的日常生活或工作中，壓力可說無所不在。剛換一個新的工作，對新的環境與工作內容不熟悉而感受到壓力；學生考試前，因為無法預知會遇到何種形式的考題，即使準備再充分還是多少會感受到壓力；有些人第一次出國，會擔心趕不上飛機而提早許多時間到機場等候，這也是壓力。另一方面，業績目標無法達成、擔心實力不如對手、家人有問題無法解決、經濟狀況不佳等，免不了也會產生壓力。無論是哪一種情況下產生的壓力，其實都有一個相同的特質，就是當一個人碰到一件事而感覺到「我不會」、「我不熟悉」或是「我不確定」時，就會感受到壓力。

既然壓力的來源是本身對事物的不熟悉、不確定感，或是對於目標的達成感到力有未逮所致；那麼，紓解壓力最直接有效的方法，便是去瞭解、掌握狀況，並且設法提升本身的能力。一旦「會了」、「熟了」、「清楚了」，壓力自然就會減低、消除，可見壓力並不是一件可怕的事。逃避之所以不能紓解壓力，則是因為本身的能力並未提升，使得既有的壓力依舊存在，強度也未減弱。

由此觀之，壓力也可視為一種偵測器，用以測試一個人的能力。同樣一件事情，對不同的人產生的壓力大小也不同，能力較強者，感受到的壓力便較弱。一個人能

夠負荷的壓力強度，反映出他的能力高低或對事物的熟悉度。壓力的存在，代表欲達到的標準高於實際情況，而壓力的消除，代表能力較先前提升。

反過來說，一個人一旦感受不到壓力的存在，不但並不可喜，反而要特別小心。因為這表示在能力提升與個人成長上，少了一股相當重要的動力來源，這樣的環境雖然安逸，但是卻無助於成長。就此而言，壓力的存在有其正面意義，人不應該害怕、排斥壓力。

從組織的角度來看，既然個人感受到的壓力強度與能力、熟悉度有關，那麼，在工作場合當中產生的壓力就不至於真的把一個人壓垮。即使壓力大到個人無法承受，也還有能力較強的主管可提供協助，此壓力對他而言相對較輕。如此拾級而上，倘若到了總經理、董事長處仍無法解決，便只能克服多少困難算多少。事實上，壓力的產生與紓解並非全有與全無，而是漸進式的增加或減輕。在尋找解決方法的同時，個人的能力也隨之提升；相對的，壓力便減輕了，這代表一種改善與進步。瞭解壓力的本質之後，在面臨壓力時，就不致慌了方寸、亂了手腳。

主管則除了要瞭解壓力的成因，藉以幫助員工調適之外，同時也應該瞭解個別員工的性格。遇到員工前來尋求支援時，適度拿捏協助員工的方式與程度，藉以避免部分較消極的員工養成只要一遇到壓力，便將之轉移給主管解決的習慣。

年輕的員工由於工作、社會閱歷較淺，因此更加容易產生壓力，此時應該積極的練習如何克服壓力，在此過程中，也加速了個人能力的成長，勝任既有的工作職掌之後，隨之而來的便是職位上的提升。從另一個角度來看，有時候也可以適時地給予自己適當的壓力，來幫助自己成長。此時必須切記的是，幫助成長才是真正的目的，需避免自己一再地設定過於高遠的目標，陷入過大的壓力而得到反效果。

聯強公司也有兩項重要的制度有助於個人的壓力管理，即月報制度與自我成長衡量。透過月報的過程，讓員工學習整理分析的方法，培養規劃分析的能力，並藉此從工作中尋找可改善之處，以提升其專業程度。只要能力不斷提升，既有的壓力便會不斷減輕。儘管還是會有新的壓力產生，但因為員工能力不斷提升，新的壓力就逐步被減輕了。

4-2 生命中的壓力管理

一、壓力為何需要管理？

在一般人的生活當中，壓力與焦慮在生活經驗中占了很大的比重，但我們卻常忽略壓力與焦慮對我們所帶來的傷害。這些壓力和焦慮會日積月累到出現情緒或行為疾患的症狀，我們才會驚覺到其嚴重性。

壓力會同時對身體與認知造成影響。在身體方面的影響包括肌肉緊繃、淺而快的呼吸，同時還併有心跳、血壓的升高、流汗與腎上腺素的分泌。認知層面的影響則包含了不易專心與記憶的問題。

另外，就壓力的管理而言，有一個例子可作為參考。有一位講師於壓力管理的課堂上拿起一杯水，然後問聽眾說：「各位認為這杯水有多重？」聽眾有的說 20 公克，有的說 500 公克不等。講師則說：「這杯水的重量並不重要，重要的是你能拿多久？拿一分鐘，各位一定覺得沒問題；拿一個小時，可能覺得手酸；拿一天，可能得叫救護車了。其實這杯水的重量是一樣的，但是你若拿越久，就覺得越沉重。這就像我們承擔著壓力一樣，如果我們一直把壓力放在身上，不管時間長短，到最後，我們就覺得壓力越來越沉重而無法承擔。我們必須做的是，放下這杯水休息一下後再拿起這杯水，如此我們才能夠拿的更久。」

所以，各位應該將承擔的壓力於一段時間後，適時的放下並好好的休息，然後再重新拿起來，如此才可走得長遠。同樣的道理適用於職場上，我們應該將工作上的壓力在下班時就放下，不要帶回家，回家後應該好好休息，等到明天再重新拿回原有的壓力，如此我們就不會覺得壓力沉重了。好好休息並放鬆一下吧！

壓力管理的精髓，不在於免除壓力，而在於發揮壓力的良性影響與減少它的惡性結果。如果一個人從來不曾感受到壓力，或者是他的壓力相對來講實在太小，那麼從某些角度而言，這個個體的生活是缺乏刺激的、乏味的，將使得一個人停止成長；長期而言，將使得一個人變得脆弱，就如同被過度保護的小孩，缺乏應變的能力能面對多變的環境。

其次，並不是只有「過大」的壓力會造成一個人身心上的問題，一個連續的、長期的，甚至無止盡的壓力事件，不論它是大還是小，如果沒有妥善處理，都會危害一個人身心健康，從某些角度來看，其危害甚至大過於那些突如其來的打擊。彷彿一條正在鏽蝕的水管，一個突如其來的水壓可能自某個缺口噴出，但很快的會獲得注意並加以填補，但是當這條水管因為不堪長期的腐蝕而鏽跡斑斑，等到開始滲水的時候，其問題就已經不再是填補就能夠解決。

此外，壓力是一個系統，就如同一個人的身體面、心理面與社會面是一個相互牽連的整體一般，無法各自獨立看待。一個完整的壓力因應策略應包含對生活情境的覺察、自動化思考的修正、情緒的管理、生理反應的因應與行為模式的改變等，透過在壓力模型中的每個階段設立路障來避免其負向的影響，才能有效的因應生活中各式各樣的壓力，任何單一的技巧都不足以發揮完全的功能。

在玉里榮民醫院臨床心理師李意鈞編譯，Barry Tigay Ph.D. 所著《放鬆訓練與壓力管理》一書中提到，既然壓力在生活中不可避免，甚至在重要場合不可或缺，那麼如何學會因應生活中不同層次的壓力就變得十分重要。當我們能夠適當地因應這些壓力，才能將這些壓力對我們的影響降到最低。

壓力管理可以讓我們減緩與日俱增的壓力對我們的衝擊，其中放鬆的技巧就是一種有效的方法，它可以幫助我們將日常生活中逐漸累積的壓力，降低到我們可以控制的層次。即便每次放鬆結束後，原本面對的壓力又會回復，但至少放鬆結束後的壓力是從較低的層次開始。在壓力管理規律運作的基礎之下，我們可以學習自我監測並體驗到自己與自己的身體和心靈更加親近。同時腦袋的思緒也能變得更加清楚，可以做出更多更清明、更有利的選擇與決定。

壓力管理與放鬆的成功之鑰，在於能夠在我們生活中經驗壓力的時候，區辨壓力的層次。在能達到這樣的境界之前，我們必須先要很放鬆，然後才可以注意到放鬆與緊張狀態的不同。

二、壓力管理的技巧

個人紓解壓力的方法可以從兩方面著手，在心理層面上，應該以平常心來看待壓力，如前文所述，壓力的存在是正常現象，並非一種負面的狀況，因為壓力無所不在，而適當的壓力可以幫助成長。對於一個積極進取的人而言，面對壓力時可以自問：「如

果沒做成又如何？」這樣的想法並非找藉口，而是一種有效紓解壓力的方式。但如果本身性格較容易下意識逃避，則應該要求自己以較積極的態度面對壓力，告訴自己，適度的壓力能夠幫助自我成長。另一方面，也要隨時切記，壓力過大時要尋求協助，不要意圖一個人將所有壓力承擔下來。以下介紹幾項壓力管理的技巧——

（一）避免過高分貝的噪音

噪音會升高血壓，加速心跳，造成肌肉緊張。噪音已被證實與工作不滿足感有關，同時會導致易怒和焦慮。超過 85 分貝的噪音通常會引起壓力反應，長期處在 90 分貝以上的地方，將導致聽力受損。某些噪音可以幫助你放鬆，能及時紓解，此種噪音稱為「白噪音（White Noise）」。白噪音是在人耳的可聽頻率範圍（20～20000HZ）中，一段持續以相同功率發出的聲音。例如：海浪沖刷海岸、鳥鳴聲等。大腦在接收白噪音時，會忽略周遭事物，使聽者有安心與舒適的感受，並且達到改善睡眠品質的效果。

（二）放鬆肌肉

平躺在地板上，深深吸一口氣並且停住，同時將你的雙腳、雙手舉起離開地面約 30 公分。緊繃你全身的肌肉，讓這樣緊繃的感覺停留大約 5 秒鐘，然後緩緩放下雙手與雙腳，並同時吐氣，慢慢體會肌肉放鬆的感覺。接下來，想像自己鬆得彷彿要陷入地板裡頭，帶著這樣放鬆的感覺，從頭到腳再體會一次，你的感覺如何？跟放鬆之前有沒有特別不一樣的地方呢？放鬆之前和放鬆之後，肌肉的感覺又各是如何呢？這樣的練習可以多做幾次，全身肌肉也可以分別做練習。

（三）按摩

按摩可以幫助我們伸展及放鬆我們緊張的肌肉。試著幫自己按摩，注意緊繃與放鬆肌肉的不同，並且試著讓放鬆的感覺陪著你度過一整天。瑜珈包含了肌肉的伸展、呼吸和冥想。練習瑜珈和按摩可以是很好的壓力管理方式。

（四）運動

運動伸展肌肉、深度呼吸等都能夠幫助我們放鬆。在運動之後，將注意力集中在呼吸上，慢慢地將呼吸由快而急調整為緩而深，然後去感覺這樣放鬆充滿了整個身體的效果。

（五）控制呼吸

　　控制呼吸是非常有效的壓力管理技巧，通常在呼吸變得緩慢及飽滿的時候，身體和認知的某些想法會改變，而有助於放鬆。試著花一些時間做深度的放鬆呼吸，但什麼是深度呼吸呢？很簡單，將手放在自己的腹部，當氣吸入時，胸部橫隔膜往下推，腹部突出就表示成功了。呼氣時則是相反的由胸部而腹部收縮，慢慢將氣吐出來，切記將注意力放在慢且深的呼吸裡。

（六）熱

　　熱會幫助肌肉放鬆，洗個熱水澡、三溫暖烤箱、蒸汽浴或乾熱都有同樣的效果。如果在借助熱進行肌肉放鬆之後合併其他技巧如按摩、肌肉放鬆訓練、瑜珈或呼吸練習效果會更佳。

（七）冥想

　　幾世紀以來，冥想就被人們使用來幫助身體與心靈的平靜。專注在一個聲音、思想或影像，讓其他的雜念被排除在外，以達到提升對自己感覺的控制感與和諧一致。當人們專注在一種信念及影像對上帝說話時，禱告也被視為一種冥想。

（八）認知治療

　　認知治療的核心在於認知的重新建構。認知治療發現，我們的想法會導致焦慮與壓力，可以經由想法的檢驗及改變來減少產生焦慮與壓力的的可能性。通常一個焦慮的想法會引起其他更多產生焦慮的想法，導致惡性循環。舉個例子來說：某人可能有想法 A：我就要去參加舞會了，可是我沒有任何亮眼的衣服可以穿；接下來可能就產生想法 B：大家也許會以為我是一個窮光蛋或是討厭的人，再來想法 C 就跟著出現：這樣我會不會讓我的朋友討厭我，我會不會因此失去朋友變成孤獨的人？……這樣下去想法只會越來越負面，焦慮感只會越來越升高。認知的再結構就是在一開始就打破這樣的循環，然後考慮其他可能性以建立正向的循環。

（九）補充營養

　　有益的營養可以幫助壓理管理，例如：增加纖維和十字花科蔬菜的攝取，能減少壓力因子。假性壓力因子的食物，如：含咖啡因的食物會耗盡維他命 C 和綜合

維他命 B；糖與加工麵粉的食用會使慢性壓力患者更惡化，因為糖與加工麵粉在人體內新陳代謝作用過程中，將會用光有價值的營養成分。

最後，希望大家能夠銘記在心的是：對於自己，你比想像中的有更多、更好的自我控制力。在你開始學習壓力管理之前，你必須先認清：壓力管理實際上就是一種自我察覺與自我控制的歷程，一個放任自己受制於人或生活環境的人是不可能學會管理自己的情緒與行為的；反之，當你瞭解到，即使你不能改變別人的想法或行為，但是可以改變你自己對他人的想法或行為的反應的時候，你已經踏進壓力管理的殿堂。

PLUS+ 有助減壓的 6 大營養素

礦物質 鎂

鎂可幫助肌肉放鬆、維持心跳規律性、安定大腦神經系統、平穩情緒。

食物來源

香蕉、芝麻、堅果、胚芽、黃豆、黑豆、深色蔬菜（菠菜、莧菜、甘藍菜等）、海藻類（紫菜）。

礦物質 鈣

鈣除有可用來建構骨骼，亦可幫助調整新陳代謝、穩定神經、燃燒脂肪。

食物來源

鮮奶、豆漿、紅豆湯、小魚乾、麥片、黑芝麻糊、腰果、咖啡、起司。

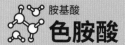
胺基酸 色胺酸

大腦的「血清素」可舒緩神經，達到放鬆、好入眠的目的，而色胺酸就是構成血清素的重要來源。

食物來源

海鮮類、家禽類、蛋、豆腐、香蕉、牛奶、起司、堅果。

維生素 B群

維生素 B_6、葉酸（維生素 B_9）、維生素 B_{12} 可幫忙催化血清素的生成，維生素 B_2 則具有抗氧化作用

食物來源

糙米、豬肉、豬肝、蛋黃、豆類、麥片、酵母。

維生素 C

維生素C可協助人體製造抗壓力荷爾蒙「副腎上腺素」，當處於壓力狀態時，體內的維生素C會消耗較快，可適時補充。

食物來源

芭樂、奇異果、柑橘、木瓜。

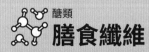
醣類 膳食纖維

長期處於高壓情況下，會抑制副交感神經作用，造成腸胃蠕動功能下降，而造成便秘，多攝取富含膳食纖維的食物可改善便祕困擾。

食物來源

奇亞子、蘋果、無花果。

4-3 EQ 與情緒管理

在邁入二十一世紀的臺灣，社會型態從貧窮轉型為富足已經許久，伴隨高科技的發達，人與人之間的互動也愈來愈密切，也不間斷地相互影響；加上許多災難的發生，日趨讓人覺得脾氣暴躁，情緒失控，進而影響到社會和諧。

一場小車禍就可能讓人大打出手，影響社會風氣，減少社會的生產力，因此情緒管理是現今人們重要與迫切需學會的課題，所謂「國者人之基，人者心之器」一國的國力如何，可以從該國人民日常情緒表現中得知。國家為人民的組成，人民的行為由思想所主使，而思想則被情緒控制，當負面的情緒和壓力攪和在一起時，表現在外面的生活一定是一團混亂，國家社會秩序也必定失控，。

要做情緒管理，就要知道情緒的惡化從何開始——憤怒、悲傷、沮喪、嫉妒、焦慮，都是負面情緒表現在外的主因及形貌，言詞的背後都會有某種特定的想法，再由這些想法思想產生特殊的情緒狀況，然而這些情緒狀況回過頭來又影響我們的念頭及做法，它是一種無止盡的循環，所以好人愈好，壞人愈壞，道理就在此，問題也從此而產生，除非從中間加以截斷插入相異的元素，否則難以改變。

現今社會的壓力，不管是來自社會的期待，自我的期許，同儕的競爭，都給人帶來莫大的壓力，面對這些生活中揮也揮不去的逆境，唯有面對他，認識他，解決他，才能遠離其所帶來的情緒傷害，也才能遠離因這些負面情緒，所造成對家庭親人的傷害，對國家社會的破壞。

要面對解決這些負面情緒的影響，必須理論與做法皆能正確始能克其功，一者從內心改變，一者輔以外在作為，才能使我們人人保有一顆赤子之心。本節將就 EQ 與情緒管理兩部分來探討如何培養好的 EQ，與保持自己適當良好的情緒，以增進自己好的人際關係與好的生活品質。

一、什麼是 EQ

　　從英文原文 Emotional Intelligence 來看，EQ 是一種「情緒智力」，為了避免與大家印象中的智力或智商（IQ）相混淆，又將它譯為「情緒商數」，指的是管理情緒的能力，代表一個人能否適當的處理自己的情緒，它的意義包含了「自制力」、「熱忱」、「毅力」、「自我驅策力」等。一個高 EQ 的人通常情緒穩定，不會因為小事在情緒上產生劇烈的波動，且在產生情緒反應時，能夠恰當回應自己的情緒，對事與對人能有合理的想法，同時表現出合宜的行為。EQ 太低的表現則有：脾氣暴躁、情感用事、缺乏同理心、情緒壓抑、杞人憂天。EQ 的高低，並不完全由先天或生理因素決定，可以藉由後天的訓練來提升。以下幾個方法可以參考——

1. 瞭解自己的情緒：當我生氣的時候，陷入情緒當中，無法「跳出來」。事後回想，才察覺到「我剛才的生氣」是無意義的。

2. 妥善管理情緒：當你察覺自己的情緒失當時，回想自己為什麼生氣？為什麼難過？有沒有其它替代想法？找出排解情緒困擾的秘方。

3. 設身處地：要瞭解自己的情緒，也要瞭解並且接納別人的情緒。接納對方的情緒，從對方立場去體會他的感受，找出雙贏的策略。

4. 人際關係的培養：與人互動首重真誠，沒有真誠，就只剩下玩弄手腕了。學習如何適切地表達自己的感受，用誠懇的態度與人互動，比指責對方讓人更能夠接受。

二、「EQ」與「IQ」有何不同

　　「EQ」與「IQ」的不同，簡單的說就是感性與理性的差別。過去普遍認為 IQ 可決定個人的成就。然而，我們常看到一些高智商的人表現平庸，而智力普通的人成就非凡。為什麼會如此呢？仔細探究其原因，智力泛指抽象思考、推理、學習、環境適應以及問題解決的能力，有高智力的人能夠學得很快、考上很好的學校或者提出具創意的企劃案，但這不保證他能夠瞭解自己的情緒、忍受挫折或者處理好人際關係。近年發生的幾件就讀國立大學的研究生因憤怒或嫉妒而傷害他人的案例，不就是明顯的例證嗎？許多研究結果告訴我們，IQ 的高低與成就的關聯不高，事實上，只要 IQ 達到一般的水準，擁有高 EQ 的人會有較高的成就。

IQ 的發展有一半受限於天生遺傳，然而 EQ 的高低，卻主要取決於後天學習的結果，因此 EQ 的提升，可經由教育訓練而達成。目前在歐美已有中小學以提升 EQ 為宗旨來設計課程，而在全世界的企業中，也正進行著許多的 EQ 訓練課程，以提升員工生產力，藉以提升企業競爭力，達到永續經營的企業目標。

三、EQ 的重要性

EQ 的重要性表現在生活的各個層面，它決定了個人主觀上認為生活是否順心，也會影響個人與他人（如家人、朋友、配偶、上司、同事、客戶）之間的關係，甚至會影響學業及工作表現。試想：一個不能處理好自己情緒的人，必定很容易受情緒所左右，表現出衝動的行為，因而破壞人際關係；如果與身邊的人不能相處融洽，不論在家庭、學校及工作環境中都存在不滿的情緒，覺得大家都對不起他，認為一切都是別人的錯，或者陷入深深的自責中，形成惡性循環，當然活得不快樂。相反地，若能敏銳地察覺自己及他人的情緒，坦誠面對自己的負面感受，同理對方的心境，不任意批評，並且將生活中的困境視為合理的挑戰，有堅定的信念去完成艱鉅的任務，對人對事做出適切的反應，那麼就容易與他人保持良好的關係，得到他人的幫助，這樣一來，許多事情都能迎刃而解。以工作為例，相信很多人都曾經覺得工作是否順利圓滿，往往不是由能力決定，而是你能不能打開心扉傾聽同事或上司的不同意見，能不能將個人的好惡、利益與工作區分開來，將人際衝突的阻力化為助力，才是成敗的關鍵。

四、情緒管理

身為情感動物的人類，有情緒是自然的，因此有時我們會覺得憤怒、快樂、悲哀或喜悅。只要能適當的處理情緒，那麼情緒和感覺可以幫助我們的生命更豐富，更多采多姿；但是，若無法適當表達或控制，則情緒不僅可能破壞我們的人際關係，甚至可能導致身心不適或死亡。那到底怎麼樣察覺情緒、控制情緒呢？以下提供幾個情緒管理的方法給各位參考：

（一）體察自己的情緒

也就是，時時提醒自己注意：「我現在的情緒是什麼？」例如：當你因為朋友約會遲到而對他冷言冷語，問問自己：「我為什麼這麼做？我現在有什麼感覺？」

如果你察覺你已對朋友三番兩次的遲到感到生氣，你就可以對自己的生氣做更好的處理。有許多人認為：「人不應該有情緒」，所以不肯承認自己有負面的情緒，要知道，人一定會有情緒的，壓抑情緒反而帶來更不好的結果，學著體察自己的情緒，是情緒管理的第一步。

（二）適當表達自己的情緒

再以朋友約會遲到的例子來看，你之所以生氣可能是因為他讓你擔心，在這種情況下，你可以婉轉地告訴他：「你過了約定的時間還沒到，我好擔心你在路上發生意外。」試著把「我好擔心」的感覺傳達給他，讓他瞭解他的遲到會帶給你什麼感受。什麼是不適當的表達呢？例如：你指責他：「每次約會都遲到，你為什麼都不考慮我的感覺？」當你指責對方時，也會引起他負面的情緒，他會變成一隻刺蝟，忙著防禦外來的攻擊，沒有辦法站在你的立場為你著想，他的反應可能是：「路上塞車嘛！有什麼辦法，你以為我不想準時嗎？」如此一來，兩人開始吵架，別提什麼愉快的約會了。如何「適當表達」情緒，是一門藝術，需要用心的體會、揣摩，更重要的是，要確實用在生活中。

（三）以合宜的方式紓解情緒

紓解情緒的方法很多，有些人會痛哭一場、有些人找三五好友訴苦一番、另些人會逛街、聽音樂、散步或逼自己做別的事情以免老是想起不愉快的事情，最糟糕的方式是喝酒、飆車，甚至自殺。要提醒各位的是，紓解情緒的目的在於給自己一個釐清想法的機會，讓自己好過一點，也讓自己更有能量去面對未來。如果紓解情緒的方式只是暫時逃避痛苦，爾後需承受更多的痛苦，這便不是一個合宜的方式。有了不舒服的感覺，要勇敢面對，仔細想想，為什麼這麼難過、生氣？我可以怎麼做，將來才不會再重蹈覆轍？怎麼做可以降低我的不愉快？這麼做會不會帶來更大的傷害？根據這幾個角度去選擇適合自己且能有效紓解情緒的方式，你就能夠控制情緒，而不是讓情緒來控制你！

4-4 向猶太媽媽學習逆境智商

第1堂
第2堂
第3堂
第4堂
第5堂
第6堂
第7堂
第8堂
第9堂
第10堂
第11堂
第12堂
第13堂
第14堂
第15堂

一、猶太教養法的金鑰匙

「生存力、意志力和解決問題的能力」是猶太教養法的三把金鑰匙，第三把鑰匙——後退一步，鍛鍊孩子解決問題的能力，就是培養逆境智商。猶太名人馬克思（Karl Marx）曾說：「人要學會走路，也要學會摔跤，而且只有經過摔跤，他才能學會走路。」

猶太父母很重視從小培養孩子的逆境智商，甚至有些教育機構還會專門提供逆境智商測驗，一般會考察以下四個關鍵因素：控制（Control）、歸屬（Ownership）、延伸（Reach）和忍耐（Endurance）。比如控制感弱的孩子在測試中經常說：「我無能為力。」控制感強的孩子則會說：「雖然很難，但這不算什麼，一定有辦法。」有專家對參加逆境智商測驗的孩子進行追蹤研究，發現：高逆境智商的孩子長大後，往往能夠清楚認識讓自己陷入逆境的原因，並甘願承擔一切責任，因此能夠及時採取有效行動，痛定思痛，從跌倒處爬起。

二、事件摘要

輝輝曾在一家國外公司工作，管理公司在中國的市場業務，工作內容很多。正好公司聘了個畢業生，輝輝就一手調教他，教給對方各種鑽石鑑定知識，也是為了減輕自己的工作負擔。

沒想到，這個新人短短一年就取代了輝輝。

「你怎麼可以過河拆橋呢？」輝輝很不能諒解。「人為財死，鳥為食亡，我建議你以後多看看厚黑學。」取代輝輝的新人給了輝輝當頭一棒。

輝輝一肚子委屈，反覆回想自己沒做錯什麼，但為什麼結果會這樣呢？這個挫折讓他陷入自我懷疑、完全喪失自信。輝輝的媽媽告訴他：「媽媽不後悔沒教你厚黑學，因為人總是要回到最原始、最真誠的狀態。」

「媽媽知道你很失落，但是孩子，你要輸得起。不要對自己失望，更別擔心媽媽會對你失望。媽媽年輕時也遇過很多委屈，但人生的困擾與煩惱，主要是來自自

己。視野要看得遠一點，要考慮大局，別自視太高；否則滿腹的牢騷，只會傷害自己的身體。」

「人生不如意十常八九，前進的路沒有一帆風順的，一個人在逆境時的態度，往往決定了他人生的大方向」。媽媽繼續對輝輝說：「人生永遠有兩個機會。任何事都有可能朝兩個方面發展，也可能出現完全不同的結果，但即使最差的結果中也蘊藏著希望，如同最好的選擇也可能帶來災難一樣。用古老的中國哲學來解釋，就是無常，塞翁失馬，焉知非福。」

輝輝沒有沉浸在抱怨中，他重新埋頭做事，開創自己在中國的鑽石零售業務。隨著國內鑽石消費的異軍突起，輝輝的事業也走向另一個高峰。許多人的成功和進步，並不是因為他們經歷的逆境少，而是恰恰相反，事實上，許多成功者正是在逆境、困難的磨練中成長起來的。成功者瞭解逆境是生活的一部分，逃避逆境等於逃避生活，只有提高逆境智商，才能在生活的風浪中如魚得水。

（摘錄自《猶太媽媽給孩子的 3 把金鑰匙》一書）

三、問題分析

猶太父母在孩子面臨挫折時，不火上澆油，會陪他走出沮喪的低谷。以下為猶太父母鍛鍊孩子「逆境智商」的八個心法：
1. 幫助孩子正確認識「挫折」。
2. 適當設置一些困難，讓孩子體驗挫折。
3. 教會孩子對待挫折的方法，一起分析失敗原因。
4. 為孩子提供獲得成功的機會。
5. 合理運用心理防衛機制。
6. 孩子瞭解挫折和成功的關係。
7. 常跟孩子分享自己成功與失敗的經驗，讓他們知道即使是父母，也有失敗的時候。
8. 刻意培養孩子面對逆境的方法。

四、問題討論

1. 猶太父母在孩子面臨挫折時，不火上澆油，陪他走出沮喪的低谷。你認為台灣父母的處理方式和猶太媽媽會有什麼差異？
2. 從本文中描述輝輝的心境轉折，你認為他是如何從逆境中站起來的？

4-5 四個步驟提高逆境智商

除了 IQ、EQ 之外，**逆境智商（AQ）**是以色列教育專家非常推崇的一個概念，他們甚至斷言，100％成功＝ 20％ IQ +80％（AQ ＋ EQ）。以色列商業雜誌每年都會報導當年最偉大的東山再起者和創業者，他們的傳奇經歷中有一個相同的部分，那就是他們在遇到強大的困難和逆境時，始終保持樂觀的態度，從不輕言放棄。也就是說，他們都具有高逆境智商。

逆境智商專家史托茲認為，一個人 AQ 愈高，愈能以彈性面對逆境，積極樂觀，接受困難的挑戰，經由下列 4 個簡單的步驟（LEAD），可以幫助自己和他人以及你的團隊，適當運用 AQ，避免被錯誤的挫折反應所擊垮。

※LEAD 分別指 Listen（傾聽）、Explore（探索）、Analyze（分析）、Do（行動）。

步驟 1：L ＝聆聽（Listen）

心理治療師羅伯‧麥當勞有一句話：「一個人的困擾，總是因不能忠實地面對自己而引起的。」因此，當面對挫折時，你必須自問，重新審視自己對逆境的生理和心理反應。聆聽需要耐性，人總是不願意面對不如意的事情，更不願意面對自己。史托茲認為，當你敏銳察覺逆境的出現，能讓你立即改變自己的處理方式。

步驟 2：E ＝探索（Explore）

事情的嚴重性往往被悲觀情緒放大，因而忽略了個人的能力。失業、失戀、失去至親等等，令人聯想到：「完了！沒救了！」AQ 高的人就會探索其他的可能性，例如：失業就是創業的好時機、失戀就是學習分手的一課、至親的離世可減少其肉體承受的痛苦。

第 1 堂
第 2 堂
第 3 堂
第 4 堂
第 5 堂
第 6 堂
第 7 堂
第 8 堂
第 9 堂
第 10 堂
第 11 堂
第 12 堂
第 13 堂
第 14 堂
第 15 堂

步驟 3：A＝分析（Analyze）

　　分析證據，這是 4 個步驟中最有力量的環節。我們必須學習如何正確檢討事件，才能對症下藥。你可以嘗試問自己：哪些證據證明這個問題非我所能掌控？切勿將所有責任歸咎於自己身上。而是要客觀分析自己該負哪些責任，哪些責任又不屬於自己。無論如何，不要讓自己長時期處於受苦（Suffer）狀態。

步驟 4：D＝行動（Do）

　　採取行動。這個步驟讓你能從密密麻麻的行動表單中，找出和你關係最密切的特定行動。在這個階段，你可以嘗試明確說出你如何控制更多情緒？你能做什麼阻止逆境擴大？你該怎麼做，才能度過逆境？設法進行一些你以往很少做的事情，例如：早上跑步、為家人煮早餐、用左手刷牙、轉搭其他交通工具，或者當義工，並持之以恆，這些做法都可能提升個人的創意，或是成為解決問題的方法。

課後討論

1. 請敘述情緒成熟的七大指標。
2. 請敘述壓力管理的九大技巧。
3. 請敘述情緒管理的三個方法。
4. 請敘述「EQ」與「IQ」的差異。
5. 請分享個人過去情緒控制及壓力紓解的方法。

技巧篇

人際溝通的技巧

　　被譽為是 20 世紀最偉大的心靈導師和成功學大師卡耐基說：「專業知識在一個人成功中的作用只占 15%，其餘 85% 則取決於人際關係」。家人、長輩親戚、同鄉、同學、師長、校友、社團夥伴，軍中同袍或閨蜜，都算是我們的人脈基礎。往往擁有血緣或共同成長記憶，以及緊密互動的群體關係，都具有比較深厚的情感及信賴基礎。而這些人脈往往就成為「有關係沒關係；沒關係也要找關係」的人脈基礎網。

　　活用溝通技巧更是讓事業無往不利的利器，如美國前總統雷根（Ronald Reagan），是世界上公認最有魅力，最卓越的溝通高手，他不但言詞幽默、詼諧、充滿智慧，而且懂得巧妙地運用豐富的肢體語言，往往能四兩撥千斤。而蘋果電腦創辦人賈伯斯（Steve Jobs）更是全世界最擅長擄獲人心的溝通傳播者，他那魅力十足的簡報與演講功力，在每次蘋果產品發表會時，全球果迷都為之瘋狂。

第 **5** 堂

人際衝突與處理

　　與人溝通互動時，若無法掌握溝通技巧及態度，會產生人際衝突與溝通上的障礙。良好的人際關係是一切行為的基礎。因此，如何掌握與人相處之道，建立良好的人際關係與溝通是至關重要的課題。就人類的生活經驗中，衝突的情境有百百種，但衝突只要經過溝通後，彼此就能建立共識，也才能共同合作去解決問題，此即化解衝突的最高目的。

| 本堂內容概要 |

5-1　衝突的成因與過程

5-2　衝突的正面與反面意義

5-3　衝突的處理與解決

魯肅化干戈為玉帛

　　干戈是兵器，是攻擊別人的工具；而玉帛則是玉器、絲綢等貴重物品。三國魯肅個性溫文儒雅，凡事以大局為重，不斷化解孔明與周瑜之間的衝突，才能維持三國鼎立的局面。而他這種化干戈為玉帛的做法已成為後世美談。

　　諸葛亮出使東吳遊說吳蜀聯合抗曹之事，周瑜嫉妒諸葛亮的才智，總想找藉口殺他。在一次宴會上，周瑜故意對諸葛亮說：「孔明先生，我吟一首詩你來對，對得出有賞，對不出以殺頭問罪如何？」諸葛亮從容笑道：「軍中無戲言，請都督說。」

　　周瑜大喜，開口便道：「有水便是溪，無水也是奚，去掉溪邊水，加鳥便是雞。得志貓兒勝過虎，落坡鳳凰不如雞。」

　　諸葛亮聽罷，隨口便道：「有木便是棋，無木也是其，去掉棋邊木，加欠便是欺。龍遊淺水遭蝦戲，虎落平陽被犬欺。」

　　周瑜聽了大怒，但礙於有言在先，不便發作，便又出一題：「有手便是扭，無手便是醜，去掉扭邊手，加女便是妞。隆中有女長得醜，百里難挑一個醜。」

　　諸葛亮聽了知道這話是在嘲笑自己的夫人黃阿醜長得醜，便立即應道：「有木也是橋，無木也是喬，去掉橋邊木，加女便是嬌。江中吳女大小喬，曹操銅雀鎖二嬌。」周瑜知道這話是在奚落自己的夫人，怒髮衝冠，大為光火。

　　正當兩人劍拔弩張之時，魯肅在旁和了一首：「有木也是槽，無木也是曹，去掉槽邊木，加米便是糟。當今之計在破曹，龍虎相鬥豈不糟！」

　　詩罷眾人一齊喝彩。周瑜見有人從中和解，只好無奈收場。

學習筆記

　　化解衝突需要能控制雙方情緒，並且懂得運用機智和幽默感，才是真正有智慧的作法。當雙方劍拔弩張時，調解者若能順勢利導、適時化解，便可讓雙方有台階下，保住顏面，免去一場衝突。

5-1 衝突的成因與過程

　　衝突是個人知覺到不相容的差異存在，從而導致心理上產生對立的想法、觀點等，進而反射到行為態度上。簡而言之，就是互動雙方在有關工作或情感的事件上，彼此的需求、利益、目標、意見產生不一致或無法配合的情形。

　　亦可以說當二人（或團體）因目標或行動不一致而干擾對方時，會引致雙方間的不愉快情形。衝突是一種對立行為，此現象在心理學上稱為「心理衝突」，若發生於彼此雙方人際互動上，就是人際的衝突。

　　衝突亦是一種主觀的感受，人際的衝突最為明顯，可以從其言語、肢體語言、情緒、態度、行為上輕易看出。

　　Dudley Cahn（1990）將「人際衝突」界定為「人與人在互動之中，有著利益上的不同，或出現相反意見」。美國的教師效能訓練專家 Gordon 也從人際關係的角度來剖析「衝突」的本質。他指出「衝突」係指在兩人（或以上）之間發生了下列的兩種情況：一方的行為妨礙了另一方需求的滿足，此為「需求衝突」；雙方的價值觀不協調，此為「價值觀衝突」。

一、衝突的來源

　　就人際衝突而言，可就溝通上的差異、結構上的差異及個人差異等三部分說明造成人際衝突的來源。

（一）溝通上的差異

　　與人溝通時，意義的表達最為重要，溝通應有明確精要的語意表達，讓收訊者能很快掌握發訊者所要表達的目的與重點。溝通時最忌諱語意表達錯誤，讓收訊者誤解發訊者想傳達的意念，如此最容易引發不必要的誤解與衝突。溝通環境也會影響溝通品質，若要傳達重要訊息，更應事前規劃好場地。

（二）結構上的差異

在組織團體中，結構上的差異會直接影響溝通的正確性及溝通品質。一個組織團體會因垂直或水平分工不清，如職權不分、角色界定模糊、溝通結構、團體規範不明確，團體內成員與成員彼此間對目標、績效、價值沒有共識，而造成衝突。

（三）個人差異

個人的心理層面如動機、態度、意識形態和價值觀等，會直接影響個人對事物的看法，而反映於日常待人接物及生活舉止中，是引起人際衝突非常重要的因素。

二、衝突的成因

前面提到人際衝突的來源後，如果我們能瞭解其成因，針對來源與成因加強改進，便可化解很多的人際衝突事件。以下將就影響衝突的成因分為六項予以說明：

1. 利益因素：當個人知覺對本身或團體利益受到不當影響時，為保護個人或團體時，會爭取權益，便易與人發生衝突。

2. 價值因素：當個人對事物所持價值觀，直接影響其對事物的思維，因與他人所持立場不同，便會引起衝突。

3. 認知因素：當個人認知受到不當權益時，為獲得應有的權益，易與人起衝突。

4. 目標因素：此種情形我們很容易可以從每次選舉時，候選人與競選的對方相互的口水戰而知，因彼此有不同的目標，為達成目標，因而發生衝突。

5. 實質因素：彼此雙方認為有實質上的損失，而引發衝突，如交通事故現場，車輛相撞的二位駕駛，在路旁因各執己見，大聲咆哮，發生衝突。

6. 情感因素：我們也可以從報章雜誌或新聞媒體看到，夫妻或情人因彼此感情交惡，處理離婚、分居或分手不當，而引發的衝突事件。

三、衝突的過程

除了瞭解衝突的來源、成因外，知道衝突發生的過程，對掌握及解決衝突也非常有幫助。斯蒂芬・羅賓斯（Stephen P. Robbins）將衝突發生的過程分為五階段（圖5-1）。

圖 5-1　衝突五階段

（一）潛在對立或不相容階段

在互動的最初，彼此的接觸都是很表淺，就如同一張白紙，沒有任何標記，但在每個人的生長過程中，因不同的成長背景、環境刺激，而存在著不同的人格差異。在個人互動經驗中，會對對方予以價值的評斷或摻雜個人、社會的刻板印象，互動經驗良好或許不會有潛藏對立因子；反之，在互動過程中，若對方的行為態度，令人不悅，即存有潛在對立或不相容的看法。

（二）認知及個人介入階段

接下來，再次互動時，因為對於對方存有潛在對立及不相容的看法，會將個人的認知與經驗放入思維中去思考，去判斷該如何與之溝通及該如何去因應。

（三）意圖階段

上面所說該如何因應，即是意圖行為。為了澄清個人價值與利益，會思索該如何進行下一步驟，以維護個人（或團體）利益，在構思的階段就是意圖階段。

（四）行為階段

經過意圖階段，此時已非常明白應該如何進行，將個人所思考意圖進行的事，化為實際行動，就是所謂的行為階段，此即為我們看到衝突事件表現的部分。

（五）結果階段

透過行為的表現，讓我們看到了衝突事件的發生，衝突事件最大的呈現，就是讓彼此兩造的人際關係，藉衝突行為而表面化，不僅讓雙方看出價值的差異，也讓其他人明白衝突雙方對某件事情的落差處。當然接下來就是必須對衝突事件加以化解，避免過度渲染，而影響處理。

四、衝突的表現

就人類的生活經驗中，影響衝突的情境非常複雜，心理學者們為了方便研究討論，將衝突表現分為：雙趨衝突、雙避衝突及趨避衝突等三類（圖 5-2）。

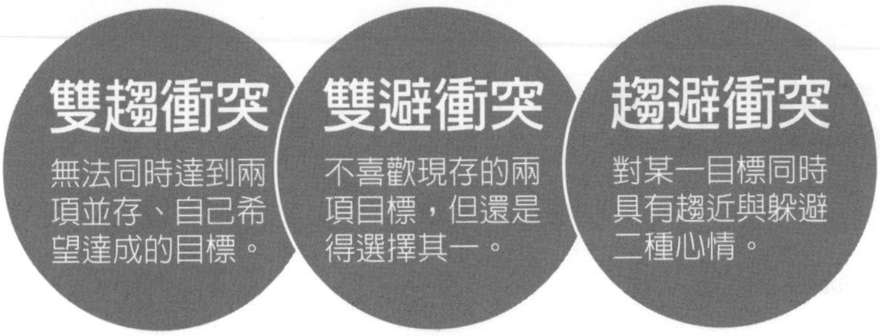

雙趨衝突
無法同時達到兩項並存、自己希望達成的目標。

雙避衝突
不喜歡現存的兩項目標，但還是得選擇其一。

趨避衝突
對某一目標同時具有趨近與躲避二種心情。

圖 5-2　衝突的三種表現

雙趨衝突（approach-approach conflict）係指個體對兩個並存的目標都期望達到，但限於情勢，必須有所取捨，不能兼得，而導致難以取捨的心理困境。如年輕人想繼續進修以增加學識，又想工作以擴展經驗，二者都是自己想要的，卻不能同時得到，即是雙趨衝突。**雙避衝突**（avoidance-avoidance conflict）係指個體對兩個並存的目標都感到威脅、不喜愛、想要逃避，卻迫於情勢而必須接受其中一項，在取捨之間猶豫不定所造成的心理衝突。例如兒童不喜歡打針吃藥，但也不喜歡生病帶來的難受。**趨避衝突**（approach-avoidance conflict）係指個體對某一目標同時具有趨近與躲避二種，既愛之又惡之的矛盾心理，例如如學生不喜歡讀書，卻又想有高學歷。

而人際間常見的衝突情形，大致可分為以下幾種：

1. 對立關係與期待的衝突：此類衝突常出現於父母與子女、老闆與部屬及教師與學生之間。

2. 權威與影響力間的衝突：具有權威者未必是最有影響力的人。在同一個團體中，具有不同影響力的兩個人最容易引起衝突。

3. 個體間不同需求的衝突：此類衝突最普遍地存在於人與人之間。

4. 單純因溝通不良，而造成誤解，以致發生衝突。

5. 個人因感覺受到操控，自主性受挫，而產生的衝突。

5-2 衝突的正面與反面意義

一、衝突的三種觀點

對於衝突各家說法不同,有持傳統的觀點,或人群關係觀點,亦或是互動的觀點,以下略予說明:

1. 傳統的觀點:認為衝突的發生都是不好的,只要是衝突就應該避免。

2. 人群關係觀點:認為衝突是人際溝通歷程中,自然而又不可避免的現象;正因為如此,所以我們必須學習,透過智慧與溝通可以轉化成正面的力量。

3. 互動的觀點:認為有些衝突是組織運作所必須的,應該可以容許維持最低程度的衝突,而且可以保持組織的活力、自我批判的思考能力和創造力。

二、良性衝突及惡性衝突

我們常會根據衝突結果之正或負,將衝突分為破壞性的衝突(destructive conflict)及建設性的衝突(creative conflict)。破壞性的衝突就是當事人不滿互動的結果,且懷著有所損失的感覺。建設性的衝突為導向正面結果的衝突,當事人滿意其結果,並覺得衝突之後有了收穫。

緊接著,我們說明何謂良性衝突(functional conflicts),良性衝突是因衝突的發生,彼此意見可獲得充分的溝通與凝聚,建立共識可以促進組織目標的達成。至於何謂惡性衝突(dysfunctional conflicts),惡性衝突與良性衝突恰好相反,組織中因衝突的發生,而影響彼此間的和諧與融洽,會阻礙組織目標的達成。所以,我們可以很清楚知道,衝突可以鼓舞一個部門,卻可能同時毀了另一個部門。

至於衝突為良性或惡性,得視所處情境而定。管理者可以刺激衝突,以得到良性的效果;但是當衝突會導致分裂時,應該設法降低衝突。

三、衝突強度與組織效率間的關係

　　對於衝突與組織績效間的關係，可就傳統與現代做比較。由圖 5-3 可以清楚瞭解傳統的組織衝突觀點，認為組織內衝突的與組織績效存在有負相關，即衝突的層次越低，組織績效越高；反之，衝突的層次越高，則組織績效是越低。亦即組織內要有衝突，且影響層次越低，越能達成提升組織績效的目標。

　　在現代的組織衝突觀點，則認為一個組織的衝突與組織績效並非如傳統觀點所言，呈現負相關性。組織衝突的層次與組織績效的關係曲線，呈山峰狀，即影響組織內過低與過高的衝突層次對組織的績效而言，都無法提高組織績效；組織內適度（即非過高與過低）的衝突，才能提升組織的績效（圖 5-3）。

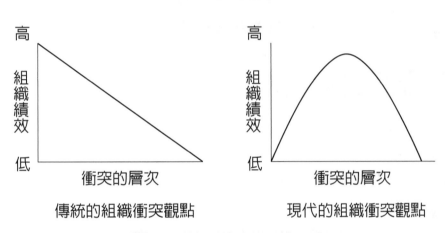

圖 5-3　傳統和現代衝突觀點比較

資料來源：Jerry L. Gray,& Frederick A. Starke,（1988）. Organization Behavior: Concepts and Applications （4th ed.）（Columbus: Bell & Howell,1984），p539 ～ 540

　　由圖 5-3 可知現代的組織衝突的觀點，認為適度的組織衝突可以為組織注入新生命、活化組織功能、提高組織績效。現就圖 5-4 說明衝突強度與組織效率間的關係。由表中，衝突形成由低至高，分為三個區塊，A 區缺少衝突，整個團體死氣沉沉，所以組織效率未達到高峰；C 區部分因組織內衝突過度，導致組織內成員產生對立，無法凝聚動力，所以與 A 區一樣，組織效率並不高。但在 B 區部分，組織內成員會有適度衝突產生，藉以激發員工的腦力與凝聚共識，因此有較 A、C 二區較高的組織效率產生。

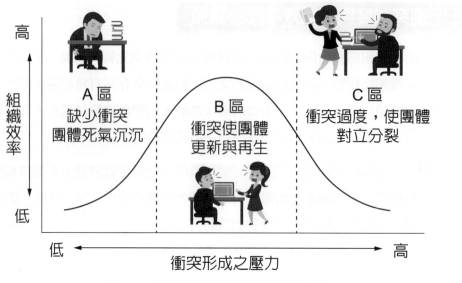

圖 5-4　衝突強度與組織效率間的關係

四、如何製造良性的衝突

　　為了提升組織績效，適度的衝突是必須的，以下說明如何運用技巧於組織中製造適度的衝突。

1. 改變組織文化：獎勵願意突破及挑戰現狀、提出創新想法或是不同意見、具創造性思考能力的員工。

2. 運用溝通：有效運用媒體，如利用不願具名的「可靠消息來源」在媒體上放出模糊或是恐嚇性的訊息可以挑起衝突。

3. 引進空降部隊：是最常用來活化組織的方法，藉引進不同背景、價值觀、態度或是管理風格的外來人士，改變組織傳統的思維模式。

4. 重整組織：瓦解結構現狀的方法：決策集中、重組工作群體、在個人主義的文化中引進團隊、增加正式化的程度、增加部門間相互依賴的程度。

5. 任用異端分子：故意任用異端分子（devil's advocate），讓其有意地反對大眾，或可為群體思考的檢查者，亦可質疑現在的做法，或挑戰傳統的做法「我們一直都是這樣做的」的迷思，達到提升組織成效的目的。

5-3 衝突的處理與解決

一、衝突的迷思

　　對於衝突處理，一般人常有的迷思是面對衝突情境中，常會有一些似是而非的觀念。這些常見的錯誤觀念，羅列如下：

1. 認為他們是因為犯錯，才會引起衝突（雙方需求的衝突，無法顯示誰對誰錯，即便是價值觀念的不一致，也是如此）。

2. 為了表示自己比對方行，必須贏得衝突（只是個人面子作祟，無法確認自己一定是對的）。

3. 對任何的妥協，會表示自己輸了，總認為永遠比對方差（因個人爭強好勝的心理，表示自己輸不起）。

4. 無論如何，應避免衝突的發生（個人的鄉愿心態，對於衝突的本質有錯誤的認知）。

5. 認為只有自己所提出的解決辦法，才是有價值的（是一種自私、專制的心態）。

6. 認為所有的衝突，都必須有解決的辦法（有很多衝突的情境，如果雙方均不退讓，不願妥協，可能會演變成無解）。

7. 認為妥協的結果，會導致不好的感覺（有時妥協雙方都能得到需求適度的滿足，反而是一種雙贏的結果）。

8. 長期或持續的衝突，可以在一次的討論中獲得解決（衝突很有可能是無數次協商無效的結果，如果經過一次解決，那麼它也不會變成長期的衝突了）。

9. 認為任何的衝突事件中，一定有一方是對的，有一方是錯的；而且對的一方可以得到他所要的（衝突處理是經由協商，以便獲致一個雙方均能接受的解決方案）。

二、衝突的管理

　　從上述有關「衝突」的迷思中，似乎可以看出一般人對於「衝突」的解決，普遍存有「勝」、「敗」的兩種極端傾向。因此，對於衝突的處理與解決應該是學習如何對衝突做管理。

學習衝突管理要注意以下九項，茲分別說明如下：

1. 雙方都要有意願：對於衝突發生時，雙方均應有願意心平氣和共同解決衝突。

2. 認識衝突的原因：當雙方有意願進行溝通時，應加以探討衝突發生的原因，透過深入瞭解，很容易就可以知道事件發生的端倪，進而加以檢討修正。

3. 合作代替競爭攻擊：前面已多次說明，衝突有時是立場問題，若彼此可以敞開心胸，多為對方設想，就能凝聚共識，以合作代替競爭攻擊，以雙贏收場。

4. 瞭解非語言訊息：語言與非語言訊息都是溝通時非常重要的訊息，處理衝突時，應眼觀八方，有高度敏感度，才能掌握非語言所傳達的訊息，抓住重點。

5. 直接溝通：衝突事件發生後，相關的兩造，應該本著誠意相互直接溝通，莫再透過第三者的轉達，以掌握訊息的正確性，避免因傳達而有不必要的誤解，擴大衝突層面。

6. 運用幽默：化解衝突時，不要忘了為了要減緩其衝擊，運用幽默，緩和僵局與氣氛是相當重要的。

7. 進行協商、取得妥協：衝突管理就是要減低衝突所帶來負面的影響，所以雙方必須進行協商，透過溝通與協調，彼此各退讓一步，以取得妥協。

8. 尋求第三者協調：當然發生衝突時，彼此當事人直接再面對協調，短時間恐有困難，可以透過第三者當引線，減緩彼此尷尬與不快。

9. 從失敗中學習：每個人都曾經有挫折失敗，失敗並不可恥，記取失敗的教訓，我們可以從失敗中學習很多事。

三、降低衝突的方法

前面提到適度的衝突可以活化與激發組織動力，提高組織績效；但是衝突畢竟是衝突，若無法做適度的控制與降低，待蘊釀成不可收拾的地步，就是個大危機，所以對於衝突也應學會如何降低與減緩衝突的方法。

美國行為科學家湯瑪士曾提出「克里曼衝突二維模式」（Thomas-Kilmann Conflict Mode Instrument），該理論認為人們面對衝突時，個體降低衝突的行為方式五種，分別為：有「競爭」、「逃避」、「遷就」、「妥協」、「合作」五種（圖5-5）。

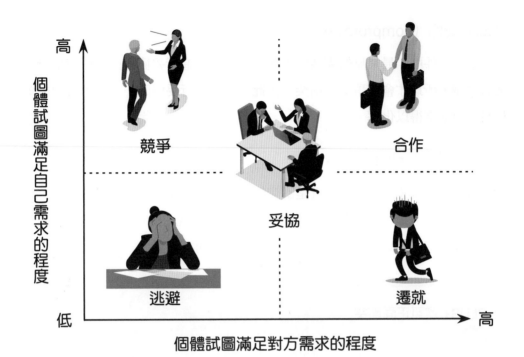

第1堂
第2堂
第3堂
第4堂
第5堂
第6堂
第7堂
第8堂
第9堂
第10堂
第11堂
第12堂
第13堂
第14堂
第15堂

圖 5-5 面對衝突的五種方式

（一）競爭（competing）

如果個人試圖高度滿足自己需要又忽視對方的需要，就會產生「**競爭**」。但競爭往往需付出極大的代價，好處在於自己的意見可以受到保護，壞處在於雙方關係會受到傷害、妥協的一方可能從此不敢表達意見。

（二）逃避（avoidance）

並非每一個衝突都必須要處理，有些衝突若是無關緊要、情緒激動、潛在的破壞威力強大時，選擇迴避（避免或是抑制衝突）反而是上策。或是對方忽視你的需要時，可能會選擇「**逃避**」，逃離衝突點。

（三）遷就（accommodation）

衝突當前，應權衡事件的影響力，必要時做適度的犧牲，將他人需求和利益放在個人的利益之上，以維持和諧的關係。或是對方個性溫和，試圖滿足你的需要，可能就會選擇「**遷就**」。

（四）妥協（compromise）

衝突事件中，最常見的溝通與處理模式，就是進行妥協。因為雙方都無法對原案有共識，所以才會有爭議及衝突。因此，雙方進行妥協時，各方都必須放棄某些利益，使衝突得以化解。

（五）合作（collaboration）

常聽到雙贏（或多贏），就是衝突的雙方透過協調，放棄各方的堅持，以雙方最佳的情況做考量，經過溝通後，彼此可以建立共識，共同**「合作」**解決問題，此即為化解衝突的最高目的，如此，各方都獲得了利益的滿足。

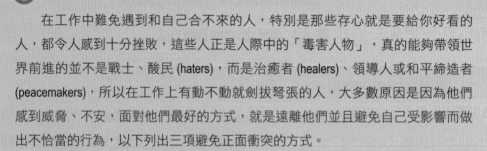

PLUS+ 避免正面衝突

在工作中難免遇到和自己合不來的人，特別是那些存心就是要給你好看的人，都令人感到十分挫敗，這些人正是人際中的「毒害人物」，真的能夠帶領世界前進的並不是戰士、酸民 (haters)，而是治癒者 (healers)、領導人或和平締造者 (peacemakers)，所以在工作上有動不動就劍拔弩張的人，大多數原因是因為他們感到威脅、不安，面對他們最好的方式，就是遠離他們並且避免自己受影響而做出不恰當的行為，以下列出三項避免正面衝突的方式。

1. 忽視酸民 Discard haters：永遠不要讓別人知道你是否被他們的卑鄙所困擾。如果你忍不住表現出心煩意亂，那就想辦法平靜地控制局面。通常最簡單的方法就是忽視並離開。
2. 沉著面對 Stay cool：在可能發生衝突的情況下先保持冷靜，並且晚一點再進行考慮，以尋找正確的解決方式。
3. 開門見山 Direct talks：直接針對問題進行討論，並表現出真誠與同理心，讓同事瞭解你非常尊重他的工作，同時也希望能確保雙方正向、積極的工作關係。

（引用自 https://www.core-corner.com/Web/Main.php?stat=a_OnyOjbc）

| SCAN ME |

看名人如何處理危機(資料來源：YOUTUBE)

課後討論

1. 請說明衝突來源三方面及六項成因。

2. 請說明衝突的三種表現。

3. 請比較良性衝突與惡性衝突之不同。

4. 說明降低衝突的五種方式。

5. 說明個人過去衝突情形及解決方式。

第**6**堂

溝通的技巧

　　人活著就要與別人接觸，就需要溝通。溝通 (Communication) 是人際關係的重要基礎，我們每天的生活就是一個溝通接著另一個溝通在進行。經由溝通我們彼此有了瞭解，學習喜愛、互相影響、交換訊息、彼此扶持與信任。因此，人際關係的建立與維繫是藉由溝通而達成。

　　人類基本的社會需求促使個人與他人溝通，個人需求也藉由與別人的關係中得到滿足。溝通是一個過程，在此過程中，雙方交換訊息以便能了解彼此的想法、感受與經驗。藉由溝通，我們期許別人知道我所知道的、重視我所重視的、感受我所感受的、決定我所決定的。

| 本堂內容概要 |

「偉大的溝通者」——美國前總統雷根

　　美國前總統雷根（Ronald Reagan）出身好萊塢，是世界上公認最有魅力、最卓越的溝通高手。他不但言詞幽默、詼諧、充滿智慧，而且懂得巧妙地運用豐富的肢體語言，他的眼睛在電視上能夠誠懇，也能放電。雷根在演說時非常強調要有標語及精彩有趣的段落，比如說一個小故事、一則幽默的笑話、一句簡短有力的口號，都可以讓聽眾投入、放鬆，並且吸收演說的內容。

　　1980 年，雷根和卡特進行一場電視辯論，每當卡特抨擊雷根缺乏擔任世界領袖的經驗，或是對改善經濟情勢的看法過於簡化時，雷根都以沉著自信的姿態以及表演長才化解對方的攻勢。卡特每次發動攻擊，雷根就會微微搖頭，然後笑著說：「There you go again!」（你又來了！）就是一副「秀才遇到兵，有理說不清」的肢體語言，化解對手的嚴肅批判，這是一句非常高明的經典名句。

　　又有一次，雷根在任初期，有一次被槍擊重傷，子彈穿入胸部，情況危急。在生命交關的當頭，雷根面對趕來探視的太太的第一句話竟是：「親愛的，我忘記躲開了。」美國民眾在得知總統在身受重傷時，仍能不忘幽默本色，因此也穩定了可能因總統受傷而動盪的政局。

📋 學習筆記

　　臉是最能吸引聽眾目光的部分，聽眾從臉上得到越多訊息，越會專注並且領會我們的言談，還能感受到其中的情緒。許多地位崇高的人面無表情，便看來冷酷又難以預測，令人對他們產生戒心，而開朗的臉帶給人溫暖又有親和力的感覺，若讓人們選擇，十之八九會選擇跟表情豐富的人交朋友。

　　幽默不單只是一種技巧，更是一種生活態度。嚴肅的事情以輕鬆的心情來看待它，悲觀的事情以樂觀的態度來面對它。世界宗教大師達賴喇嘛有次訪台時，輕鬆自在，幽默風趣。有位記者訪問他：「佛教有過午不食的說法嗎？」達賴喇嘛說：「是啊！」記者又問：「那肚子餓了，怎麼辦呢？」達賴喇嘛說：「就到廚房去偷吃囉！」

　　擁有赤子之心，才是生活中的幽默大師。

6-1 表達

一、理想的表達技巧

　　說話者的「德行」是決定他是否善於表達的關鍵，而「德行」也就是說話的「動機」。達賴喇嘛說：如果你試著克服自己的動機（瞋怒等等），並發展比別人更多的慈悲，最後你將獲得比本來還多的利益。所以，有時候我說聰明的自私人應該這麼做。愚痴的自私人總是為自己著想，結果是負面的。愚痴的自私人會隱藏自己、探測別人的隱私、對人傲慢無禮、有話直說、很少關懷、經常批評或挑剔。聰明的自私人會以誠實為上策、願意聽人傾訴、待人謙虛和氣、說「該說的話」而非「想說的話」。

　　言語是人與人之間溝通的重要工具，是人類交換訊息、增進了解、建立共識和傳承文化的主要工具。之所以要說話，是為了透過溝通來達成共識、解決問題。所謂「良言一句三冬暖，惡語傷人六月寒」。說話，是一種藝術，也是一種智慧，水能載舟也能覆舟。口說善言能令人心生歡喜；口出惡言，除了令人生惱，還須受苦果，心直口快，缺乏對他人的關照及體諒，說出來的話反而會有反效果。所以，真正會「說話」之人，所說之言，必是真心真意，令聞者心開意解，清耳悅心，或能打動人心，從善如流。所以，一些不好的講話習慣，自己要多注意，經常檢討反省，講話的時候是不是有過失，時時要「三思而後言」。理想的說話技巧如下：

1. 忠於說話內容
2. 言詞條理清晰
3. 語氣自然生動
4. 發音咬字正確
5. 情感表達恰當
6. 突顯內容要點

二、明確表達訊息的法則

　　有效率的表達自己的觀察、思想、感覺和需要，以達到溝通的目的，而明確表達訊息的法則有下列幾項：

1. 在陳述事情時，不要問問題

2. 訊息須有一致性

3. 避免雙重訊息

4. 明確說出自己的感覺與需求

5. 分辨觀察與想法

6. 一次只談一件事

三、巧妙表達自己的意見

1. 有話直說不要悶在心裡：話不多、說話又硬梆梆地讓人無法捉摸的人，最終還是無法確實地說出自己的想法。常常把話悶在心裡的人，大多有下列傾向（表6-1）：

表 6-1　悶在心裡的人具備的傾向

傾向	內容
固執己見	固執己見、不聽取他人意見的人，絕不會有高明的溝通技巧。人之所以固執是因為凡事都以自我為中心的緣故，如能設身處地多替他人設想，聽取不同的意見，必能得到很好的效果。
表達方式太嚴肅	明明沒什麼大不了的事，卻表現的異常嚴肅，會讓人留下刻板、過於拘謹的印象。試著用輕鬆、開朗的方式來表達，更能搏取好感。
缺乏柔軟度及防衛心太重	因為怕受到傷害而過度保護自己的人，會因為無法坦誠與人相交而失去朋友。

2. 坦率的說出自己的想法：容易親近的人，就是對於事情能表示意見，也會對他人做出回應的人。即使是很普通的事情，他們也會坦率的說出自己的看法。坦率的說出自己的看法，須掌握謙虛、正面思考、表示同感的方式說出自己的看法等三要點。

3. 反省自己的說話方式有無不妥之處：認為自己不擅表達、說話笨拙的人，最大的問題在於他們對自己錯誤的認知，抱著「不想讓自己丟臉」、「不想被別人恥笑」、「沒有人瞭解我」等消極想法的人，往往無法客觀的審視自身，察覺自己蠻橫、傲慢、任性的態度。因此，要改變自己，必須先從反省自己做起。

4. 切忌理直氣壯：每個人在做任何動作、說任何話的時候，都認為自己是正確的。因此，如果太過強調自己是對的，會使對方覺得你太過強勢，而對於他人的堅持也必須加以重視才行。即使理直，也要讓對方感覺受到重視和關心。

5 維護對方的自尊心：即使是生活上的瑣碎小事，每個人都有自己的信念和自尊。因此，說話的時候必須顧及對方的自尊才行。除了要顧全他人的自尊外，對自己的自尊也應有正確的態度來面對。

6. 化否定表現為肯定表現：否定的表現有時帶有強迫性意味，讓聽話的人感覺受到強制和壓迫。人是一種在受到壓迫的時候，就會產生反抗的動物，有些人會將不滿說出來，有些人則悶在心裡，前者還可利用溝通的方式尋求解決，後者則宛如一枚不定時炸彈。持肯定的表現，可以讓說話者表現出豐富的情感和人情味。

7. 得體及隨機應變的說話：能夠認真的指出重點，對他人提出建言的人，似乎已經愈來愈少了。每個人在人前都是好好先生，不敢多言，但背後卻意見頻頻。

8. 複誦的重要性：複誦是把對方談話中，自己認為是重點的部分進行重複的意思。在想要確認或一時不知如何回答的時候，運用這種方法可以有效的為自己爭取思考的時間。

此外，當對方說錯話或無法充分表達的時候，也可利用這種方法讓對方有補充或修正的機會。總之，複誦能夠營造有利的說話氣氛。即使是自己不知道的事情，也可以用複誦的方法讓話題繼續，進而讓自己的興趣及關心得以延伸。善用複誦的技巧，營造有利的交談氣氛，很容易就能贏得對方的信賴。

心理學大師卡爾‧羅吉斯（Carl Rogers）指出與人交往時，理想的表達方式如下（表 6-2）：

表 6-2　卡爾‧羅吉斯（Carl Rogers）理想的表達方式

方式	內容
傾訴	1. 願聽人傾訴：專心聆聽、努力瞭解別人話中的意思，進入他人內心的世界，使他覺得不孤單。真正的傾聽是僅僅聆聽，並從各個角度澄清或答覆；不加褒貶批判，不替他承擔責任，也不打算改變對方。 2. 願向人傾訴：當自己陷入無法解決的困擾而心情沮喪、絕望時，希望向人全盤托出深藏心底的各種情感，藉著向人傾訴，得以重窺自己的內心世界。
真誠	1. 接納真實的對方：鼓勵別人表達並坦然接受他的真情實意。 2. 表達真實的自己：學習與人接觸時不帶任何掩飾，不掩蓋自己的本性。
愛	1. 能愛人：能真心的關懷、欣賞、愛護及讚美別人，而且能向對方表達情感。 2. 能被愛：「被愛」是指能欣然接受別人對自己的真情厚愛，能感受自己置身於溫暖、幸福的氣氛當中。

PLUS+ 溝通十誡

　　現代社會生活步調緊張，生活壓力沉重，個人的心靈負荷著過度的挫折感。若無適當的壓力釋放和情緒淨化，可能發生心理失衡與適應不良的行為問題。良好的溝通能力可使囚禁於心靈中的緊張、壓力與挫敗感獲得紓解。溝通的技巧繁多，涵蓋說話的技巧、非語言溝通技巧、支持性溝通、傾聽的技巧、多元溝通模式等。依美國管理協會 (American Management Association) 提出溝通十誡。認為溝通時要注意十誡為：

1. 溝通前先澄清溝通內容：對溝通內容應予事前先行瞭解，妥善地規劃、周延的思考與系統的分析後，再提供必要的資訊，避免受訊者溝通超載或曲解訊息。

2. 確立溝通目標：瞭解真正溝通的目的為何？建立明確的目標及溝通主題，避免過多、零散的話題，影響溝通的目的。

3. 考慮溝通環境：溝通時應考慮溝通環境的各種情況，包括實質環境與人文的環境（如實質背景、社會環境、過去溝通情況……），以期溝通的訊息能配合環境。如溝通時應儘可能讓相關的單位或人員參與。

4. 徵詢溝通資訊：計畫溝通的內容時，應儘可能徵詢他人意見，一方面可取得更深入的看法，另一方面可獲得他人積極的支持。

5. 溝通時兼顧溝通內容與語意語調：受訊者接受訊息時，傳訊者的語意語調、表達方式等會影響訊息內容。如傳訊者的聲調輕重、面部表情及詞句的選用等，均會影響受訊者。

6. 儘量傳送有效的資料：利害相關的資料容易引人注意、記憶與實行。資訊要結合接受（受訊）者的利益和需要。

7. 回饋機制：受訊者是否瞭解訊息？是否願意遵行？是否採取適當的行動？傳送者宜安排「問題與回答」時段，進行彼此雙向互動的溝通。

8. 現在導向溝通與未來導向溝通並重：溝通時應兼顧短程目標與長程目標，使現在與未來的目標獲得有效的解決。

9. 言行一致：與人溝通時貴在誠信，與朋友相互建立信任關係，言行一致的人是可以獲得友誼的支持，具有良好的溝通基礎，有效解決問題。

10. 做一位好聽眾：在溝通的過程中有百分之八十是傾聽，傾聽是一種後天習得的本領，而非與生俱來之天賦本能。傾聽有時比說話更為重要，更會影響他人。傾聽是我們對人表達尊重的方式之一，父母若能耐心、關心並注意子女所表達之訊息，做個好聽眾，將有助於親子間的互動。

6-2 傾聽

一、傾聽的意義

傾聽所蘊含的意義深遠，主要有下列幾點：

1. 傾聽是有目的而且專注地聽，在過程中對方有被尊重與接納的感覺，是建立與維繫良好關係的重要技巧之一。

2. 「聽比說困難」，因為在人際交流中，人常較注意自己要說什麼，不關心別人想說什麼，甚至是沒耐心撥一點時間「純聽話」。而「傾聽」更難的不是讓對方暢所欲言、不打斷，還得真正了解對方「要」說什麼，並做出適當的回應。

3. 所謂「聽」，包括接受口頭訊息和非口頭訊息這兩方面。因此，「聽」不僅指「察言」，還包括「觀色」。

4. 傾聽不僅用耳朵，還要用眼睛觀察，更重要的是用心。傾聽是接納而不評斷，是在意對方而不是只關心自己，反應他人的情緒而不在於給予勸告或建議。傾聽當中包含四個關鍵字，如圖 6-1：

專心
指集中注意力，肯花時間聆聽。

努力
包含表現出傾聽的興趣、對人的關心及欣賞，鼓勵他人繼續說下去。

傳達
發訊者所傳達的不僅是口語，還包括非口語部分。所以，我們不僅要「聽」他說什麼，還要「看」他說什麼。

意思
發訊者的意思除了已經說出口的，還包括「欲言又止」的部分，除了要理解明確的意見，更要體察隱藏的內在感受與需要。

圖 6-1 傾聽的關鍵字

二、產生傾聽障礙的原因

傾聽是人際溝通的起步，但為什麼還是有不少人會「話不投機半句多」呢？發生傾聽障礙的原因主要有：

1. 假裝在聽：裝作認真專注的樣子，心中卻想著更重要的事情。

2. 滔滔不絕：只有興趣表達自己的意見，不關心別人所講的。

3. 選擇性的聽：只聽有興趣的內容，只對部分做反應。

4. 絕緣性的聽：不願或不喜歡的話題一被提起，就關閉耳朵不聽。

5. 埋伏性的聽：注意聽只是為了蒐集資料，用以攻擊別人。

6. 遲鈍的聽眾：聽不出言外之意、弦外之音，只聽到表面的意思。

三、傾聽障礙的類型

傾聽的障礙可分為下列三類，如表 6-3：

表 6-3　傾聽的障礙類型

類型	內容
病態特質	不肯向人傾訴或覺得沒人肯聽我傾訴，這兩類極端型的傾聽障礙，是屬於過於內向、自我封閉、戴著假面具的病態人格特質。若不能及早修正，終將自絕於所有人際關係，變得孤立無援。
分心	沒有花時間聽、不肯好好聽等，想草草結束對方訴說、一心多用、容易分心的傾聽行為，都是不專心的表現，沒有聽進去的人際交流，無法達到溝通的效果。
斷章取義	由自己決定要怎麼樣聽、聽什麼及如何回應，不考慮對方真正感受的傾聽，對人際溝通往往無益反害。尤其是「批判性」的回應，常使傾訴者造成二度傷害。

四、傾聽的歷程

「正確的聽」不僅是專心的聽、耐心的聽完，更重要的是「聽對」以及「聽懂」。所以，聽過之後要「回饋」，以「檢驗」自己所聽到的是否與對方傳達的吻合。若發現誤解，先由說話者「更正」，然後再予以回應；若沒聽錯，則予以確認。其歷程如下：

1. 傾聽的困難在於「情緒感受」本身是無法傳達的，這時候必須依賴語言訊息的傳遞，但同時正確解讀非語言訊息也是十分重要的一環。

2. 將所聽到的訊息自我解釋後，「回饋」給發訊者，以「驗證」是否聽對了。所以，收訊者不是被動的聽，而是有責任感的聽。確認自己聽對了才能「對症下藥」，依發訊者的需求予以回應。

3. 如果聽錯了，由發訊者加以「更正」；如果沒聽錯，則再次確認，向發訊者求證自己的了解是否正確。若「譯意」有誤，發訊者才有機會「矯正」，使彼此達成真正的了解。

4. 傾聽應準備的步驟及事項如表 6-4：

表 6-4　傾聽應準備的步驟及事項

傾聽的步驟	內容
合宜的環境與時機	1. 安排較安靜及舒適的環境。 2. 選擇對方所願意適當的談話時間。 3. 當對方不願傾訴時即停止，不要勉強。
必備的非語言行為	1. 身體略向前傾，眼睛注視對方，準備好要專心聽了。 2. 適度的點頭或回應，讓對方知道我瞭解他在說什麼。 3. 表情要有變化，讓對方感受到關心，但不宜誇張的樣子。 4. 表達樂於協助的熱忱，身體姿態輕鬆，不要看起來有戒心。
適切的語言行為	1. 可以重述或歸納對方的感受，但不能批評或說教。 2. 可「描述」對方的感受，以確認其心情強烈程度。 3. 鼓勵把不完整或較深入的部分說出來，但不可質問或挖人隱私。 4. 把所觀察到的訊息或象徵意義「回饋」給發訊者知道。

五、傾聽的態度

要使對方說真心話，傾聽者的內在心理及外在態度就非常重要，包括：

1. 肯花時間傾聽，不認為這是浪費時間。

2. 讓別人把話說完，鼓勵他再想想，還有什麼要說的。

3. 以開放的心胸接納對方所說的話及情緒，不加任何批判。

4. 允許對方表達任何屬於他的情緒感受，不要害怕及阻擋他。

5. 溝通時，彼此的地位是平等的。傾聽是為了更瞭解對方，而非駁斥對方。

6. 發現自己情緒不穩定或不耐煩時，最好暫停溝通，但仍要注意禮貌。

7. 尊重別人的隱私權，「不」隨便將所聽到的傳遞給第三者。

6-3 同理心

一、同理心的意義

「傾聽」是指專心的聽，「同理心」是指「將心比心」、「感同身受」。兩者之間的關聯在於，不具同理心的傾聽，是沒有意義，甚至具有反效果的。如同辯論活動或爭執，「聽」是為了挑剔別人、找出對方的錯誤，這當中常有「自以為是」而曲解的地方。同理心就是了解對方的心理，偵察和指認他人的情緒狀態，並做出適當的溝通反應。同理心可以強化彼此的情感連結及使對方有「被瞭解」的感受，進而滿足內在心理需求，這當中的關鍵包括：

（一）暫時的忘記自己

要投入別人的世界，得先暫時忘記自己。真正運用同理心時，沒有時間回憶自己經驗，當投入別人的思想與感覺到某種程度而幾乎「變成」對方時，「失去」自己是自然而然的事。

（二）達到融合與認同的程度

人的主觀性使人際之間產生差距，願意「放棄」自己而與別人融合與認同並非易事。人際衝突的原因即在各自站在自己的角度及立場看事情，而不願瞭解別人的觀點。大家都抱怨別人不瞭解自己而痛苦，卻不願「將心比心」瞭解別人，最終造成人際關係破裂。

（三）感覺的進入

「感覺」是指情緒狀態，「感覺的進入」則為察覺及辨識對方的情緒。同理心與同情心不同，同情心只會導致傷感，但同理心不僅在產生類似「受難」的深沉感受，還能建立相互了解與影響的關係。而同情心通常只是短暫的感受，是憐憫對方所受的苦難，卻未打算一同承擔。所以，同理心的困難不僅在正確辨識對方的情緒狀態，還要持續關懷與行動，消減對方所受的傷害。

二、同理心的技巧

同理是人與人相處中最基礎、最重要的行為之一。所謂同理心，正如孟子說的「人同此心、心同此理」，是一種與對方之間的共鳴性了解，需要將心比心、設身處地，才能達到這種共鳴性的同理心。並且同理心不僅只是了解就夠了，還需要把這種了解表達出來，讓對方知道，使他感受到你對他的瞭解與接受。因此，同理心是站在對方立場去辨識、體會其感受、想法，並將它恰當表達出來的過程，其主要技巧如下：

（一）站在對方的立場及設身處地的瞭解對方

我們多數時候都是站在自己的立場或以自己的經驗及標準去看別人，這樣會有主觀意識介入，常常不能真正體會及瞭解對方，容易有比較及批判的現象產生。所以，要真正瞭解一個人，就要把自己的標準及價值系統先放在一邊。這並不是說在人際溝通中不能有自己的價值，而是指要真正瞭解別人時，要避免主觀系統的干擾。

（二）辨識及正確瞭解對方的世界或感受

在辨識的過程中，不要以道德或是非標準去衡量，因為這不是批判的過程，而是瞭解的過程，宜以一個有感覺的人的立場去了解、體會對方的想法與感受。辨識的內容包括對方的意思或所陳述的事實、情緒是什麼，以及強度如何。

（三）把對方的瞭解表達出來讓對方知道

在此過程中，為使對方知道你瞭解他，使用的語言要符合對方的經驗，不宜用過生澀或膚淺的詞句，才能得到共鳴；另外，表達時，口語與非口語行為要一致，才能顯現出你真誠的瞭解。

6-4 自我表露

第1堂
第2堂
第3堂
第4堂
第5堂
第6堂
第7堂
第8堂
第9堂
第10堂
第11堂
第12堂
第13堂
第14堂
第15堂

一、自我表露的意義

自我表露是指個體故意把對自己有意義、重要，但別人並不知道的個人有關資料、想法、感受告知他人的過程。自我表露是故意的，也就是自願的，並不是被迫或無意間透露的；如果你故意分享一些不重要的資料，這不算自我表露；或是分享別人已經知道的資料也就沒有意義了。

二、自我表露的特徵

（一）自我表露通常發生在只有兩個人的情境

在信任的團體中可能會有相當多的自我表露，但最常發生在一對一的情境下，因為揭露自己重要的資料，包含冒險的成分在內，只對某一人揭露可以減少傷害或不愉快的結果發生。

（二）自我表露通常是對稱、積極的

自我表露通常是雙方互相的。假設甲認為乙值得信任，而向其表露自我，乙感受到被信任、被喜愛，也會信任甲對其表露自我，基本上可以把它視為一種社會交換的過程。在積極的關係中，彼此互相喜愛、接受與信任，通常會較顯易揭露自己更多的資料。這並不是說表露不能有負向訊息，有時這種表達可以幫助彼此關係的成長。

（三）自我表露是漸進的

很少有人會在雙方初次接觸時，就把自己的一切告訴對方；但大部分的情況是一次次的增加。如果第一次的表露可被對方接受，且能引發對方類似反應，則會願意多揭露一些。

6-5 讚美

一、讚美的意義

讚美是對別人的優點、長處，給予肯定的評價，使人產生自信心及愉悅感。讚美的重要或價值不僅在幫助對方建立自信，形成正面的自我形象，對於人際關係也有莫大的助益。讚美最簡單的說法是增強正面行為。讚美的困難不僅在技巧，更在讚美者的心態與動機。

其實，讚美不僅是稱頌別人明顯的優點、傑出的表現，還包括欣賞、感謝、肯定等。所以當別人有某些優點，只要是我所欣賞、讚歎的，即可真誠的表達出來。這種表達不是「上對下」的評價，而是自己的一份真心感受。當別人有某些表現，只要我們看到他的用心、努力與進步，即可予以「肯定」，讓他瞭解「用心」，也是所期許的正向行為 (王淑俐, 民 90)。

二、讚美的限制

讚美容易招致防衛及誤解，其原因主要為懷疑讚美者另有自私的企圖。讚美可能是無形的殺手，因為某些讚美是：

（一）有條件的

若讚美為接納及肯定對方的表示，那麼當對方達不到自己的預設標準時，就不能容忍。這種「條件式的」讚美最常出現在「望子成龍」的父母身上，以致子女以討好父母為指標，容易患得患失、缺乏安全感。

（二）不真誠的

不太甘願的讚美，是另有企圖，例如籠統不具體的讚美，明褒暗貶等，使聽到讚美的人不覺得喜悅，反而有不愉快、受傷害的感受。

（三）偏狹的

只讚美某些人或某類行為，反是這些人變得自大或遭人排擠。某些被讚美的行為也被過度重視，因而忽略其他行為。最常見的是父母師長過於讚美學業成績優秀的人，以致他們忽略體能及人際關係的發展。

（四）錯誤的

人們常讚美那些天生、非努力的美好部分，如：外貌及家世等，被讚美者誤將那些視為自我形象的全部，而忽略後天、可努力的部分，如：內涵、用功及才能等。

三、讚美的原則

讚美他人是我們日常生活溝通中常遇到的事情，恰當的讚美他人須把握下列原則：

（一）真誠

讚美他人作為一種溝通技巧，不是隨口說幾句好聽的恭維話就可奏效的。讚美他人也有一定的原則和技巧，「出口亂讚」，其結果只會適得其反。

讚美他人首先必須真誠。每個人都珍視真心誠意，它是人際交往中最重要的尺度。如果你的讚美不是出於真心，對方就不會接受這種讚美，甚至懷疑你的意圖。因為人性中有一個優點，就是「無功不受祿」。讚美他人還必須誠心，對他人的優點和長處必須是真心真意地佩服；虛情假意的讚美只能讓人覺得是在嘲笑或嫉妒他人。

（二）具體

讚美他人的第二個原則是必須具體。因為讚美時越具體明確，其有效性就越高。含糊其詞的讚揚會引起混亂，因為沒有明確的評價原因，常使人覺得不可接受，進而懷疑你的辨識力和鑑賞力。

（三）符合實際

讚美他人的第三個原則就是要符合實際。只有符合實際的讚美，才能讓人感到真誠。當然在讚美別人時，可以略為誇張一些，但應注意不可過分誇張。

四、讚美的技巧

讚美他人除了要遵循上述原則之外，在具體操作中還應講究一些必要的技巧，這樣的讚美可以收到事半功倍的效果，如表 6-5：

第 1 堂
第 2 堂
第 3 堂
第 4 堂
第 5 堂
第 6 堂
第 7 堂
第 8 堂
第 9 堂
第 10 堂
第 11 堂
第 12 堂
第 13 堂
第 14 堂
第 15 堂

表 6-5　讚美的技巧

技巧	內容
無意的讚美	無意的讚美，往往被人認為是出於內心，不帶私人動機。雖然出自無心，但可以得到空前的成功。
讚美的頻率	事實證明，在特定時間內，一個人讚美他人的次數，尤其是讚美同一個人的次數愈多，其作用力也就愈低。所以，我們應該記住，人們需要讚美，但千萬不要輕易讚美。所以，讚美他人的第二大技巧也可以說成「慎重的給予讚美」。
間接的讚美	間接讚美是借第三者的話來讚美對方，這也比直接讚美的效果往往要好得多。間接讚美的另一種方式，就是當事人不在場時進行讚美，這種方式有時比當面讚美所引起作用更大。
適時的稱讚	抓住適當的時機，適時表示讚美。你也可以在事後表示讚美，不過，即時的稱讚是最具效果的。
富於變化	多練習用不同且具體的說法讚美身旁的人，不但可以琢磨自己的技巧，人際關係也會更加良好。
善用場合	讚美別人的時候，不一定要當著很多人的面前，依場合的不同，有時候必須做一些改變。
發現他人的優點	每個人都有自己察覺不到的優點。
觀察對方所重視的事物	無論是姓名、家庭、興趣或工作，每個人都會對自己所重視的事物表示關心。

PLUS+「不管在什麼時候，第三者的稱讚永遠最有效」——溫莎效應

　　溫莎效應中的溫莎，是指一位原本當模特兒的美國女性，第二次世界大戰時成為間諜的艾琳・羅馬諾內斯（Aline Romanones）。在她的自傳式間諜小說《去跳舞的間諜》（The Spy Went Dancing），其中的登場人物溫莎公爵夫人，她在小說中有句台詞：「不管在什麼時候，第三者的稱讚永遠最有效。」這就是溫莎效應的由來。

　　由於是第三方的傳遞，容易令人認為「是多數人知道的訊息」，因而更覺得重要。你直接讚美部下Ａ時，「部下Ａ很努力工作，真了不起」的訊息，只有你和部下Ａ知道。但是，如果你向部下Ｂ及Ｃ讚美部下Ａ，然後再由他們傳達給Ａ時，這個訊息就有三、四個人得知，令Ａ覺得這個訊息的價值更高。

（引用自 https://news.readmoo.com/2019/07/08/windsor-effect/）

6-6 批評

一、批評的意義

批評是指出或修正一個人的錯誤之處。批評亦有評價、批判、評斷、評審、品評等意涵，此時批評就不僅是說「壞的」，還包括說「好的」部分。

然而，談到批評或接受批評的技巧時，常側重在「指出負面訊息」的意義上。大家都知道自己並不完美，思慮不夠周延，需要別人幫助、指導才能不斷蛻變、成長。所以，不論別人批評我們或主動要求別人批評，都是十分必要的。但是批評仍不易令人坦然接受，除了因為人性不喜歡別人指責自己的缺點外，往往也因批評技巧不當所致，批評不當是指批評的內容及批評的方式不恰當。批評的困難也在於人們易於看到別人的缺失，較不易發掘別人的長處。因此，可能「隨意」批評別人，說話不負責任。

二、批評原則七步驟

欲批評別人時可遵循下列七步驟：

（一）檢討內心對話是否正確

你可以檢討內心對話是否正確，要提出的批評是否中肯。

（二）檢討批評是否明確

根據實際行為來批評，就不至於被誤為人身攻擊；而太過籠統的說詞會令對方感到無所適從，不知所指為何，會使對方不知你的本意，容易被視為人身攻擊。

（三）適時說明批評的理由

先打開話題讓彼此進入狀況，然後再做批評。至於事先的暖身運動，一方面有助於緩和批評的氣氛，以免予人「突如其來」的不愉快感覺。說明理由時應簡單明白，切忌長篇大論或過分側重細節過失。

（四）說出明確中肯的批評

　　這個步驟所採取的態度必須得當，以「我」開頭的句子十分重要，以表示批評確實發自於你個人，而非某個不可公開的來源。同時，批評對方的部分越簡短越好，而且要最先說出，說完以後或許可以講講這項缺失的後果。

　　批評別人時，最要緊的非言詞行為，就是眼神接觸。接觸太少，對方會覺得你心虛，對你的批評不以為意，甚至根本加以排斥；眼神接觸太多，又會使對方覺得受到侵犯。

（五）請對方提出解釋

　　這個步驟是用來說服對方同意你的批評。由你詢問對方，是否真心接受你的批評。如果他不接受，或許他有充分的理由；如果他肯接受，那麼你或許會想知道問題癥結究竟何在。

（六）請對方建議該如何改進

　　到了這個步驟時，你應該鼓勵批評的對象，針對如何改進提出意見。對方若不知該從何說起，你可以先起個頭；對方若是行為退縮，你可以用詢問型語句加以建議，這種做法有助於讓對方吐露他內心的真正想法。

（七）總結對方承諾的行動

　　最後的步驟必須總結前面交談的約定，此時不妨重複檢討剛才的建議，決定要有哪些作法可行，並且確定彼此都暸解本身的義務。在話題結束前，你可以附帶說明，你將會繼續觀察改進成效，以使對方更加慎重其事。

三、批評他人的技巧

　　批評他人作為一種技巧，到目前可以說還鮮為人知。說到批評這個詞，人們就很容易想到損人、讓人丟面子等。然而在溝通中，若要協調自己的人際關係，在批評他人時絕不應有上述情況。所以真正的批評，絕不能傷害對方的自尊心，而是要在維護對方自尊心的基礎上幫助他認識所犯過失的性質、危害、根源等，讓對方更加正確地行事，也使自己的人際關係更加和諧。在批評他人時，既要維護對方的自尊心，又使你的批評得到最好的效果，應注意以下技巧：

（一）要尊重事實

批評他人通常是較為嚴肅的事情，所以批評他人一定要有意義，否則對方會感到你在吹毛求疵。我們批評他人，並不是批評對方本人，而是批評他錯誤的行動。

同時，批評人要尊重事實，實事求是、以理服人、就事論事，對事不對人，既不能無中生有，也不能無限談論。如果你的批評超出了事實範圍，甚至進行人身攻擊，就會嚴重傷害對方的自尊心，使他感到人格上受到了侮辱，使問題變得不容易解決。

（二）批評要誠懇

批評他人是為了幫助對方認識錯誤，改正錯誤，積極把工作做好；而不是要制服別人或把別人一棍子打死，更不是為了拿別人出氣或顯示自己威風。所以，批評他人時態度一定要誠懇，要站在對方的立場上以關懷、愛護、誠心誠意的態度來對待他；而不要擺出一副很嚴肅或陰沉的面孔，鄭重其事地用指責和強硬的口氣說話，因為這樣會造成緊張的氣氛，所以最好是和顏悅色又誠摯懇切，這樣才有利於達到心靈溝通、心理包容的目的。

（三）要尋求認同

拉近人們的心理距離，最有效的途徑便是尋求認同。在批評他人時，首先要在心理上接近對方，易使他心服口服。

批評他人與詢問對方的途徑主要有兩點要注意：

1. 以真誠的讚美作開頭：俗話說：尺有所短、寸有所長。一個人犯了過失，並不等於他一無是處。所以，在批評對方時，如果只提對方的短處，就會感到心理上的不平衡，感到委屈。

2. 在批評他人前，先講自己缺點和錯處，然後再把話題轉移到你要批評的焦點上，這是因為你講出的錯誤，能給對方這樣的心理暗示，你和他一樣是犯過過失的人，這樣就會激起他與你的「同類意識」。在此基礎上，你再去批評對方，他就不會有「損害面子」的顧慮了，因而也就更加容易接受你的批評。

（四）批評要含蓄

人都是有自尊心和榮譽感的，有的人之所以不願受批評，主要原因便是怕觸傷他的自尊心和榮譽感。為此我們在批評他人時，便可尋找一種不同於直接批評的方

法，卻能達到批評他人、使其改正錯誤的方式，便是「含蓄地」批評他人。批評他人時，切忌用諷刺、挖苦對方的言詞，因為這是一種輕視他人的態度，也是缺乏修養、沒有溝通風度的表現。

（五）要適可而止

一種批評如果反覆進行，就會失去激勵的作用。有的人在批評他人時，總以為自己占了理，批評個沒完沒了，其實這是低下的批評方法。有經驗的人在批評他人時總是「見好就收」每次只要提及一點或兩點，而不是「萬劍齊發」，讓人難以招架。批評的問題大多會使對方感到難堪，批評的話更不宜反反覆覆。一經點明，對方已經聽明白並表示考慮或有誠意接受，就不必再說下去了！

（六）結束批評要友好

正面地批評他人，對方或多或少會有一定的壓力。如果一次批評弄得不歡而散，對方一定會增加精神負擔，產生消極情緒，甚至對抗情緒，為以後的工作或溝通帶來障礙。所以，每次批評都應盡量在友好的氣氛中結束，這樣才能徹底解決問題。

四、接受批評的要訣

接受別人批評時，需要有雅量且虛心接受。接受批評的要訣請見表 6-6。

表 6-6　接受批評的要訣

要訣	內容
認清批評內容	如果你仍不明白批評的意思，可以請對方舉例說明。提出這種請求時，不可語帶挑釁。
反擊人身攻擊	如果遭到人身攻擊，請在腦海裡把批評的內容與對方的表達方式作個區分。
拒絕不合理的批評	如果你認為批評不合理或不願接受，就該明說。
協調雙方意見	你應該站在被批評的立場，與對方商定如何改進，萬一對方忽略改進的方法，你也可以主動提議。
運用非言詞行為	在整個接受批評的過程中，眼部接觸十分重要。音量不可過低，否則就像洩了氣的皮球一樣，不具說服力；但是音量又不可太高，以免形同強辯，如能善用非言詞行為，必可誘導對方也產生積極反應。

PLUS+ 批評如同刮鬍子，要先塗層肥皂泡

美國第三十任總統卡爾文‧柯立芝剛上任時，聘用了一個女祕書協助他。這位女祕書年輕漂亮，但是工作中卻屢屢出問題，不是字打錯了，就是時間記錯了，給柯立芝造成很大的困擾。

有一天，女祕書一進辦公室，柯立芝就誇獎她的衣服很好看，盛讚她的美麗，女祕書受寵若驚，但是柯立芝接著說：「相信妳的工作也可以像妳的美貌一樣，都能做得很漂亮。」

果然，從那天起女祕書的公文就沒再出過錯，身旁的其他員工好奇地問總統：「你這個方法很巧妙，是怎麼想出來的？」

柯立芝淡淡一笑地說：「這很簡單，你看理髮師幫客人刮鬍子之前，都會先塗上肥皂泡，塗肥皂泡的目的是使人刮起來不會感覺痛，我不過就是用了這個方法罷了！」

（引用自 https://www.thenewslens.com/article/103181）

課後討論

1. 請說明卡爾‧羅吉斯（Carl Rogers）理想表達的三種方式。

2. 請說明傾聽四個關鍵。

3. 請說明傾聽的障礙有哪三類？

4. 請敘述同理心之三大技巧。

5. 請述讚美的技巧有哪些。

6. 請敘批評的要訣有哪些？

第 **7** 堂

談判的技巧

　　當大家各有立場、意見相左、有利害衝突的時候，透過談判去調和利益、妥協衝突，是花費時間、金錢與社會成本最少的解決方式。談判的目的，是期望經由相互溝通與協商，設法避免衝突、找到平衡、打開僵局，尋求雙方均能接受的解決方案，以創造雙贏。

　　談判在職場上無所不在，不論是內部協商或外部交涉，都需要談判。談判，不應該只是商人的數字遊戲，它應當可以和我們的生活結合，幫助我們思考，也幫助我們解決衝突。因此，舉凡業務經營、財務採購、人事糾紛、勞資衝突、生活溝通等事情，都可以經由談判解決紛爭；就如談判大師赫伯・寇恩（Herb Cohen）所言：「人生就是一張大談判桌，不管喜不喜歡，你已經置身其中了！」

本堂內容概要

7-1　談判的基本觀念

7-2　談判的理論模型

7-3　談判的過程與技巧

諸葛亮舌戰群儒

　　《三國演義》「諸葛亮舌戰群儒」是古人談判的經典案例，諸葛亮在沒有資源及籌碼的情勢下，憑藉著對時勢瞭解及洞悉，以及詳實的資料、數據和邏輯，與東吳謀士進行一場精彩的舌戰。諸葛亮最後成功遊說東吳，促成「孫劉聯盟」，一番遊說三分天下。其過程包含了磋商、妥協、方法、協議等諸多現代談判元素，彰顯出諸葛亮高超的談判技巧和身為談判手應該具備的基本素質。

　　東漢末，曹操奪取荊州，荊州劉表去世後，其幼子劉琮降曹，劉備敗退江夏，處境艱危，赤壁之戰一觸即發，孫權派魯子敬前往探虛實，劉備則派諸葛亮出使江東，與孫權結盟，聯吳抗曹，當時以張昭為首的江東大多數謀士面對大兵壓境的曹操都恐懼不安，主張投降。

　　談判的第一回合，東吳首先由「孫權手下第一謀士」張昭出馬。張昭等見孔明神采瀟灑，器宇軒昂，料道此人必來遊說。張昭便率先開口問孔明道：「我張昭乃是江東的小人物，早就聽說先生高臥隆中，自比管仲、樂毅，有這樣的事嗎？」孔明曰：「此亮平生小可之比也。」張昭自以為抓住了口實，立即大舉進攻。一方面，他極口稱讚：「管仲相桓公，霸諸侯，一匡天下；樂毅扶持微弱之燕，下齊七十餘城：此二人者，真濟世之才也。」另一方面，他大肆攻擊諸葛亮：「新近聽說劉豫州三顧先生於草廬之中，幸得先生，以為『如魚得水』因而欲席捲荊襄。如今荊襄卻一下歸屬了曹操，不知你還有什麼主意啊？」張昭語言刻薄，用心險惡：諷刺諸葛亮既然是累敗之將，連劉備都輔佐不好，還有什麼資格來說服孫權抗擊曹操呢？

　　面對張昭的惡語攻擊，諸葛亮心想張昭乃孫權手下第一個謀士，若不先難倒他，如何說得了孫權，隨即不急不徐，沉著應戰。他分三個層次駁斥了張昭對自己的攻擊：

　　第一，儘管劉備在新野時「甲兵不完，城郭不固，軍不經練，糧不繼日，然而博望燒屯，白河用水，使夏侯惇、曹仁輩心驚膽裂，竊謂管仲、樂毅之用兵，未必過此。」

第二，劉琮投降曹操，劉備並不知情，而又不忍奪同宗之基業；在形勢突變的危難關頭，劉備仍不忍拋棄百姓，這都是大仁大義。今我主屯兵江夏，別有良圖，非等閒可知也。

第三，儘管劉備遭到當陽之敗，但「寡不敵眾，勝負乃其常事」，有什麼可指責的？當年漢高祖不是曾屢敗於項羽，最後一戰成功嗎？這樣一來，張昭諷刺諸葛亮無法與管、樂相比的論點就完全站不住腳了。在此基礎上，諸葛亮反唇譏諷張昭等人：「坐議立談，無人可及；臨機應變，百無一能。」像這樣「虛譽欺人」的「誇辯之徒」，才真要被天下人嘲笑呢！這番話，理直氣壯，有憑有據，正打中主降派在強敵面前「臨機應變，百無一能」的要害，所以「說得張昭並無一言回答」。

諸葛亮接著反擊主降的步騭：「君等聞曹操虛發詐偽之詞，便畏懼請降，敢笑蘇秦、張儀乎？」對陸績：「且高祖起身亭長，而終有天下；織席販屨，又何足為辱乎？」等等，諸葛亮學識的廣博，思路的清晰，使他的語言充滿了底氣和超強的邏輯性，配合一股浩然正氣和自身瀟灑的風度。經過這幾個回合的交鋒，主降派的精神武器被一一剝奪，不禁「盡皆失色」。

諸葛亮以一人之力，力排眾議，說得在場所有人無言以對。論辯數巡之後，孫權看在座沒有人可以對付得了諸葛亮，再加上自己也不想投靠曹操，於是便說：「曹操平生所討厭的人：呂布、劉表、袁紹、袁術、劉豫州還有我。現在大多數已經死了，只剩下劉豫州與我還在。難道我不能保全父兄傳我之地，還要受制於人？我意已決，想要抵抗曹操，不知先生有什麼好計策呢？」

諸葛亮回說：「我家主公雖新敗，但是關羽仍然率領精兵萬人，劉琦領江夏士兵，也不下萬人。曹操兵馬，遠來疲憊，最近又在追趕我家主公，輕騎一日夜行三百里，這就是強弩之末。再說北方人，不習水戰。荊州士兵投降曹操，只是迫於形勢。現在將軍要是能和我家主公協力同心，曹操軍必破。」孫權聽見諸葛亮的話十分高興：「先生之言，令我茅塞頓開。傳我軍令即日商議起兵，共滅曹操！」

　　如「以守為攻」、「語帶雙關」、「各個擊破」等等，單從對話來看，論辯是談判的常態，其成敗往往取決於詳實的資料、數據以及邏輯支持，若不把功課做足，就會流於空談。

一、合作為大前提：儘管蜀吳矛盾和衝突很多，諸葛亮卻處處強調社稷和大義，淡化矛盾與衝突，從而實現雙方的良好合作，共同贏了赤壁之戰。

二、雙贏為目標：聯吳或暫時妥協投吳，都是為了聯手抗曹操，以求孫劉都能有生存和發展的空間，所以在論戰中只是在精神上壓倒主降派，而不願窮追猛打，可謂有理有節，留有餘地。

三、競爭是根本：任何談判都無法規避利益的實質，劉備敗退江夏，夏口城險、頗有錢糧、可以久守。諸葛亮在談判時也不諱言劉備退守夏口，是等待時機。

7-1 談判的基本概念

一、談判的意涵

　　談判大師赫伯·寇恩（Herb Cohen）認為，「談判」就像在一張繃緊的網中，運用情報及權力來左右局面的行為。國內談判學者劉必榮（民92）則認為，「談判」應該不是打仗，是一個「共同決策的過程」，它的結果是可以雙贏的，如果用圖像來描述就是「握手」的意象。王中羚（民90）也指出談判的特色，如下：

1. 談判起源於一個共同的、雙方企圖改變的，但非單方有能力可以改變的僵局或立場。

2. 談判是一種解決衝突，尋求合作可能性之思考方式。

3. 雙方均企圖藉由談判來改變現狀或滿足慾望。

4. 必須雙方均有對方所需要的或想擁有的部分利益，也都願意以此作為交換條件。

　　因此，「談判」係指衝突當事者的任何一方不能獨自解決問題時，藉由面對面相互交換意見、溝通妥協的共同決策過程，是為了解決爭端，進而期望能促使雙方獲得最大的利益。而「談判」涵蓋的範疇，包括：兩人之間的「討價還價」、「共同解決問題」、多人或多議題的「爭端解決」等皆是。

二、談判發生的條件

　　劉必榮（民92）指出，通常要衝突當事者願意坐下來談判，必須有以下三個條件：

1. 要讓對方知道眼前的僵局是「無法容忍的」。因為，如果眼前沒有僵局，或者僵局還可以拖一下，就沒有走上談判桌的動力。

2. 雙方皆體認靠一己之力，沒辦法解決僵局。若有一方認為靠自己的力量，就能夠解決僵局，就不易創造談判的機會。

第1堂
第2堂
第3堂
第4堂
第5堂
第6堂
第7堂
第8堂
第9堂
第10堂
第11堂
第12堂
第13堂
第14堂
第15堂

3. 必須雙方都相信，透過談判解決問題是「辦得到的」，而且是「談比不談要好的」。這是吸引對方走上談判桌的拉力。

三、談判的類型

劉必榮（民94）認為，談判可以分成三大類型：

個人對個人

團體對團體

團體內部

前兩類屬於「對外談判」，第三類則屬於「對內談判」。對外談判可以更換談判對象；而對內談判屬於「封閉型」不能換人，如公司工會跟資方談判，故對內談判的談判策略較受制約，因要顧及談判之後雙方關係的維繫與相處，所以需要更精緻的策略操作。

四、談判的要件

美國談判專家赫伯‧寇恩（Herb Cohen）在其所著「萬事皆可談判」（You Can Negotiate Anything）書中指出，在政治、撲克牌遊戲及談判中，成功並不屬於那些擁有一手好牌的人，卻屬於能夠分析整個情況、技巧地玩牌的人。在談判的過程中，若能實際的分析雙方立場，掌握對自己有利的情況，並隨時掌握權力、時間及資訊等三個關係密切的談判變數，就較容易獲取成功。

（一）權力

本質上，權力是中性的，它是一種方法，而非目的。權力本身絕不是目標，只是達到某個目的的手段。每一個人都會擁有一些權力，重要的是如何運用權力來達成目標，而談判是權力遊戲，所以在上談判桌之前，要先檢視自己的籌碼。

（二）時間

多數人認為談判是一個有特定開端及結束的事件，因此談判有固定的時間架構，而時間對談判的影響如下：

1. 要耐心、冷靜、克服壓力，因為重大的讓步與決定都是在最後一刻才達成。

2. 不顯露自己的時間壓力與期限，彈性運用時間，要見機行事。

3. 不受對方的冷靜所影響，對方也會有時間的壓力。

4. 除非對己有利、不貿然下決定。時間因素會使情況改變，弱勢者可能轉為強勢。

（三）資訊

資訊會影響當事者對談判事件的評估與決定，在談判的過程中，可參考下列方式蒐集及處理相關資訊。

1. 平日詳細確實的統計蒐集己方的資料。

2. 用心蒐集對方資訊，並驗證其正確性。

3. 超乎常情或難以理解的提議，應儘早向對方提出，讓其準備與研究，因為猝然的要求，易讓對方心存疑慮而斷然拒絕。

4. 敏銳的察言觀色，善用說話技巧去探詢資料，判斷對方之虛實。

PLUS+ 電影台詞「不跟恐怖份子談判」是真的

下方 QR CODE 的影片中，專業人質談判人員分析好萊塢電影中「挾持人質」的場景，並說：「美國並不會與恐怖份子進行談判，這是國家政策的原則。」專家也說，雖然好萊塢把這些電影橋段當作娛樂的一部分，但我們仍須嚴肅看待這些事件，因為這對他人來說，是真實的悲劇！

（引用自 https://www.youtube.com/watch?v=66lvj5w2v38）

| SCAN ME |

 電影台詞「不跟恐怖份子談判」是真的：這是美國國家政策 | 經典電影大解密

（資料來源：GQ TAIWAN）

第 1 堂
第 2 堂
第 3 堂
第 4 堂
第 5 堂
第 6 堂
第 7 堂
第 8 堂
第 9 堂
第 10 堂
第 11 堂
第 12 堂
第 13 堂
第 14 堂
第 15 堂

7-2 談判的理論模型

談判的理論模型，大致有以下三種：

一、談判能力優勢模型 （Power Leverage）

談判能力指的是談判者本身的力量加上客觀環境的條件。若甲方擁有較大的談判優勢，且其談判能力優於乙方，談判可能對甲方比較有利。

二、賽局理論的談判模型 （Game Theory）

賽局理論（Game Theory）又譯為對策論或博弈論，被認為是 20 世紀經濟學最偉大的成果之一。賽局理論主要是研究將賽局公式化，並探討之間的相互作用（遊戲或者賽局），是專門用來研究具有競爭現象的數學理論與方法。

賽局如果要成立，至少要有以下 5 個基本要素：

玩家 (PLAYERS)
玩家至少大於一人，否則賽局不成立。

策略(STRATEGY)
玩家為了贏得賽局，根據當下情況而擬定的行動計劃。

得失(PAYOFFS)
玩家為執行每個可能行動後的得或失，簡單理解就是玩家的「得分」。

最佳反應(BR)
指針對對手策略，選擇最有利的決定。

均衡(EQUILIBRIUM)
均衡就是賽局的最後結果，又稱「奈許均衡點」。

註： 奈許均衡(Nash Equilibrium)又稱「非合作均衡」，是1994年諾貝爾經濟學獎得主約翰‧奈許(John Nash)所提出。
奈許均衡指「參賽者會猜測對方的行為，做出最佳的策略，則雙方決策的均衡點，就稱作奈許均衡。」簡單來說，「奈許均衡」就是「這場賽局的結果」。

賽局理論其實就是一種策略思考，透過策略推估，尋求自己的最大勝算或利益，從而在競爭中求生存。賽局理論是數學的一個分支，在社會科學上應用卻極為廣泛，人際關係的互動、球賽或橋牌的出招、股市的投資乃至國際關係中的戰與和，影響二十世紀人類社會至深。賽局理論的談判模型，有以下三種：

（一）衝突型的談判模型

若 A 的策略順序為：	假定 B 的選擇順序為：
1. A 不合作而使 B 合作	1. B 不合作而使 A 合作
2. A 不合作使 B 不合作	2. B 合作而 A 亦合作
3. A 合作而 B 亦合作	3. B 不合作而使 A 不合作
4. A 合作而 B 卻不合作	4. B 合作而 A 卻不合作

若 A 與 B 均選擇不合作，就是衝突型談判的均衡結果。因為根據衝突型條件，當 A 和 B 見對方願意合作，一定想要選擇不合作；而當 A 與 B 見對方不合作時，一定也選擇不合作。

（二）合作型的談判模型

若 A 的策略順序為：	假定 B 的選擇順序為：
1. A 合作而 B 亦合作	1. B 合作而 A 亦合作
2. A 合作而 B 卻不合作	2. B 合作而 A 卻不合作
3. A 不合作而使 B 合作	3. B 不合作而使 A 合作
4. A 不合作使 B 不合作	4. B 不合作而使 A 不合作

A 與 B 均選擇合作就是合作型談判的均衡結果。因為根據合作型條件，當 A 和 B 見對方願意合作，雙方都會選擇合作；而當 A 與 B 見對方不願合作時，也仍都努力想要選擇合作。

（三）小雞遊戲（The Game of Chicken）

其方式是 A 與 B 駕車對開，先閃躲者為「小雞（懦夫）」，後閃的勝利。這種談判模型，要到最後一秒才能見真曉，其最後的結果如下：

1. 如果雙方都選擇衝撞，則是贏得面子但人車皆毀。

2. 對 A 而言他選擇衝撞，B 選擇閃躲則會是好結局。

3. 對 B 而言他選擇衝撞，A 選擇閃躲則會是好結局。

4. 兩者都選擇閃躲，是次佳選擇（保命但被譏笑）。

5. A、B 意向不明，選擇衝撞可能贏得面子，但需以性命為賭注。

6. 選擇閃躲，可能對方也選擇閃躲，失去贏的機會。

7. 所以 A、B 無法確知何者才是最佳策略。

三、產生競爭型（competitive）與合作型（Cooperative）的原因

1. 談判是否為零和談判？若是，則易為競爭型；若非，則為合作型。

2. 談判結果是否影響日後雙邊關係？若是，則易為合作型；若非，則為競爭型。

3. 談判的資源或事務是否極為有限？若是，則易為競爭型；若非，則為合作型。

PLUS+ 雙贏談判

做想像雙方協商談判的是在分配一個餅的話，如果你拿到了比較大的那塊，那麼對方一定就是拿到比較小的那一塊。這也是所謂的「固定派謬論」（fixed-pie fallacy），那麼綜合性談判的目的就是要把整個餅變大。

把餅做大　　條件交換
▲雙贏談判的 2 種做法

把餅做大有很多不同的作法，但是基石是要了解對方的利益並且建立雙方的信任感，包括問問題，並且真誠的傾聽，同時也要分享你的立場與利益。通常，談判中一方的行為會影響另一方的行為，所以你可以給予一些對對方有利的資訊，換取對方的資訊。

（引用自 https://meet.bnext.com.tw/blog/view/21433?）

建立信任　　多問問題　　給予資訊
▲把餅做大的信任基石

7-3 談判的過程與技巧

　　甘迺迪、班森與麥米倫等三位國際知名的談判大師，採用「八階分析法」將談判的過程細分為：準備、辯論、暗示、提議、配套、議價、結束及簽署等八階段，茲分三部分（談判準備、談判進行與談判結束）簡要說明談判的過程，如下：

一、談判準備

　　在談判前必須訂出要達到的目標及如何達成的策略，預估對方的目標及其優先順序，蒐集完整的談判資訊，以及創造對自己有利的條件。此階段主要的工作事項，如下：

（一）確定談判主題、目標與條件

1. 認清談判主題為何？有哪些禁忌？
2. 掌握談判的目標？對方是否知道？
3. 訂定目標的優先順序？是否具體可行？
4. 有多少的權限？受到多大的支持？
5. 對方的立場是什麼？有哪些要求？
6. 有多少的籌碼？多大的讓步空間？

（二）仔細評估我方策略與底線

1. 審慎評估談判策略，掌握先機；
2. 事前沙盤推演，分析對方的可能策略；
3. 訂定階段目標，推估階段所需時間；
4. 分析不同階段的影響因素；
5. 設定我方的力量與讓步空間等。

（三）深入瞭解談判對手

1. 瞭解對手個性、知己知彼；
2. 對手是單一或團隊？背後支持者？
3. 對方是為自己或代表他人？
4. 對方是否有談判經驗？
5. 對方所期待的利益為何？優先順序？

（四）創造其它有利條件

1. 雙方的誠意是談判的重要關鍵；
2. 設法營造優勢，有助談判獲利；
3. 掌握對手的風格，佈置談判地點；
4. 創造對自己較有利的條件。

PLUS+ 做好談判準備是贏得談判的關鍵

做好萬全的準備是確保談判成功的必要條件。

根據調查 90% 的談判成功靠的是事前的萬全準備，談判是一個過程，而不是一個活動，要讓談判成功，準備佔了很大一部分。

成功的談判準備必須包含三點。第一，了解自己的目標點；第二，清楚自己的底線；第三，預設達成協議的最佳方案。

(引用自 https://meet.bnext.com.tw/blog/view/21433？)

目標點
你的理想結果是什麼？
你想從談判中得到什麼？

底線
你不想要什麼？你願意接受的最差結果是什麼？

替代方案
有沒有達成協議的最佳替代方案？

▲ 談判準備

二、談判進行

在談判進行時，雙方可能會先對某些議題辯論、討論、溝通、暗示對方與提議，也可能提出一些配套，促進雙方良性互動，使談判往協議的方向跨進，然後進行議價。

1. 辯論：經由辯論可以獲得有關對方目標的部分資訊，以及其承諾或意圖。

2. 暗示：要處理讓步的方法，或者對方資訊不足的時候，就必須熟悉暗示的技巧，能讓你有效測試對方的意圖。

3. 提議：提議的作用，是在誘發對方的反應，也是最後協議的基礎。而試探性的提議，也可使雙方更確定對方的意圖。

4. 配套：當提議被拒絕，代表你的提議無法滿足對方的需求，此時可提出配套，讓其有討價還價的空間，以開啟另一個議價空間。

5. 議價：議價是談判進行中最激烈、緊張的部分，此過程中，所有的退讓或提議，都應該是有條件的，任何一樣東西都必須用另一件東西來交換。

三、談判結束

在談判結束階段，對於雙方同意的條件，應再說明清楚並簽署協議；若尚有爭議的部分，雙方不能立即決定時，可以建議暫時休會，給對方時間考慮。然而，有時候卻需要輔以其他結束談判的策略，以發揮「臨門一腳」的功效，在談判中常見的結束談判策略有：稀有效應策略、鎖死立場策略及均分差價策略等三種。

（一）稀有效應策略

稀有效應主要利用人類「物以稀為貴」的心理，一般人一想到自己想要的東西數量有限、得之不易或需求很多時（無論實際如此或想像如此），就會觸動「立即行動」的意念，以免因為行動太遲，錯失良機而懊悔不已。

（二）鎖死立場策略

即藉由讓步來終止談判，達成協議，它可以有四種可能：

1. 在對方的要求當中，針對某一主要項目做讓步。

2. 針對雙方某一項主要的歧見做讓步。

3. 在不重要的地方做讓步。

4. 引入一項新的讓步，這是對方原來未曾要求，但對他卻有吸引力的一項讓步。

（三）均分差價策略

即以雙方最後提議之差異的中間點，作為最後協議點。

PLUS+ 議價空間是什麼？

如果目標點是你的理想結果，除非你的判斷有誤，不然很大的機率對方是不會馬上同意的。所以與找到「目標點」同樣重要的是，找到你所不想要的東西。你不想要的東西，或是你的「底線」。底線包括分析所有的選項以及替代方案來找到一個你願意妥協的點。這個底線會讓你知道對方的出價是否是可接受的，或是你是否要尋求別的條件組合來達成協議。你的「目標點」以及「底線」中間的距離，就是你的「議價空間」。

（引用自 https://meet.bnext.com.tw/blog/view/21433?）

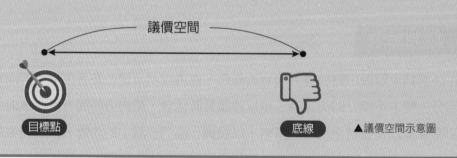

▲議價空間示意圖

四、談判技巧的應用

談判是種素養、也是技巧，雖無一套萬全、不敗之策，但卻有方法、原則可循。談判講求妥協、彈性，避免非白即黑的判準。成功的談判者，要敢於提出要求、預留妥協空間，淡化自我意識、切忌英雄主義，也不可有「贏者全贏、輸者全輸」的「堅持」，以下為談判的技巧供參考：

（一）善用實力槓桿原理

1. 善用不對等談判策略，影響力與實力來自需要、競爭與時間。
2. 處於優勢，不妥協也不激怒對方；
3. 若處劣勢，不可任人宰割，要集中有限力量，奮力一搏。

（二）努力蒐集資訊

1. 實力與形勢，依知道些什麼而決定，用詳盡的資訊是談判勝負的關鍵。
2. 在談判前、談判中，都可獲得資訊。

（三）提高可信度

1. 不要以信用作為代價獲取利益。
2. 無法讓步或虛張聲勢，要有可信度，才能讓人信服。

（四）加強判斷能力

1. 談判的關鍵在於判斷力，其養成來自於經驗。
2. 何時該堅持？何時該讓步？都需判斷力做分析。
3. 對方已無法讓步？或是虛張聲勢？要有敏銳的判斷力，才能明智決策。

課後討論

1. 請說明王中羚提到的談判的特色。
2. 請說明談判過程應掌握哪三個要件才容易獲取成功。
3. 請說明賽局理論若要成立需具備哪些要素。
4. 請說明談判應用的槓桿原理。
5. 請敘述個人過去經歷的談判經驗。

第 1 堂
第 2 堂
第 3 堂
第 4 堂
第 5 堂
第 6 堂
第 7 堂
第 8 堂
第 9 堂
第 10 堂
第 11 堂
第 12 堂
第 13 堂
第 14 堂
第 15 堂

第 **8** 堂

領導統御的藝術

　　領導統御是一種人力資源管理的藝術、是解決問題的方法、創造效能的機制。包含組織設計、價值創造、競爭策略、績效衡量、決策、分析、團體動力等領域。在民主社會中，人人自由平等，每個人都有可能成為領導人或被領導者。任何人只要有能力，都有發展的機會，而逐漸走向領導地位成為一位領導人，每位領導人都要有責任領導其下的團體革新進步，達成預定的目標。

　　當危機來臨時，一個好的領導人必須在危機發生的第一時間馬上做出最適當的決策，並帶領部屬走過難關化解危機。領導者需要擁有的是自身的魅力、溝通力、談判力及判斷力，面對危機的壓力更要保持鎮定，需先設定策略目標，並組織必要團隊迅速動員，下達決策，付諸執行完成使命，以安然度過危機。

| 本堂內容概要 |

8-1　領導的基本觀念

8-2　有效的領導行為

8-3　組織行為的管理

情境學習

王品牛排的危機處理

　　2005年10月4日清晨5點多，「天未亮、雞未啼」，王品集團旗下原燒餐廳總經理曹原彰，一如往常至台中火車站，買幾份報紙，從容的準備搭火車北上。就在上火車的前一刻，瞥見某報頭版竟斗大寫著：「揭穿平價牛排肉塊拼裝，未全熟下肚可能遭細菌感染，西堤、陶板屋、貴族世家都有賣」。曹原彰趕緊在第一時間撥手機向董事長戴勝益報告，6點05分接到電話的戴勝益，立即指示曹原彰暫停北上，通知所有一級主管在總管理處開會，自此展開「驚爆120小時」的危機總動員。7點30分所有一級主管均已在總管理處集合，在這段狀況混沌未明的時刻，一級主管手機全關，直到9點30分確定危機處理流程，所有媒體和消費者可能問到的Q&A（問與答）內容也已同步出爐，「0800」客服專線也全部待命。並推派陶板屋總經理王國雄出面擔任發言人，其他一級主管的手機此時也跟著全開，最高處理準則就是要向外界「說清楚、講明白」，決策高層並指示，重組牛排事件必須在危機處理的「黃金七天」內落幕。

> **PLUS+ 名詞解釋**
>
> 1. 「重組牛排」，即是以肉塊壓製而成而非原塊牛排，消費者吃下未煮全熟的重組牛排，有可能感染細菌致病。
> 2. 「重組牛肉」，是將板腱（前肩胛）剔除厚筋與油膜後，再利用高級食用蛋白作為黏著劑，套模「重塑」。

※ 王品集團重組牛肉危機處理，黃金七天大事記　　　　發生時間：2005/10/4

　　■處理經過概要

　　1. 早上見報當天，召集所有一級主管，混沌未明期間，大家手機全關機

　　2. 二小時後，成立危機處理小組，確定發言人機制

　　3. Q&A內容同步出爐、「0800」客服專線全面待命

　　4. 各項事件確立後，主管手機開機

　　5. 處理最高原則——向外界「說清楚、講明白」

　　6. 要求事件必須在「黃金七天」落幕

■重組牛肉危機處理策略

1. 西堤及陶板屋暫時停售板腱牛排

2. 澄清重組牛肉的疑慮

3. 舊款牛排並沒有食安的問題，再開發新款牛排，與舊牛排一起上市

4. 壯士斷腕，推出全新的牛排

5. 在第一時間，將決策內容告知各店鋪，以達到溝通零時差的效率

6. 內部溝通——走入門市，發信給員工，建立信心並打氣

7. 外部溝通—— 10 月 8 日花四百萬元在各大媒體頭版刊登「以顧客為師」
   的一封信，並於當日中午舉辦記者會公布全新的牛排

8. 10 月 9 日全台推出全新的「原塊牛排」

■危機處理追蹤

1. 原塊牛排銷售當日，西堤來客數與前一個星期六相比，超過 12 位；陶板
   屋來客數回升 96%

2. 牛排餐的點餐率超過 6 成，比過去的 5 成成長 10%

■黃金七天危機處理的任務圓滿達成

 學習筆記

近幾年食安問題接二連三備受矚目，從危機事件中可看到各個店家處理危機的反應，有的業者像擠牙膏般一點一滴地連番被踢爆；有的一心想把利益損害降到最低；有的則將「挽救商譽」擺第一，願意在第一時間吞下千萬元損失，用「負全責」態度來減少信譽上的傷害、挽回民眾對品牌的信心。

對業者而言，有時「危機」就是「轉機」，若能在事件爆發的當下，誠實面對消費者、坦言錯誤，並在後續處理上積極與消費者溝通，將能扭轉劣勢，成為一個真正值得民眾信任的品牌。「危機處理」能夠展現出領導人的智慧與領導統御的能力。

8-1 領導的基本概念

領導的責任是一種負擔，不過也是一種可以獲得極大回報的工作。或許我們從來沒想過要扮演這個角色，但是隨著經驗日豐，或許我們會發現領導他人幾乎是無可避免的事，只是程度多少而已。你應該事前先想想，萬一突然被寄予重任時會怎麼做。

領導是「一種特殊的權力關係，其特徵為團體成員覺得另一團體成員有權規定他們的行為，而作為團體成員的一份子（Janda,1960）。」就其內涵而言，領導是「個人引導群體活動以達共同目標的行為。」（Hemphill & Coons,1957）。領導是影響力的發揮；領導是一種倡導行為；領導係促進合作功能；領導是一種信賴的權威；領導是協助達成目標之行動；領導是達成組織目標之歷程。

領導是善於培養、運用、感化別人的能力，要能引領員工的意向、創造和諧的氣氛、激發團隊精神、達成各項目標、促進組織的發展。而領導力 leadership 則是指領導者在此過程中所發揮（有形與無形）的影響力。對領導（和領導力）而言：

1. 領導（影響、驅使）的過程必須是恰當的（合乎情理法的），若是以暴力，賄賂等威逼利誘的方式脅迫別人去達成特定的目標（任務），就不是領導。

2. 領導（影響、驅使）的過程必須是有效的，如果領導者並未有效的發揮其影響力，即使最終還是達成了目標，還是稱不上領導（領導者還不曾真正去領導別人，被領導者還不曾被領導過）。

3. 真正的領導是在一個特定的狀態之下（時間、空間，各種資源都受到一定的限制，所可使用的方法也受到規範），影響一個人或一群人用更有效的方法去達成一個特定目標（任務）的一種過程。

仔細觀察大家尊敬的領導者總是會有收穫的，可是如果過度仿效，或許就不對了。一個團體一定要相信它的領導者是真誠的，因此每個人都必須培養自己的風格。領導不見得簡單，可是應該很自然。如果你保守拘謹，不要強迫自己變得外向活潑。只要有高明的技巧、信心、對整個團隊的福祉真心關懷，任何人都能當個成功的領隊。

領導隨著時代趨勢而變革，因為文化差異、人際關係的不同而改變，過去講求威權、管理，現在則講究溝通、合作。領導不是一種科層組織或權威統治、更不只是制度或流程，它是一種人際的互信、互動，一種權利與義務、人情與面子的調準。

一、領導的內涵

為了便於瞭解領導內涵，以下分為四部分來解說。

（一）思想意念的領導

人類之行皆遵循思想與意念的支配，欲有所成就，必先律定目的，而共同一致之目的形成，乃是思想意念的溝通，使上下左右的見解、觀念與理想完全趨於一致，才能按部就班、群策群力，以高度的熱誠和信念產生積極的工作態度，發揮其力量。

（二）學識才能的領導

一個人的學問、見識、才幹與能力的優劣大小，直接決定擔任團體內的輕重職務。綜觀古今中外之歷史，學識才能卓越而獲致輝煌成就者固然多有，但學識才能平凡無奇，表現卻出類拔萃者亦不勝枚舉；然而學富五車、才高八斗的賢俊之士，卻鬱鬱而終。資格與文憑不足代表一個人的領導統御優劣好壞，足有自身氣度與風範讓人心之敬服，自然能夠一言九鼎。

（三）精神意志的領導

「一隻老虎領導一群綿羊，綿羊也會變成老虎。」領導人自身的修養心性，將影響其下的團體，領導人將以身作則，欲讓人敬之，先敬人之。領導人的品格高尚、果決堅毅、魄力豪邁將會讓其下的團體無形中受到領導人的影響與感化，以達到領導統御的效果。

（四）政策方法的領導

政策的擬定，猶如建築工程的藍圖，按圖施工，指日收工；一位領導人自身應根據客觀因素，配合主觀條件，加以精密估計，制定最有效的決策，使上達民意，下傳政策，達成上下互動之境界。在執行中，更應時時刻刻修正偏差。

二、統御的內涵

統御是以嚴明的約束力，指導其下行動。統御者憑著客觀的組織、制度、法紀，加上主觀的優越條件，統合其意，使其下人願意配合，達成互動之境界。統御賴於組織、命令、法紀三種因應互相配合運用，產生其力量，一呼百應。

（一）組織

組者，組合也；織者，交織也。組織就是縱的層次加上橫的配合，成為一個完整的有機體。獎功懲過、留優汰劣是健全組織不可或缺的手法，不如此將會善惡不分、是非不明，又如何期望其下部屬為組織效命？

（二）命令

命令是傳達統御的意志，並規定所要達成的目標，表面上它是種強制的要求，簡單明瞭地宣示主旨、時限、作為的方法等，事實上它是種精密的設計、策畫、準備的完成，而付諸行動的信號而已。發號施令者，應多方考量眾多主客觀因素，以及利害所得失之所在，加以溝通，使大家有共同的心理準備，具備了貫徹命令的條件與因素，則命令一下，自然就能風起雲湧、一致奮起，以達到預定的目標。

（三）法紀

法者制也，紀者律也；夫法者，所以興功戢暴也；律者，所以定分止爭也；法律政令者，使人民規矩繩墨也。法紀的有效運用，首重認識與瞭解，使大家都能夠去認識法紀的重要、瞭解它的價值。重視它、維護它、遵守它。領導人應做到公正嚴明、坦誠快速的獎懲，在獎懲方面應注意個人心理因素，做到賞一人而千萬人心之嚮往，罰一人而千萬人心懷戒懼，這才是嚴明賞罰的最佳運用。

三、領導統御的關係

領導重於內心上、意志上與精神上的融洽，統御則重於形式上、態度上與行動上的服從；領導是「柔」的撫慰，統御是「剛」的策勵；純乎柔性的潛移默化，則效果不彰，完全剛性的立竿見影，不易使人心誠悅服；倘若能剛柔並濟，寬嚴互用，自然能使其下服從指令。

四、領導者必備的基本條件

領導者必備的基本條件應有以下三點：

1. 自我掌控的能力（the strength of self- mastery）
2. 付諸行動的能力（the strength of action）
3. 人際關係的能力（the strength of relationships）

例如每個登山隊都負有雙重任務：一是讓團隊以安全的方式向目標邁進，二是凝聚團體向心力。而每一位隊員在這兩個任務上都是全程參與的夥伴，換句話說，每個人都得負起領導的責任，這就是我們所說自我掌控的能力（the strength of self- mastery）。所謂個人領導，舉例來說，就是知道團隊的情形和進展；有沒有人落在後頭？到處問問有沒有問題、為他人加油打氣、主動幫忙，這就是我們所說付諸行動的能力（the strength of action）。每個人都應該參與團體的決策過程。每個人的經驗對整支隊伍來說都是資產，但是如果藏在心裡不說出來，就猶如沒有開發的礦源。營造一種相濡以沫的氛圍，是一個領導非常重要的工作，這就是我們所說人際關係的能力（the strength of relationships）。

此外，隊員也必須知道，他們的同伴關心他們，而且願意幫助他們。你應該積極參與，成為團隊的一份子：幫忙搭營帳、拿水、攜帶繩索、請人分享自己的零嘴。士氣是無形的，可是會讓一支隊伍力量更大。士氣常常是登山成功的決定因素，而且每每是讓登山之旅愉快的決定因素，而士氣攸關每一個人。無論什麼情況，只要隊員一分散，登山隊的力量就會減弱。要盡量保持警覺，看看同伴在哪裡，並且將協助大家走在一起視為己任。如果你打前鋒走得很快，別忘了不時要回頭望望。如果你走在隊伍太前頭，要停下腳步讓大夥兒趕上你，然後好心點，讓他們喘口氣再繼續走。

PLUS+ 領導者應具備的五大特質

1. 健全的人格—正直、謙和、無私

2. 豐富的學識—智慧、先見、機智

3. 服務的精神—積極、樂於助人

4. 寬容的氣度—有容乃大、和以致祥

5. 雍容的風度—雍容大度、宏觀格局

8-2 有效的領導行為

有效的領導行為，應包括對權力與對運用權力的正確認知。權力可分為兩大類：權位（position power）與權威（personal power），權位是因你所擔任的職位而獲致的權力，包括上級主管對你的授權以及你依組織章程所獲致之權力；權位的大小通常由以下三因素來判斷：

1. 你所能掌控的資源多寡（如：預算有多少）。

2. 你所能出席的會議或參與的決策層級。

3. 你所能調度指揮的人員層級與數目。

權威則是因個人的聲望、學養以及人格特質而有的影響力，與你的職位高低無關，也與組織是否授權無關。若單有權位而無權威，難以領導別人。

形成權威（威望）通常有以下三因素：

1. 專業素養及曾有的貢獻與成就。

2. 對公眾事務的熱誠與對個人的關懷。

3. 氣度、涵養與領袖群倫的特殊魅力。

領導者能否在對的狀況下正確的運用其權力，是領導成功與否的重要關鍵。所謂對的狀況就是要在上級以及組織章程對你的授權範圍內。所以領導者也不能單只有權威而無權位，否則其影響力再大，也無法在對的情況下（授權範圍內）運用其權力。總之，要能正確的領導別人，必須先能正確的運用權力。

美國大企業家保羅蓋帝曾說過，一個企業主管，不管他擁有多少知識，如果他不能帶動部屬完成使命的話，他就毫無價值。這句話強調了「領導統御」能力的重要，當然，有人天生就具備了領導的特質，這種人在領導統御方面是很容易成功的，那麼，那些不具天生領導特質的人，要如何培養自己的領導力呢？其實，領導力是可以學習的，但先決條件是領導者必須擁有高 EQ（而非高 IQ）。高 EQ 的領導行為應有以下幾項要點，如下頁表 8-1：

第 1 堂
第 2 堂
第 3 堂
第 4 堂
第 5 堂
第 6 堂
第 7 堂
第 8 堂
第 9 堂
第 10 堂
第 11 堂
第 12 堂
第 13 堂
第 14 堂
第 15 堂

表 8-1　高 EQ 的領導行為

行為	内容
贏得好感、廣結善緣	1. 提高他人的自我價值。 2. 令人心悅誠服。 3. 出人意表、讓人感動。 4. 激發他人自我實現。 5. 「用心」的把事做好。
學習傾聽、嘗試說服	1. 注意別人的言談。 2. 不著痕跡地轉達思想。 3. 清晰地闡明意見。 4. 守口如瓶、建立信譽。
仔細觀察、直指人心	1. 設身處地為他人著想。 2. 把話說到心坎裡。 3. 洞燭機先。 4. 避免與人為敵。 5. 該出手就出手。
拔擢人才、知人善任	1. 用心拔擢真正的人才。 2. 以德服人讓人才為你所用。 3. 知人善任使人才適才適所。 4. 激勵士氣使人才樂於奉獻。
統合分析、面對問題	1. 在兩難困境、異同共存、安危互生的弔詭，領導是要能以兼顧、漸進、並重、合理的思維，把問題「合」在一起分析。 2. 要「以人為本」去「合理因應」，非以「利害關係」去「控制利用」。

　　有效的領導行為另外值得一提的是：組織中需要激勵作用。組織中的激勵作用乃是員工有意識地產生努力，朝向組織目標前進的一種內在心理動力。當員工針對組織目標選擇特定的行動，而此行動又具有持續性時，我們就可以說這個員工已經出現「被激勵的行為」。

　　而組織為誘發出員工內在的工作動機，使員工提高工作意願，乃以各種物質或精神上的誘因，試圖將員工的內在心理動力轉化成外在的工作行為，這種管理上的過程或方法，即可稱作為「激勵管理」。以有效的激勵管理達到有效的領導行為的目的。

8-3 組織行為的管理

組織行為（organizational behavior, 簡稱 OB）是組織中人的行為；亦即是人們在組織中所表現的行為。組織行為是一門應用的行為科學（applied behavioral science），它研究組織中個人、團體、部門與組織本身以及與其環境的關係等正式與非正式的行為，目的在於改進各種構成份子的效能與績效。

而管理，從詞義上被解釋為管轄與處理。從管理學的角度來研究管理時，目前還沒有統一的定義，可列舉幾種有代表性的說法。例如：管理是指為實現目標而組織和使用各種資源的過程，管理就是計畫、組織、指揮、協調和控制；管理就是由專門機構和人員進行的控制人和組織的行為使之趨向預定目標的技術、科學和活動。

所以組織行為的管理亦即研究組織中個人、團體、部門與組織本身以及與其環境的關係等正式與非正式的行為，目的在於改進各種構成分子的效能與績效，使之趨向預定目標的技術、科學和活動。

一、組織行為的範疇

組織行為是研究組織內外的人們所思索、感受以及所作所為的一門學問；組織行為的發展在 1940 年代才發展成一門獨特的學問。組織行為研究的目的是為了瞭解組織的事務、預測組織的事務、影響組織中的事件。

組織行為是跨領域的學科，整合了個人（心理學）、團隊（社會心理學、人類學）、組織（經濟學、政治學、社會學、組織倫理等）等相關領域。

組織行為分成三個層次：包括個人（個人認知、人格差異）、團體（員工參與）、組織（領導、僱用關係）等三種，茲分述如下：

（一）個人（個人認知、人格差異）

在個人方面，有三項特性格外重要：

1. 個人所具備的工作能力、技能以及性向等皆有所不同；如何透過組織的各種安排（如人力資源管理措施等），使每個人均能適才適所便是極為重要的事。

2. 個人所具有的心理特質（如需求、信念、對工作的看法等）以及背景等也皆有所不同；因此，如何應用行為科學的知識與技術以激發員工的工作意願自然又是一件刻不容緩的課題。

3. 個人的態度與行為必然受到其所擔負任務的影響；而個人所處的團體以及團體內的各種人際因素當然也對個人的態度與行為產生重大的影響。

（二）團體（員工參與）

雖然任務是由個人所完成的，但是個人必須與別人合作才可能完成工作；換言之，個人必須透過團體的彼此協調，始能達成任務；因此，這個稱為單位或部門的團體，便會對個人產生許多的影響。團體運作過程，其中最重要者有三項：

1. 團體的組成，也就是團體的成員是什麼樣的人，自然會影響其中的每個成員。

2. 團體所擔負的使命特性，例如，業務的性質：銷售、生產或研發，達成使命的難易度與時限等，均會對團體本身及個人產生影響。

3. 團體完成任務的方法以及成員間所具有的社會關係的性質，如彼此的默契、溝通的方式、互動的頻率等，都對個人及團體產生影響。

（三）組織（領導、僱用關係）

組織結構分為領導、僱用關係，但組織內最核心的要素是任務（task），也就是組織欲達成目標所必須做的工作。任務可分二個層次來看，首先是組織的任務，係指組織依據策略所必須完成的工作。任務的第二個層次是個人或團體為完成更大的組織任務，所必須執行的各個次任務（subtask）。各種次任務對個人或團體的要求，以及所提供個人或團體的報酬也不盡相同。與任務有密切相關的，就是完成任務所需的技術（technology），技術常常是決定個人或團體完成任務的重要因素。因此，技術對組織內人們之工作關係的影響極大。

二、組織的意涵

組織的概念是指擁有共同目標，在工作上互相依賴的一群人；組織並非實體的建構，而是為達成一連串目標而在一起工作的人們的互動機制。這群人互動的方式，有既定的型態，彼此都能以一致、有系統的方式完成某些任務。

三、組織行為的特點

組織行為有以下六項特點：

1. 組織行為是一種思考方式。
2. 組織行為是多學科整合的。
3. 組織行為具有獨特的人道取向。
4. 組織行為的研究是績效導向的。
5. 組織行為強調科學的方法。
6. 組織行為具有顯著的應用取向。

四、組織行為的新趨勢

1. 全球化的組織成員：組織成員可能來自世界各地，使得組織決策制定者對於文化差異需要更加敏銳。

2. 多元化的人力素質：勞動力變得更多元、多樣，人力素質成為一種競爭關鍵。多元化的人力帶來溝通、互動、衝突管理的新挑戰。

3. 重新調校的僱用關係：科技的發展使僱用關係可超越時空與原有人力管理的結構，需要重新調校新的僱用關係。

4. 打破結構的數位時代：網絡結構的數位世界，其匿名性、及時性、超時空等特性，重塑組織了行為的關係與管理，解構了原有的組織行為模式。

5. 更多元化的工作團隊：多元的工作團隊跟團隊成員單獨工作比起來，較有可能以更富創意的方式，解決複雜的問題。

6. 更貫徹的企業倫理：社會責任與企業倫理有密切關聯，廣泛來說，企業倫理指個人或組織對於其行為影響他人者，所必須負擔的道德義務，也就是說個人或組織的行為決定或功過是非的道德判斷與處世原則越來越會影響到社會整體的價值觀。

五、組織行為的管理方法

組織行為的管理方法有以下幾點，如表 8-2：

表 8-2　組織行為的管理方法

方法	內容
跨學科知識的運用	組織行為是聚集眾多學科的學問，包括傳統學科與新興學科。傳統學科如心理學、社會學、人類學、政治學、經濟學、工程學等；新興學科包括溝通、資訊、女性學習。
科學化方法的善用	組織行為的研究，往往需要用到科學化的方法蒐集、解析組織相關的資訊，以驗證他們的假說。組織行為的研究，要使研究人員能有系統解釋的能力、能夠分析事件的意涵與發展趨勢。
權變的處理方式	「視狀況而定」是組織行為學對於回答組織問題的最佳解釋所常用的方法。沒有單一、標準的解釋可以適用所有的情境，需針對問題、解讀情境、選擇最佳策略來權變處理。
多向度的層級分析	1. 個人層次：含括員工的特性、行為、認知過程等因素，例如洞察力、個人認知、態度、價值觀等。 2. 團隊層次：包含組織互動、團隊動力、決策結構、組織衝突及領導等。 3. 組織層次：是工作關係、環境互動、組織網絡等因素之建構。

六、開放系統的建構

組織是由許多相互依存的元件組成，經由內部共同監督與外部環境互動、交錯、回饋產生一種組織系統。一個有機的組織，應該兼具多元、異質、開放的特性，具備學習、回饋、修正的系統功能，建立一個開放而能自我成長（自我反省）的體系（要具有自我管理，自己積極主動求長進的能力），這與一般管理者通常只能建立一個封閉（不求進步，只求維持現狀；不求有功，但求無過）的體系來推展工作，是完全不同的。所以，有成功開放系統的建構，始能達成有效組織行為的管理。

PLUS+ 領導統御的要領

　　成功的領導統御，應有以下十一個要領：

1. 説服力：為自己的立場和願景做強力的註解，開放尊重部屬的意見和果敢的面對現實。清楚的説明「為什麼」及「要如何」，努力營造雙贏且互相尊重的氛圍，誠懇持續的溝通。

2. 耐性：對人、對事均要有耐性，待人要包容對方的不足與缺失，處事要在面對障礙與阻力時，仍能積極、樂觀、前瞻的堅定自己的信念與目標。

3. 風度：包容部屬的錯誤，委婉的給予勸導，不要嚴厲、粗暴的侮辱或責備部屬。

4. 可塑性：自己絕非全知全能，要鼓勵異質、多元的聲音，要虛懷若谷、開闊胸襟，廣納各種理性論述與建言。

5. 接納與傾聽：虛心傾聽、不可陷溺個人好惡、意識形態，要能接納質疑、批評的聲音。不可爭功諉過、文過飾非，要設身處地、以同理心接納別人。

6. 慈悲喜捨：與人為善、用心關懷、悲天憫人、慈悲喜捨，説好話、做好事、做好人。

7. 氣度開闊：接納部屬的錯誤、給予成就的機會、激發部屬的潛能、尊重他們的意見。凡事不必成之在我，為而不恃、生而不有、功成而不居。

8. 溫和的指責：以哀矜勿喜、真心關懷、溫和的指責、諒解部屬的錯誤，給予機會、給予包容，不要疾言厲色傷及自尊，讓部屬願意承擔風險、勇於認錯。

9. 一致的風格：一致性的領導風格、一套的價值標準與行為規範，建構自己的特質和魅力。

10. 完美正直的人格：修己、善群、安身、立命、安心與安人。反求諸己、無我無為、誠懇待人、勇於任事。凡事以「人」為本，以「心」為判準，「用心」的把事「做好」。掌握「恆變」、「渾沌」、「複雜」與「弔詭」。要在大同中重小異、在圓滿中分是非。以兼顧、並重、合理的思維，持經達權、見微知著、求同存異、以權變來應萬變，做好管事、理人、安人的工作。要有慎始、機靈的應變力，要有當機立斷的果決力，要有把握時機、把事做好的執行力。

11. 無為的領導哲學：要以自動取代管理、以人性取代制度、以差異取代統一，師法天道無言而萬物育，無為而無所不為。要從管事、理人、進到安人的層次。領導藝術的極致，就是兼顧情、理、法，促成人才的自動與自主。領導統御是一種自然流動的「太極」，是一種交互主義的「合理」，圓滿的領導就是以人為主、因道結合、依理而變的處理，讓人主動做好分工、樂於合作、發揮潛力。

第1堂
第2堂
第3堂
第4堂
第5堂
第6堂
第7堂
第8堂
第9堂
第10堂
第11堂
第12堂
第13堂
第14堂
第15堂

不同情境的人際關係分析

或許是社會生活環境造成，關於溝通這件事，我們都不夠擅長。

我們以為自己會溝通或有在溝通了，然而你的溝通對象，真的了解你需要什麼了嗎？

「關於 X 這件事，我的感受是 Y，我的需求是 Z，你能否願意123⋯⋯？」

千禧世代生長於社群媒體蓬勃發展的新科技時代，也面臨全球經濟困頓衰退的挑戰，被認為與過往世代有截然不同的生活型態、價值觀和消費趨向。他們的特徵包含：科技成癮、慣用網路，生長在沒有大規模貧窮的環境，低自尊、憂鬱、沒耐心、自信不足；不懂得與人互動、缺乏因應壓力的能力，傾聽能力不足等問題，人生看似平穩，但往往連面對生活瑣事都無精打采。

第9堂

家庭的人際關係與溝通

　　人際關係之初始，均從家庭開始。人一出生便與家庭的成員產生互動，特別是親子的關係，更是一個人的出生以後，建立人際關係的基礎課程；父母親的教養方式在在影響到親子關係是否良好，可說是一種雙向的關係；父母親的「愛的言語」能幫助孩子從自我束縛的枷鎖中釋放出來，使他們對抑鬱的感情與困擾能直說不諱。

| 本堂內容概要 |

家庭作客的社交技巧

　　對歐洲人來說，如果有人邀請你到家裡作客，那可是很慎重的邀約，表示對方真的重視你這個朋友，願意敞開心胸與你分享他的私人空間與家庭。法國人享受生活情調，重視居家空間的布置和美化，所以隨時邀約客人來訪，心情上是輕鬆自在的。歐洲人對於家居的設計，不論貧富，都有一種很溫暖、溫馨的感受，整個空間都依照自己的個性、喜好與審美標準來佈置，非常具有個人品味。而邀請別人到自己家裡作客的這種社交活動，正是主人藉此展示自身品味的大好機會。於是從居家的布置到餐桌上的美食佳餚與選酒等，都是主人家的表演舞台，作為客人的責任，就是要去讚美，能夠與有榮焉地共享。

　　家庭作客一開始的歡迎與暖身，「前菜」會伴隨寒暄話家常而現身。在法國有許多種類的罐頭，都是以純正橄欖油與品質優良的天然食材製作而成的，主人家只要輕鬆地開罐，做一些簡單的處理，然後一邊和客人們談笑風生，一邊將幾片煙燻魚、酸黃瓜或魚子醬搭配具有微氣泡口感的香檳，就是極為高級的享受。家庭聚會的目的，就是要讓彼此更加親近，所以透過不斷地聊天來做心靈上的互動與交流，說出彼此對於生活的感想，或對新鮮事物的探知。

　　接著「主菜」與後續的料理上場，也都是在延續良好氣氛的準備過程中進行的。長桌上賓主兩方齊坐，從容優雅地吃飯與相互遞菜，於是大家會分享美食與讚美美食，自然而然美食就成為最主要的聚會焦點，一方面可以展示主人家的品味與喜好，另一方面可以讓客人盡情讚美與享受。

學習筆記

　　家庭社交聚會，就是要讓彼此更加親近，聯繫感情、建立歸屬感的方式，所以透過不斷地聊天來做心靈上的互動與交流，說出彼此對於生活的感想，或對新鮮事物的探知、文化差異、興趣愛好，或者桌上的菜餚等。因此平時即需培養多方興趣，並主動積極參與活動、與人交流，才能建立起良好的人際關係。

9-1 家庭人際溝通的概念

　　傳統的中國社會強調倫理關係，而此倫理關係則特別重視「家人關係」。事實上，我們可從中國的五倫關係「君臣有義、父子有親、夫婦有別、兄弟有序、朋友有信」中看出，在此五倫關係裡，「家人關係」便占了三項，即「父子、夫婦及兄弟」，可見家人關係在傳統中國社會裡，是扮演著極為重要的角色。

　　古代傳統中國家庭往往是建構在男系或父傳子的制度上，一個正常的家庭是必須有父子關係，而且此父子關係也必須是合乎社會規範的情況下，如此家庭的根基才得以穩固；若父子關係中斷，則該家庭便會逐漸步入癱瘓狀態。

　　由於傳統的中國社會中，父子關係是維持家庭正常運作的重要因素，也因此特別強調父子關係和傳宗接代的觀念下，男系掌權、重男輕女、男尊女卑等等的思想和行為便孕育而生，特別是男人可恣意納妾，而女人則受到「貞節牌坊」的緊箍咒所箝制，這是中國傳統倫理帶給後世影響深遠的另一部分。

　　所謂親子關係，即家庭中父母與子女互動所構成的人際關係，親子關係可用「相處的感覺」、「對子女的觀感」、「分享與瞭解」、「依附與表達」及「為子女典範」五個層面來形容。也因此，父母與子女間的關係若能有良好的「相處的感覺」，「對子女的觀感」有著肯定與接納，並能有適當的「分享與瞭解」，且有相互「依附與表達」的表現。

　　此外，父母更能「為子女典範」者，則親子關係則可視為穩固與成熟。若是父母與子女間的關係總是「相處的感覺」很差，「對子女的觀感」有著鄙視與否定，並無法有「分享與瞭解」的機會，且有不能相互「依附與表達」，父母很難成「為子女典範」者，則親子關係可能就岌岌可危了。

　　李月櫻（1994）將親子溝通、親子支持、親子信任來表示親子間的情感互動關係，而吳虹妮（1998）則視親子溝通是增進父母與子女間思想、情感、價值觀的交流與發展的重要關係。以下我們就來探討親子關係的內涵：

一、十項子女與父母間互動的重要原則

1. 尊敬父母：為人子女須時時表達感激對父母生養撫育之恩，並常常回饋給父母，以報答父母養育之恩。

2. 接受父母合理的管教與訓誡：父母合理的管教總是為子女能更加成熟與成長；「愛之深」當然是「責之切」。

3. 服從父母：住在家裡的兒女，須服從父母為兒女及家庭的好處所下的命令。

4. 徵求父母的意見：對於不瞭解及重大的決定，應諮詢父母的意見，使決策更臻完善。

5. 配合父母的計畫：兒女應配合父母對於家庭的計畫的訂定與執行。

6. 迎合父母的期望：兒女是需要父母的指導，若能迎合父母的期望，則能減少許多試誤學習所浪費的時間與精力。

7. 兒女若依據良心，確信父母所做的要求是不道德的時候，就無需聽從。

8. 兒女對父母的服從，可在成年獨立、成家立業、搬離家後停止。

9. 兒女對父母的尊敬是永久的。

10. 照顧年長病苦的父母：成年的兒女應援助年老、患病及孤苦窮困的父母在物質及精神的需要。

二、維繫家庭親子關係的四要

　　維繫家庭親子關係實屬不易，以下四點為家庭成員維持良好關係的重要觀念，若家庭中的每個人均能謹記於心，則必是家和萬事興。

1. 世代相傳不只是生命的延續，更是能實現及完成個人的理想。

2. 長輩與孩子一同成長，並時時明察孩子的需要，及傾聽孩子的心聲，使下一代在快樂健康的環境中長大。

3. 子女對父母心懷感謝，不僅能照顧父母的身體，更能體貼父母的心情，讓上一代能在溫暖及安全的關懷中老去。

4. 家庭中，能從上一代身上學會對下一代的責任，在下一代身上體會對上一代的感恩。

　　家庭中的每個成員，若能在日常生活中時常遵守上述四要，則家庭必能長存幸福與安樂。

三、容易傷害孩子的十個類型

　　孩子們是家庭快樂的泉源，家庭中有了孩子的歡笑聲，生命的活力就能湧動每個人的內心。孩子們的心是很容易滿足，同時也容易挑動他們歡樂的情緒，同樣的，孩子們的心，也是很容易受傷，我們可能不經意的一句話或不當的管教，可能就會深深傷害到孩子的內心。父母親的教養方式在在影響到親子關係是否良好，可說是一種雙向的關係，有學者認為父母的教養態度與親子間的關係誠如一體兩面，從父母對子女的教養態度，可推知親子兩代間的關係。以下舉出十個容易傷害孩子們內心的十個類型，以供讀者自我警惕：

（一）命令、指揮或支配型

　　父母、師長發號施令，指揮孩子做這做那的，例如說：「你一定得去……」、「叫你做就做……」、「我要你……你就……」、「快給我……」，如此的口氣是把孩子當奴才看，如此怎能讓孩子們感受到長輩的愛呢？

（二）警告、告誡、威脅型

　　告訴孩子若做了某事可能會引起何種結果，並試圖阻止，例如說：「你再……我就……」、「你有種就……」、「妳不……就……」、「如果……一定……」，這種情形便如同將孩子當成仇人看，言語中帶著威脅的口氣，如此很容易讓孩子震懾受傷。

（三）批評、非難、斥責、爭論型

　　對孩子提出一個消極的批評。例如說：「這根本是幼稚的想法」、「這是未經大腦的行為」、「沒有人像你這麼……」，如此的話語帶著輕蔑的態度，孩子們會因此而喪失自信心。

（四）譏諷、挖苦、羞辱型

試圖以間接非難的方式來阻止其行為。例如說：「我早就料到……」、「反正長大……」、「沒有人管得著你了……」。這樣的話語是讓孩子不敢有新的嘗試，更不用說培養其冒險犯難的精神了。

（五）探索、盤問、追根究柢型

試圖找尋理由、動機、原因、蒐集更多資料以助解疑。例如說：「為什麼你……」、「誰叫你……」、「怎麼要……」、「到底……」。此種話語是以不相信的口氣與孩子對話，孩子便很容易受到不信任態度的傷害。

（六）訓誡、教導型

用事實、反話、邏輯、資料或個人見解以影響其改變觀念。例如說：「做人應有分寸……」、「一個學生應……」、「只要……」。如此的話語讓人感受很不悅，好像是為了批評而特別找一些倫理常規來塘塞，總會令孩子感到難受。

（七）撤消、轉移型

試圖將孩子帶離迷境，避免面臨疑難，轉移其視野將疑難擱置一旁。例如說：「這都是廢話……」、「講那是多餘的……」、「我們談談其他的……」，如此會讓孩子們學習逃避現實及不負責任的想法。

（八）忠告、勸導型

告訴孩子怎樣解決一個疑難問題，提供意見或答案。例如說：「你應該……」、「我想妳還是……」、「為什麼不先……」，如此會讓孩子們漸漸降低創造思考能力，甚至會自認自己一無是處。

（九）解釋、分析、判斷型

告訴孩子有關其行為之動機或分析其做某事之理由。例如說：「你這樣做是因為……」、「其實你對自己的行為……」、「你只不過是在……」，如此會讓孩子們對父母的教誨愈來愈冷淡，甚至充耳不聞。

（十）同情、安慰、支持型

試圖疏導孩子的情緒或減低其焦慮感覺之濃度。例如說：「我瞭解你的……」「我也這麼想……」「多數人都會那樣……」，如此會讓孩子們無法自我面對失敗及難題，轉而採合理化的方式來面對處境。

四、接納與愛的語言

接納不是對行為的認可、接受或支持，而是無論其行為如何，對當事者本人都懷有關愛、歡迎、重視、體恤與理解的態度。

接納的態度能製造一種和諧的感情氣氛，使對方體會到一種倦鳥歸巢，遊子歸鄉的感覺。因為在這裡，情緒可隨意發洩，感情可自由交流，痛苦悲哀可得分擔，興奮、喜悅可共享，困擾、錯誤可告白而不遭輕視，疑慮、矛盾可因吐露而獲得協助。

一個人若要表示真正接納別人，則必須有一種可以幫助別人的力量。對別人表示「接納」是幫助被接納者成長、發展、做建設性改變、學習解決困難、邁向心理健康、變得更有創造力、更有作為與實現其全部潛能的重要因素。

當一個人感覺他的真意被人接納時，他便開始想像他該如何改變，如何能夠變得與以前不同，如何更能發展他之所能。接納正如一片肥沃的土地，能培育一粒細小的種子，發展成為一朵美麗的花卉。泥土的滋養能讓種子變為花卉，更能引發種子生長的潛能。一個兒童的潛能和種子一樣，完全隱藏在他身體內，若缺乏「接納」的泥土，潛能則無從發揮。

父母親的「愛的言語」對孩子們而言，能幫助孩子從自我束縛的枷鎖中釋放出來，使他們對抑鬱的感情與困擾直說不諱。這種語言能恢復他們的信心，使其感覺被關懷與真正的接納。

當父母、師長懂得如何運用語言以表達接納兒童的內在意識時，他們即把握了一套足以改進親子關係、師生關係的良好的工具，也影響其子女接納與喜歡自己，及增加個人價值的意識。另一方面，他們也使子女容易發展和實現潛在的天賦能力，促進獨立自主行動的發展，幫助學習解決生活中無法避免的困擾，最後提供有效處理兒童與青年一股失意與痛苦的力量。

五、處罰的原則

當孩子們行為失當時,父母親總是會加以處罰,以免孩子們一再的犯錯,但有幾個原則是父母必須留意的:

(一)同樣的過失應當施以同樣的處分

對於孩子的失當行為,父母親應公平以對,不宜以自我的情緒、感覺來影響處罰,例如今天父母親的工作壓力大,孩子犯錯,則大大處罰;但是隔了兩天,父母親心情很好,孩子又犯同樣的錯就小小的處罰。如此,孩子們便不知到底這樣的犯錯是不是很嚴重,下次則又可能犯同樣的錯。

(二)犯錯立刻處罰,不要「下次一起算帳」也不要「舊帳新算」

對於犯錯的處置須及時,父母親不可放棄機會教育的時機,如果時機一旦過了,即使下次再提起,孩子們可能印象就不深刻,處罰起來的效果當然不彰。

另外,也不可將已處罰過的行為,在提起後又再處罰一次,如此孩子們會失去冒險及探究新知的能力,因為一旦犯錯可能會面臨好幾次的處罰,孩子們當然會對新的事物裹足不前。

(三)以剝奪他的權益作為處罰時,時間不可過長

父母親處罰孩子時,除了須考量上述情況外,每次處罰的時間也不可太長,以免孩子受傷,處罰的目的不是在於傷害孩子,而是對孩子的行為做糾正,例如孩子們常常上學遺忘東西,則可處罰放學後不可看卡通,但是當孩子們能利用看卡通的時間整理書包,則便可視情形而放寬,不宜長時間禁止,如此反倒是讓孩子們失去童年的歡樂。

(四)處罰方法應與他的過失有關

處罰應對事不對人,例如孩子們愛亂畫牆壁,此時的處罰就可讓孩子們不許用筆一段時間,當孩子們在處罰期間如果想到要用筆,而感受到被禁止使用的痛苦時,孩子們下次於使用筆時便會特別小心,而不至於到處塗鴉了。

（五）不要罰得太殘忍，以免引起孩子的恨意

有些家長的情緒智商（EQ）並不好，在孩子們犯錯時，就一股腦兒將孩子們痛打一頓，有時出手過重，在孩子們身上留下疤痕或是造成身體的重大傷害，這樣的處罰，不但失去糾正行為的原意，反倒是讓孩子們留下仇恨父母的因子。

處罰是個重要的功課，父母親需體認到處罰是以愛孩子為出發點，因為愛孩子才管教，為的是不讓孩子日後犯下更大的錯誤，甚至能讓孩子們行為表現更好。如果處罰是為了發洩怒氣，就失去了處罰的意義。

PLUS+ 父母管教權之體罰範圍

父母管教小孩的法律依據

按照民法的規定，父母保護教養未成年子女是他們的權利，也是義務。而父母實際教養子女的方式有很多種，民法也讓父母可以用懲戒的方式教養未成年子女，就是所謂的「懲戒權」。懲戒權包含透過責罵、輕微的責打等方式，給予未成年子女精神或身體上的處罰，因此，父母確實有體罰未成年子女的權限。但是，父母只有出於保護教養的目的，在「必要範圍」內，才有懲戒子女的權利。

什麼是「必要範圍」？

在法院實務上，認為「必要範圍」，應該考量到未成年子女的家庭環境、性別、年齡、健康狀況、個性、犯錯的情節輕重，以及社會通念來決定。

懲戒的界限

父母行使懲戒權，不能超過必要範圍，更不能對子女施加身體或精神上的暴力。否則將可能構成家庭暴力防治法所規定的「家庭暴力」。法院判決認為，父母必須在子女確實有需要懲戒的情況下，出於教育的目的才能行使懲戒權。若是用殘忍的傷害身體、甚至危及生命的手段，就是濫用懲戒權，而應該負擔刑事責任。

父母逾越懲戒權的法律責任

若父母對未成年子女施加暴力，已經超越了合法懲戒權的範圍，將可能觸犯刑法傷害罪，及妨害兒少身心發展罪。若父母因此被法院核發禁止實施家庭暴力的保護令，卻又違反保護令的話，也會觸犯家庭暴力防治法的違反保護令罪。同時，父母也會負擔民事上的侵權行為損害賠償責任。

（引用自 https://www.legis-pedia.com/QA/question/1200）

9-2 「我來自紐約」──世代衝突與文化溝通

一、事件摘要

「我來自紐約」電影講述一個自小在紐約生活了 12 年的小女孩林思家，因媽媽工作上調動，被送到了外公林根的住處廣州，與思想保守、專治跌打損傷的古板外公生活。外公是一個有著傳統思想的中國老人，與來自紐約的外孫女思想截然相反。面對這個嚴肅、保守的外公，林思家感到陌生又抗拒，在相處時產生許多文化及語言差異性，令祖孫兩人溝通不良，在這裡，她的衣食住行和在紐約的截然不同，加上本著來自大都會的優越感，她總是用高人一等的眼光看待左鄰右舍裡的鄰居，並和外公反其道而行。

| SCAN ME |

〈我來自紐約〉
預告片

在與外公的相處之中從開始的相互牴觸，面對中外文化問題，小女孩慢慢瞭解媽媽和外公對傳統文化的執著；其次是每當想念媽媽時，外公、鄰居們和同齡小朋友的熱情與友善，讓她慢慢打開心房。

影片真實反映出當今華人大多數家庭現狀，父母與子女分隔兩地，隔代祖孫分居異地他鄉，長久的分離使親人之間親情疏冷，偶爾短暫相處所產生的生活習慣差異、性格叛逆與矛盾衝突，傳統文化與現代文明的交集，最後在點點滴滴的碰撞中交融感化，傳遞親子訊息，建立人與人之間的愛與關懷。

二、問題分析

外公林根為了和孫女溝通，買了手機學上網，還開了臉書帳號，學習新科技產品，從排斥抗拒到接受學習；小女孩林思家在假期快結束準備要回美國迎接新學期回去上學前，在最後的時間教外公使用更多智慧型手機的功能，她因為外公學習不會而擔憂心急，傳統文化與現代文明的交集，最終在點滴的碰撞中交融感化，傳達親子間的訊息，建立人與人之間的愛與關懷。

嬰兒潮世代都有許多家庭在美國成長近三十的下一代，和留在家鄉的上一代不止有代溝、文化溝、還有語言溝。如何化解文化衝突與溝通，「我來自紐約」這部電影是個真實寫照，值得好好探討。

三、問題討論

1. 請描述一下世代間的隔閡主要有哪些現象？您通常處理的方式？

2. 子女如何了解父母以及祖父母，以增加相處話題和互動？

四、學習筆記

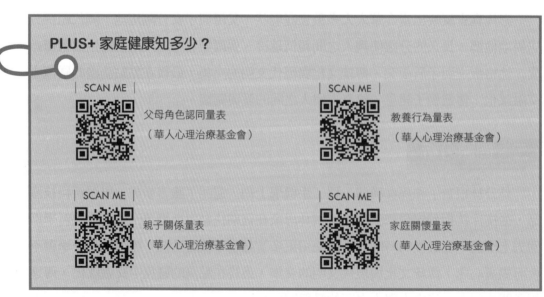

PLUS+ 家庭健康知多少？

| SCAN ME |
父母角色認同量表
（華人心理治療基金會）

| SCAN ME |
教養行為量表
（華人心理治療基金會）

| SCAN ME |
親子關係量表
（華人心理治療基金會）

| SCAN ME |
家庭關懷量表
（華人心理治療基金會）

9-3 權威性父母要理性溝通

第1堂
第2堂
第3堂
第4堂
第5堂
第6堂
第7堂
第8堂
第9堂
第10堂
第11堂
第12堂
第13堂
第14堂
第15堂

美國心理學家泰勒說：「確保子女成功的父母，往往會教出失敗的孩子。而充滿慈愛關切的父母，因為能包容子女的失敗，往往能讓孩子走出另一條光明之路。」

一、事件摘要

事件 A

喬依從小對語言就很有天分，加上小學時曾跟著父母到美國居住過 5 年，當時就讀普通高中的她，非常希望未來能主修英文相關科系。但小安的爸爸是物理留美博士，覺得小安應該選擇理工科系，未來的發展會比較好，對於小安提出想念文組的想法十分不認同，要小安自己「好好想清楚、不要讓爸媽失望」。小安個性較溫馴，就聽從爸爸的期待選擇理工科，但沒想到不到一學期就已嚴重不適應，成績全部跟不上外，連原來擅長的英文成績也都很失常，只好轉文組，後來大學經過轉系和轉學考，也如願攻讀英文系，但自信心一直不足，大學期間胖了 10 公斤，也一直有和同學間相處的困擾。

事件 B

阿雄是家裡的獨子，從小就在父親權威性孝道信念的教育下成長，阿雄父親前幾年從官場退休，父母親搬到宜蘭老家過著養老生活，但每到周末，父親就暗示阿雄要帶太太孩子回宜蘭團聚，逢年過節阿雄父親還規定媳婦要張羅所有飯菜以及祭祀的所有供品。阿雄父親對兒子媳婦付出了很大的經濟幫助，供他讀完清大研究所，畢業後阿雄順利地在竹科找到一份穩定、待遇不錯的工作，在父親資助下買了房子成家立業，阿雄對能擁有現在的生活一直很感念和孝順父母。

但阿雄父親是個權威型的嚴父，除了強烈主導阿雄的求學就業外，甚至還把主導權延伸到阿雄兒子大學的選校和選系，這讓阿雄太太非常反彈，好幾次和阿雄爭吵，但阿雄從不敢違抗父親的意見，夾在父親和太太中間，只能用逃避做無言消極的反抗，不知如何溝通處理。

二、問題分析

　　強勢的父母認為自己的價值體系最好，這類父母有些共同的特質：擔心、焦慮、害怕、不安全感、很好面子，不給孩子自由，也不給他自信。不覺得每個生命是會活出自己的路，而只會因循傳統價值。對子女要選擇不同途徑的做法通常會直接反對或口出惡言，此時如何尋求諒解和支持是溝通的重點，而不是因順從而賭上自己的人生。

　　淡江大學教育心理與諮商研究所所長柯志恩有次對兒子脫口說了一句：「你成績這樣，我很沒面子耶！」沒想到兒子立刻還以顏色說：「考不好是我自己的問題、是我在承受、我很難過，關你面子什麼事！」她聽了立刻識相地住嘴，避免進一步的難堪和衝突。即使是教育心理專家，也難逃這種撈過界的毛病。父母親把孩子當成自己存活的重要憑藉，過度涉入孩子的人生，讓自己的快樂變成孩子的責任。

　　家長希望孩子成績優異，不重視其他生活能力，使孩子成為「生活低能」、「成熟緩慢」的學童，若不及早輔導，他們長大後可能會出現「社交低能」、「情緒低能」、「自我管理低能」或「親密關係低能」等徵狀。如果一個父親過於權威、獨裁，常常會造成子女在成長過程中，對於權威形象者的恐懼和順從，在日後人際關係中，也會不自覺意圖討好權威者，乞討關注，就像當年期待得到權威型父親的認同一樣。

三、問題討論

1. 面對強勢權威的家長，有什麼溝通方式？

2. 喬依如願念了英文系，但為什麼還會自信心不足，還大學期間發胖 10 公斤？

四、學習筆記

9-4 從鄭捷殺人事件探討家庭關係

　　現代父母親為家庭經濟疲於奔命，造成親子互動時間甚少，導致彼此關係疏離。甚至困在社會價值觀裡，往往你知道小孩正在受苦，但是卻擔心自己的言行是不是符合社會期待。因此父母親應多多陪伴、關心子女，分享自己的想法，並且傾聽孩子的分享，拉近親子距離。

一、事件摘要

　　2014 年 5 月，21 歲就讀大學二年級的鄭捷搭乘台北捷運，於列車行經龍山寺站至江子翠站時，持刀隨機殺人，造成 4 人死亡，22 人受傷，最後遭警民圍捕制伏。鄭捷已於 2016 年 5 月 10 日槍決伏法，但所引發的思考與爭議至今仍餘波盪漾，很多人無法了解鄭捷究竟是生長在何種家庭，什麼人格特質，讓他在 21 歲犯案、23 歲伏法，且還遭父母乾脆切割。

　　鄭捷成長在家境小康的雙親家庭，下有一胞弟，成長歷程尚稱順遂。他並非社會刻板印象中，來自破碎家庭的中輟生，也不是留有案底的「壞孩子」。他原先讀了 2 年的大學，因二一被退學，之後才轉學。鄭捷曾是國防大學學生，遭退學後改讀東海大學環工系，東海校方被問到是否察覺鄭捷狀況異常，校方回說曾接獲匿名者來電預警，於是派教官約談鄭捷，但鄭辯稱只是寫小說，且檢舉人未具名，無法正式成案，也無實際輔導行動。

　　在事發後的隔天下午，東海校長對十萬校友和教職員工，發出了「給東海全體夥伴的一封信」，告訴東海每一個人，「鄭捷是我們的家人，若這是必然，我們願意是發生在我們所深愛的東海。因為我們可以有不一樣的承擔。」

二、問題分析

　　雖經過教改，但現代孩子課業壓力與社會競爭依舊如影隨形，少子化使孩子的需求很容易獲得滿足，然而社會競爭激烈，較不懂分享、不善面對逆境，EQ 較差，

不是每個人都會如父母一樣順從自己的想法，和他人接觸時也會遇到各種挫折，這些負面情緒無從發洩，容易導致衝動暴躁的性格。孩子一旦脫離父母保護後便會適應不良，進而產生埋怨不滿。孩子若無法調整個人心態與環境的關係，便會感到挫敗沮喪。

千禧世代生長在數位時代和以網際網路為生活重心的世代，沉迷在網路遊戲容易形成「網路性格」，網路成癮，缺少人際互動。鄭捷自白，他9歲就有殺人的念頭，高中時沈迷格鬥電玩，創作殺人小說，就預告將在電車屠殺，這樣性格的人在表現出來的社交的恐懼、很在意他人的視線、害怕看別人的眼睛，無法與他人四目相對的情況很多。

三、問題討論

1. 鄭捷為何會想隨機殺人？事前有沒有徵兆？
2. 事件發生後，鄭捷父母親說「全家一輩子都被兒子毀了，就算要賠償，恐怕也賠不完！」、「我們無臉見人。」、「我不敢相信他會做這樣的事。」、「他平常愛打殺人電玩。」鄭捷父母有哪些問題？現代父母需如何維持親子關係？

四、學習筆記

PLUS+ 無癒之傷：北捷殺人案的對話邊界（節錄）

在國中同學王曉茵（化名）的記憶中，鄭捷是女孩子私底下會偷偷喜歡的高帥男生，而且十分搞笑。「有時候，他模擬考會故意亂寫。比方作文題目是〈十年後的我〉，他就寫外星人入侵地球。他不在意分數，把搞笑文章給大家傳閱。」

不論在哪個求學階段，認識鄭捷的人們都大致同意，鄭捷是相當喜歡書寫，且具一定文采的男孩。鄭捷轉至東海大學就讀後，一位負責陪伴新鮮人的環工系學長黃勝維（化名）回憶，「有一次期中考，剛好我生日，他就在臉書上打一篇詞祝賀我。我看了後覺得很感動，因為他平常話不多。二來覺得有趣、寫得很好。除了中文系，很少看到這麼會寫東西的人。」

北捷隨機殺人案發後，媒體起底鄭捷曾寫下的網誌文章，摘錄的盡是與殺戮相關的文字，但若詳閱其他篇幅，可發現多半文字呈現的內容，其實是對世界的疏離、孤寂與虛無感。

「虛無是我們曾經交換過的世界觀。」陳書偉說，鄭捷和他一樣，一直覺得自己不擅長說話，儘管外界看來會認為他們社會適應還算良好，「但無論如何，總有無法融入周遭的感覺。有時候我覺得，他的殺人誓言，是對這世界的一種敵意。」

陳書偉說，鄭捷不曾在高中提過殺人誓言。「他常說高中很快樂，也很喜歡高中老師，一直到大學時，他才又重提殺人誓言。」鄭捷部分高中同學，甚至是到大學才聽聞殺人誓言的存在，但得知後高中同學仍待他如常人。

鄭捷曾想過放棄殺人誓言。但為什麼後來選擇執行？

鄭捷未曾有過讓人理解的說明，「但我知道，他覺得這世界需要太多妥協，以及他相信『人死後會去的地方是你相信的地方。』」陳書偉說，從審判到鄭捷伏法，所有人都認為鄭捷不知反省。「可是實際上他說他後悔殺人，只是不後悔完成誓言。」

「大家可能不相信，但我甚至覺得他還是我認識的那個善良的人。」王曉茵說，因和鄭捷很久沒見面，所以談話零碎，「就是問他缺不缺錢，需要替他帶什麼等等。聊到時間到，我說，『我下次會再來。』鄭捷卻問我『為什麼？』我不懂，就回問他『什麼意思？』他說：『我不相信妳會再來。』」

這樣的對話，在王曉茵跟鄭捷間來回三、四次，「我當下才意識到，有沒有可能在他決定犯案的最後這些日子，沒有誰真誠地對他好？」

（引用自 https://buzzorange.com/citiorange/2016/10/27/random-killing-true/）

| SCAN ME |

無癒之傷：北捷殺人案的對話邊界

（資料來源：端傳媒）

9-5 從毒舌母親嘲諷傷害女兒自尊探討語言溝通

許多童年有過創傷或是在婚姻中跌跌撞撞的女性，在勉強維持平衡，過著看似正常的生活，但卻在與女兒相處過程中，重新經驗到小時候的痛苦，產生許多身心症狀，當帶傷的女人成為母親會產生「妳過得好，讓我不是滋味」的心理，女兒的優秀會讓她感到忌妒和極大不悅，只好不斷批評、嘲諷傷害女兒以維護自己的自尊。

一、事件摘要

雯華和她的母親自小關係就很疏離，她母親常用嘲諷潑冷水的口氣說話，雯華自小成績優秀，考第二名時，母親先問的第一句話竟是：「第一名多妳幾分？」得到第一名時後，女兒原以為會得到讚賞，母親卻說：「成績好沒什麼了不起，女孩子品德最重要。」和母親單獨相處，更是挫折，因為母親總是很容易對她發脾氣。她關心母親飲食健康，母親要不是很酸地說：「對啦！妳說的都對！我沒知識，妳比較聰明。」或是以憤怒的態度回：「多念一點書，就了不起呀！我要吃什麼，還需要經過妳同意嗎？」這些話很傷雯華的心，所以她漸漸學會少說話。

雯華母親的自尊非常容易受傷，不管雯華表現出好的一面或壞的一面，總是會刺傷她。每次發生這樣的狀況，都會讓她感到十分愧疚。母親生日時雯華用零用錢買了她覺得很漂亮的生日禮物，母親卻覺得浪費錢要她拿回去換，她嘟著嘴抗議「好心給雷擊」，母親卻說：「沒揍妳已經很好。」她從小到大不敢穿裙子，因為有一次她穿裙子露出粗壯的小腿，她母親用誇張的表情說真是嚇死人了，沒看過這麼大的蘿蔔，後面要跟一群小白兔了，從此她再也不敢穿裙子。

二、問題分析

從小在媽媽的這種打擊和貶低中長大，雯華身上明顯缺少一種自信和力量感。這種缺憾和媽媽的這種「打擊式」教育脫不了干係。從這個角度來看，生產到養育

孩子的過程，不僅是女人邁向新的人生階段的開始，也是重新走過，並療癒自己過去人生的機會。如果孩子是性別與自己相同的女兒，會更容易勾起母親過去的傷痛。母親，在原生家庭裡受到雙親的忽略，自覺在手足中顯得弱勢，所以內心一直自卑與嫉妒。有了自己的女兒之後，一方面希望養兒育女這件事成為自己的驕傲，讓自己在別人面前可以抬得起頭來；另一方面，又容易因為女兒的優秀與美好，心裡感到不是滋味。

三、問題討論

1. 母親的語言對女兒的影響？

2. 母女關係可以如何改善？

四、學習筆記

課後討論

1. 請說明維繫家庭親子關係的四要。

2. 請說明容易傷害孩子的十個類型。

3. 請說明父母必須留意的處罰原則。

4. 請分享個人家庭關係如何在生活上溝通。

第1堂
第2堂
第3堂
第4堂
第5堂
第6堂
第7堂
第8堂
第9堂
第10堂
第11堂
第12堂
第13堂
第14堂
第15堂

第**10**堂

同儕的人際關係與溝通

人的一生，會經歷許多不同類型的同儕團體，這些團體有些是正式的，有些是非正式的。同儕間的人際關係與溝通是讓個人成長的一個歷程，青少年對同儕的依賴在此時期逐漸加深，同儕人際關係在青少年生活中也就特別重要，所以需了解良好的人際溝通，並學習正確的相處模式。根據美國維吉尼亞大學的十年長期研究指出，青少年的同儕溝通能力，與其十年後的人際關係和行為問題大有關聯，良好的同儕人際關係發展能形成環境中的支持力量。

| 本堂內容概要 |

青少女妮妮的同儕關係

妮妮和二個音樂班的青少女從國小到國中原本都是好朋友，但妮妮不知道為什麼她們突然都不理她了。當老師要求分組時，她的兩位好朋友突然拒絕與她同組，讓妮妮成為班上唯一落單的人，她很害怕下次她們又不跟自己一組。

是不是我不夠好？哪裡做錯了？妮妮陷入一個自我否定的情緒當中。

兩位好朋友除了對她不理不睬外，還變本加厲地拉攏其他同學一起排擠她，甚至還出現惡意的言語攻擊。但不久，這兩位好友卻在班上發生互撕課本事件。

經過導師分別約談與瞭解，原來她們疏離妮妮後被冠上了「霸凌」之罪，兩人之間也開始鬧得不愉快，互看對方不爽，於是分裂後的兩人各自在班上尋求其他同學的認可，組成小團體，互相排擠、攻擊對方。

在同儕人際交往上青少女比青少男更容易發展小團體模式，小團體可以帶來歸屬感，讓人感到滿足，但同時也容易帶來框架，使得自己裡外不是人，當團體間的猜忌愈來愈多，關係就會愈來愈惡劣。

其實這三個人都沒有想要惡意排擠或霸凌任何一方，但三個人卻同時都接收到被排擠的訊息，當某一方覺得自己的人際關係較危險時，就會趕緊尋找班上的其他同學組成新聯盟，以避免自己成為落單的人。在過程中因為妮妮較為內向、被動，就成了那位最顯著的「受害者」。

霸凌者為何要貶低他人？根據人際法則研究：自卑的人會從別處壯大自己，幸福、自信、能自我肯定的人，較不會欺負別人。

📝 學習筆記

不論是霸凌中的霸凌者還是旁觀者，除了要知道這些行為的傷害性之外，也要培養「同理心」能力。「如果今天妳被孤立了，妳的心情跟感受會是什麼？」透過不斷由內而外的換位思考與練習，以同理心提升彼此互相尊重的正向心態。

10-1 同儕人際關係的概念

良好的同儕關係發展能形成環境中的支持力量。當今的社會處於網際網路社會，信息高度發達，傳播速度越來越快，人們之間的交流也越來越方便快捷，容易使人的性格脫離現實社會而產生異化，同儕人際關係出現問題勢必會影響青少年的正常學習和生活，如果孩子出現人際關係問題而家長無法引導和解決，年級愈高孩子面對複雜的人際關係，同學之間分派系、小圈圈，同儕霸凌問題層出不窮。

一、同儕人際關係的定義

「同儕」一詞，原指地位、價值、品質、能力等各方面都相同的人或物，隱含有一切平等之意。雖然很多專家學者對「同儕團體」一詞有不同論點，但一致認為，有相同興趣（同質偏好）、年齡、成長背景或是社經地位的人組成的群體就屬同儕團體，同儕之間的信念及行為普遍會受到彼此的影響。

以青少年同儕為例，他們就十分在意朋友、同儕的接納或看法，當他們有困擾時，最願意找的人也是同儕。青少年階段的同儕間，誠信、親密關係建立、合作態度、遵守社會規範等與人際互動培養有密切關係。在此階段出現同儕的影響力漸增，父母的影響力漸減的情況。

青少年時期的友誼強調互相信任、情感依賴，分享內心世界。朋友在一起不只是活動，而是分享個人想法。當朋友不能彼此分享時，會帶來壓力和沮喪。

談得來的朋友們因共同的興趣或才能，組成了所謂的同儕團體，靠著彼此互相幫助、分享生活想法來維持彼此的情誼，具有強烈的內聚力。建立青少年在成長過程中更加健全的心靈發展。

青少年時期，正處於適應學校課程並拓展人際關係的階段，此時非常需要有效的溝通技巧來幫助自己適應社會互動，適當的自我表達可以幫助別人更了解自己，不斷地從和別人的互動中認識自己的形象。

二、同儕人際關係的特性

同儕間的規勸常常會比父母苦口婆心的勸說有效。 同輩的朋友。個體成長的過程當中，一方面受到成人世界的影響，一方面也受到本身生活世界的影響；前者始於家庭，後者則以同儕團體為主。隨著年齡的增長，同儕團體的影響力會愈來愈明顯。

孩提時期，同儕團體即提供了學習如何與人相處，如何控制社會行為、如何發展個人志趣、如何分享共同情感等機會。到了青少年期，同儕團體更有其獨特的重要性。因為青少年已不再是兒童，但也不完全是成人，生活世界日益擴大，待在家裡的時間愈來愈少，甚至還與家人充滿了獨立情緒的衝突及文化價值的對立。此時同儕團體可提供慰藉、支持與了解，助其認識問題、發現自我、確定目標，點燃未來的希望。當然，此一階段的同性交往與異性關係，更是日後成人社會生活的基礎。同儕人際關係的特性如下：

1. 地位平等性：與成人相處時，青少年多處於附屬地位，但在同儕關係中，彼此地位平等、較能相互學習。

2. 心理的自由性：同儕間不存在被迫接受的成人權威，因此彼此容易表達個人價值觀點，探索自己在團體中的關係與地位。

3. 接觸密集性：青少年喜歡接觸同儕團體，因此常花許多時間相處或從事有共同興趣的活動，談論彼此有興趣的話題。

4. 充分互動性：同儕彼此接觸密集，而且話題較不受限制，彼此溝通頻率高。

5. 關係密切性：因為接觸頻繁且與同儕團體溝通的話題較不設限，因此有困擾時，會優先考量彼此為傾訴的對象。

6. 相互接納性：由於有共同興趣、話題與密切關係，更能彼此認可、相互了解與同理對方感受。

7. 團體的從眾性：青少年重視同儕。同時，同儕團體也會對青少年有順從與制裁的壓力。因此，青少年團體會有從眾行為的現象。

三、同儕人際關係溝通技巧

　　青少年同儕學業與社交適應，是兩大主要壓力來源，東、西方皆然。學生在校內還得面對社交挑戰，有可能受委屈或被欺負。加上現今網路社交媒體盛行，青少年更疲於應付人際關係，不只要常關心自己貼文的按讚數確認人氣，也得擔憂遭受網路匿名攻擊。以下就青少年的壓力徵兆以及同儕人際關係溝通原則與技巧，分別敘述：

（一）四種壓力徵兆

　　觀察青少年是否壓力已破表，其實在身體與行為上都有跡可循。如以下徵兆：

1. 身體：頭痛、噁心、睡眠障礙、疲勞。

2. 情緒：不耐、急躁、易怒、悲觀。

3. 認知：無法專心、記憶力減退、容易擔憂、較明顯的焦慮反應。

4. 行為：飲食習慣改變、愈來愈孤僻、咬指甲、無法完成每日應做的事。

（二）同儕溝通原則

　　建構同儕和諧的人際關係可掌握四個原則：

1. 尊重：尊重自己的想法，也尊重他人的想法。

2. 學習溝通技巧：用積極、正向的溝通，學會表達自己的感受和想法。

3. 加法原則：多發現對方的長處與優點，欣賞對方的好。

4. 主動關懷：「施比受更有福」，發自內心真誠關心周遭的人。

　　人際之間的相處，是一生的功課。不管多麼親近、多麼了解，相處一段時間之後，難免會有想法和意見上的不同，畢竟大家來自不同的家庭成長背景，彼此能否相互接納、欣賞是非常重要的。

（三）同儕溝通技巧

　　在談話革命（The Talking Revolution）一書中，作者羅森總結出七個溝通技巧，以便幫助人們改善交流技能、提升人際關係。

1. 要想被人理解先試圖去理解別人：在你開始發表意見或是挑剔別人的觀點之前，重要的是先徹底理解對方的想法，充分理解他們所說的話。

2. 讓對方明白你理解：我們與人交流是尋求被理解，所以先好好聽，表明你理解了對方的話。一旦你弄清了對方的見解，要向對方顯示你聽到了，並且明白他們的意圖。你可以用「正是」或者「你說的再清楚不過了」這樣的話，讓說話人明白你絕對理解對方的意思。

3. 聯手找到解決方案：如果能認真聽別人講話，那對方就知道你真的理解了。它有時可以啟發新見地。這是相互傾聽和反饋的效果，而不是單獨一個人能想出來的解決辦法。

4. 打破陳規：每個人都有自己的講話習慣，有時連自己都不知道。比如，在別人講話時你可能沒用心，或是你自己講話時滔滔不絕，讓人插不上嘴。審視一下自己有沒有類似的習慣，如果有，看看能不能改進。還有，把注意力放在傾聽和理解別人身上。

5. 不要以批評別人為目的：傾聽是為了理解，並不是為了攻擊別人。有些人會傾聽別人講話，但是他們這樣做的目的是為了能更好地批評別人。要想相互理解，最好不要把傾聽當作攻擊對方的武器。

6. 熟能生巧：你可以和同儕朋友一起主動練習這一技巧，讓兩個人坐在一起，並讓他們很快找到一個雙方有分歧的話題。然後，讓其中一人認真傾聽對方的觀點和感受。這可以讓這些人認識到能夠有人認真聽你講話多麼不容易。

7. 選擇交流的適當管道：面對面交流應該是最好的形式。電話交流缺少當面觀察的機會，全靠聲音傳達信息。短信交流，只有文字，連聲音都沒有。如果使用匿名的社交媒體進行交流，溝通管道就更狹窄，而且很容易產生誤會，甚至更糟。因此，應當盡可能選擇面對面的交流方式。同時，了解每一交流方式的優缺點至關重要。

四、如何協助青少年建立同儕人際關係

　　青少年的孩子需要同儕、友誼。但是，孩子能否與人相處愉快，關鍵在於他們是否了解並遵循人際往來的通則。有些會自動自發遵守這些通則，有些卻不把他們放在心上，因此容易迷失於人際交往情境中。

父母親擔心孩子在人際關係上得不到友誼，也會擔心孩子在學校裡的同儕關係不佳。協助孩子與人相處時，請記住以下原則：

（一）同儕溝通技巧 —— 主動找孩子的班級導師談一談

老師每天看著孩子的一舉一動，能提供在學校人際關係的重要訊息。

家長在家裡看到的可能不是孩子在學校的樣子。如果想幫助孩子學習與人建立更好的關係，需要知道他們在學校與同儕相處的真實情況。

（二）安排讓孩子練習與同儕相處的機會

讓孩子練習如何與同儕相處，通常意指為孩子安排與別人有相處的機會。最好一起從事計畫好的活動，例如一起打球或者一起吃飯。

協助孩子在校外找到可能與他作朋友的孩子，例如教會或某些特殊興趣社團的同儕；或者讓孩子與家族中的年紀相近的堂（表）兄弟姊妹相處，或許他們會比學校的孩子更能包容、接受。讓更懂得社交技巧的表親與孩子一起活動，給予歸屬感，有助於孩子在人際關係上的表現更適切。

（三）讓孩子慢慢來，身為教練不要心急

教孩子學習人際關係的技巧，最好是循序漸進。一下教太多、太快，孩子可能不耐煩、焦躁。對很多孩子來說，學習交友方法需要花一些時間，也需要經驗，才能精通交友的技巧。孩子必須不斷地接觸與練習，在遇到一些特別困難情況之前，父母就能提醒孩子解決方式。

（四）面對孩子的表現，表現出你的信心

教導人際往來時，將焦點放在孩子成功的表現而非失敗上。有一點的進步就要讓他記得這樣的成就。有時孩子會因自信不足，而深信自己被排斥的遭遇不會改變，將無法改善他的人際關係。當孩子覺得每個人都不喜歡跟他做朋友時，身為父母要去傾聽、同理，試著了解他的觀點，要表達你的自信，相信孩子可以解決這樣的困境。

（五）強調交友的原則是友善

交友的核心原則是友善與禮貌，強調彼此對談與傾聽、尊重與照顧，互相伸出援手。教導孩子與人相處時，父母務必做到的就是重視友善，包含不容許手足間的粗暴行為出現，讓孩子知道言語及行為可能對他人造成衝擊。讓孩子體驗到付出的快樂，避免欺負別人；就算不同意他人，也應表示了解對方的想法。當孩子有一些值得讚美的行為出現時，也不吝於誇獎。讓他看到與人相處應有的最好示範，就是最好的教導。

交友問題常令處於青少年階段的孩子痛苦。當受到其他同儕排斥、嘲笑或忽視，會令他們覺得寂寞、孤單。如果孩子社交能力不足，其影響力可能延續到他畢業後，甚至傷害他生活的每個層面。

PLUS+ 為什麼有些人親和力這麼強？原來他們靠 5 招提高「社交智商」

德國西門子（Siemens）企業服務部的訓練主管喬・山塔那（Joe Santana）指出：「面對快速變遷的競爭環境，未來工作者最重要的 3 大課題是：不斷學習新事物、學習新技能，以及建立新關係。」而新關係的建立，往往依靠的是出色的社交能力。要能有效培養自己的社交能力，必須掌握 2 大重點：一是個人的親近度，二是閒聊（small talk）技巧。

增加親近度的五種方式

1. 微笑是最好的社交工具：臉部表情是最重要的溝通媒介，微笑的時機也很重要。不要一見到人就立即給對方一個微笑，這樣會讓人感覺很制式。

2. 別讓壞情緒進門：人們一旦感受到不好的情緒，會立即產生防衛心理。所以進入任何社交場合前，請先深呼吸，平息自己的情緒，否則其他人很容易就能感受到。

3. 展現自信的肢體語言：自信的肢體語言可以讓你在人群中更突出，讓別人更容易注意到你。

4. 不著痕跡地凸顯自己：可以搭配別具特色的小配件或飾品，能讓人注意到你的獨特，甚至可以成為閒聊的話題之一。

5. 獨自行動才是上策：獨自一人站著時，別人會覺得找你聊天較不易被拒絕，所以和朋友一起出席某個社交場合時，應該獨自一人四處走走，較易吸引人來攀談。

（引用自 https://www.cw.com.tw/article/5119162）

10-2 從青少女的八卦事件看社交問題

一、事件摘要

有一位朋友的女兒長得很可愛、笑容可掬，功課雖不是頂尖，但人緣還不錯，男孩子都蠻喜歡她，也常傳聞有別班男生想來告白。正好音樂課她跟一位長得很帥的風雲人物分在同一組，多了互動機會。

音樂課規定，每一組要籌備一小段十分鐘的音樂節目，任何形式、樂器不拘。風雲人物拉一手好琴，而朋友的女兒則從小學鋼琴，很自然就被湊成該組的主軸演出。相處時間久了，兩人下課總是自然而然地走在一起，說說笑笑，宛如一對。

女孩的閨密明顯感覺到女孩下課較少來找她，又看到她和風雲人物走得很近，說不清楚自己心裡是嫉妒還是羨慕？再加上每晚私 LINE 時，女孩都會把她和男孩之間的曖昧互動，毫不保留地跟閨密分享，讓閨密愈聽愈不是滋味。漸漸的，閨密對女孩愈來愈冷淡，而這冷淡的感覺，從兩人之間蔓延開來，女孩發現好幾個原本還不錯的女同學都不太搭理她，看她的眼光都帶著不屑，背地裡開始有了八卦傳聞。

二、問題分析

青少女的社交世界有幾個微妙又較為負面的心理元素：羨慕、嫉妒、恨。八卦事件像是照妖鏡，會讓這些潛伏的微妙元素攤在陽光下，化為拉攏、結盟、排擠、孤立等社交招數。「排擠」是班級裡潛在的大問題，初期若無有效處理，可能引發後續嚴重的言語與肢體霸凌。

人與人之間隨時都有可能在暗中較勁，如果自覺擁有的資源與受到的矚目差不多，頂多就是你偶爾羨慕我、我偶爾羨慕你，算是達到平衡的狀態。但是，如果其中一人受到的矚目與資源明顯高於另一人，那麼「羨慕」的強度就會增強成為「嫉妒」；而如果嫉妒心沒有轉化成提升自己的正向力量，或者無法適度的調整心念，內心的落差感就會浮上檯面，「嫉妒」就會惡化成為一股力道強勁的「恨」。

處理的方式，可以由被孤立的女孩誠懇地將閨密約出來，試著用最客觀的方式來敘述這段時間發生的事情：

1. 我們本來是好朋友，但這陣子我們不僅沒有互動，我還聽到很多對我的批評。

2. 表達對這個事情的感受，這個事件讓我失去你這樣一個好朋友，我覺得很可惜，很遺憾。聽到一些好友的批評，這讓我覺得很受傷、很屈辱。

3. 提出對彼此友誼的期望，或是怎麼來解決彼此的衝突：「我很珍惜和你過去的那段時光，我希望我們能夠像過去一樣，還是好朋友。如果我有什麼地方讓你看不慣，希望你告訴我，讓我有機會改變。」

　　面對彼此的誤解與衝突，溝通的步驟通常有以下三個步驟：

　　步驟一：敘述發生的事情

　　步驟二：表達這件事情帶來的感受

　　步驟三：提出期望與解決的方法

　　當然，自己誠心想要溝通，對方就得善意回應，最後應該要喜劇收場才對。但是，人與人之間難免少不了複雜難測的負面競逐心理，帶著誠意去溝通，最後很可能鎩羽而歸也不意外。

三、問題討論

1. 請找出女孩和閨密關係生變的原因？

2. 針對與閨密間的溝通，有什麼方法？最後的結果會如何？

四、學習筆記

10-3 粉絲爭寵鬧翻最後走上絕路

一、事件摘要

2016 年時，在台北市一間五星級飯店發生一起憾事，27 歲吳姓女子房客不滿與黃姓友人愛上同一位偶像男歌手，對方複製、下載她的私密影片、照片等檔案，威脅要公開隱私，讓她忿忿不平，選擇穿紅衣輕生，宣稱是被友人逼上絕路，房內桌上還放了數張和偶像歌手的合照。

吳姓女子和黃姓友人都是重量級歌手的歌迷，兩人頻繁現身後援會活動，漸漸和偶像熟識，偶像歌手私下對吳姓女粉絲接觸較多，吳姓女子也曾受邀到明星家裡參觀，並自拍多張照片。這引起了黃姓友人的嫉妒，批評她已有男友，怎能和偶像過度親暱，言語不合產生嫌隙，在極度不滿的情緒下，黃姓友人威脅吳姓女子，要她離開偶像男歌手遠點。否則，就要在網上曝出她和歌手的親密照。

據警方勘驗，吳女手機發現多起她跟黃女的爭吵紀錄，兩人疑不滿對方「搶愛」該歌手，爭吵後，最終吳姓女子受不了壓力而自殺。

《自殺，不能解決難題；求助，才是最好的路。求救請打 1995（要救救我）》

二、問題分析

「被偶像吸引的時機、因素」多半會在自己覺得「困頓」的時候，發現可以分散壓力、投射「嚮往之情」的對象。例如課業繁重，覺得很悶的時候；工作上遇瓶頸，沒有成就感，人際關係不理想，感到苦悶，沒耐心，在這種節骨眼，第一個吸引她們目光的就是明星帥氣的外表！他們的專業表現（如演技、台風等）就會是尾隨而來的第二波吸引力。

粉絲對粉絲的關係及相處模式，最容易在平日生活中聚集的是網路社群。大多數粉友基於熱愛同一位偶像，彼此會為「竟是因為他才認識彼此」而生出「有緣千里來相會」的情誼，但也很容易隨八卦起舞、迷失在流言中。

（一）粉絲的瘋狂力量

吳姓女粉絲是偶像歌手後援會的人也是鐵粉，只要有活動要報名參加，她都是第一人，粉絲的力量是巨大的，也是瘋狂的，不論國內還是國外皆然。粉絲對偶像的直覺熱愛常是不可「理喻」、難以解說清楚的。

（二）朋友間的嫉妒和爭寵

吳姓粉絲的遺書，除了對父親致歉、要家人保重外，更以自己鮮血書寫要黃姓閨蜜「下地獄」，怨恨之意十分深重。遺書寫下「霸凌是多麼可怕的兩個字」，「偷拍偷存我私人檔案的好朋友，口口聲聲說的真心太噁心了。你永遠都要記得，你是怎麼敲敲打打幾個字害死一條人命。」

（三）偶像歌手的回應

偶像歌手透過經紀人表達哀痛之情，表示歌手對於吳小姐的往生感到遺憾和痛心，但基於對其家人以及她個人隱私的尊重將不會有其他的回應。

作為公眾人物，偶像歌手私下與粉絲互動也需要避免有超越分際的行為，以免衍生不必要的憾事發生。

三、問題討論

1. 好友同儕因為志趣相同又追同一個偶像歌手，當兩人有了爭寵和嫉妒心，到底應該如何溝通才能避免因嫉妒產生霸凌而導致發生憾事。

2. 「被偶像吸引的時機、因素」多半會在自己覺得「困頓」的時候，發現可以分散壓力、投射「嚮往之情」的對象，如何平衡地與「偶像」相處？

四、學習筆記

第1堂
第2堂
第3堂
第4堂
第5堂
第6堂
第7堂
第8堂
第9堂
第10堂
第11堂
第12堂
第13堂
第14堂
第15堂

10-4 從電影《奇蹟男孩》看兒童社交如何突破困境

一、事件摘要

《奇蹟男孩》
預告片

兒童社交是一場微妙而複雜的成長體驗，電影《奇蹟男孩》講述一個因先天患有「崔契爾柯林斯症候群」（Treacher Collins syndrome，簡稱 TCS）、身陷社交困境的孩子奧吉，如何面對自己、偏見與衝突，收獲愛、友情與自信的故事。

男孩奧吉因為罕見基因造成了面部天生的不完整，經過幾十次大大小小的手術之後，才能夠和正常人有一樣的身體機能。奧吉需要戴著太空人頭盔出門，但起碼不會被人盯著看，儼然成了奧吉出門的必然方式。

奧吉 10 歲時，父母將他送到一所學校和同齡孩子一起上五年級，到了學校，奧吉必須脫下頭盔，從成百上千的學生中走過去。奧吉與一般孩子不同的外表讓他承受了很多異樣的目光，並得在校園與校長、老師以及性格迥異的同學們相處。他不尋常的外表讓他成為同學們討論的焦點，也受到很多嘲笑與排斥，給他的校園生活帶來了不少糟糕的體驗。但奧吉憑藉自身的樂觀勇氣、善良、聰敏，漸漸的影響和激勵了身邊的很多同學，逐漸收獲了友誼、尊重和愛，最終成為了一個生命「奇蹟」。

PLUS+ 崔契爾柯林斯症候群

又稱為「下頜骨顏面發育不全」、「無臉症」，是一種臉部骨骼發育不全的先天性缺陷。患者通常有下巴短小、沒有顴骨、聽力逐漸喪失、嘴巴變形，發音模糊不清等多重障礙。

在每 2 萬 5 千人到 5 萬人裡，大概會有一個人患這種病。更令人無法想像的是這種疾病為染色體顯性遺傳，也就是爸爸媽媽中只要有一位患有此症，其寶寶們不分男女都有 50% 的機率會得此病。如果不幸遺傳，症狀可能跟父母一樣或者更嚴重。

二、問題分析

（一）為孩子的友誼提供支持

　　成為孩子的親密朋友，並且能夠為孩子的社會友誼提供良好的示範，接納和喜歡孩子的朋友，是父母能為孩子的社交生活所做的最重要的事情。奧吉有兩個好朋友，薩默爾和傑克。當傑克去奧吉家裡玩時，奧吉的爸爸陪著他倆一起打遊戲，無論他倆在家裡打鬧還是追趕，媽媽都提供了場地和不打擾。和孩子身邊的朋友建立友好的關係，對他們表示關注和歡迎，這些人，會更加願意成為孩子的朋友。

　　影片裡青少年們微妙而激烈的社交關係的變化，成長過程中的冷眼、誤解、謊言、迷惑……卻是真實的社交生活呈現。會被人嘲笑，被人排擠，也會被人疏遠，被人利用，這是我們的孩子正在或也將要經歷的感受。每個人所處的年齡段與環境不同，擁有各自不同的內心態度，被情感影響著的想法，成年人不同的反應導向的不同結果。

（二）親子關係奠定孩子的社交基礎

　　孩子個性內向，所以不擅長社交，真正對孩子社交能力發展影響最大的，不是個性，而是親子關係。

　　「奇蹟男孩」奧吉是幸運的，他一出生就得到每個家人全心全意的愛與呵護，這種情感，滲透在日常生活的無數次互動中。

　　嬰兒生命中的第一份依附關係的好壞將深深影響他們如何與朋友相處、在學校作何表現，以及如何應對陌生環境。這第一份友誼成為了未來人際關係的模版。一個家庭的互動方式將最終成為孩子面對社會社交時的縮影。孩子通過與養育者之間無數次的微小互動和交談，形成了他對自己和他人的內在認知，這種認知將構成兒童日後處理各種人際關係的基礎。

　　孩子們維繫友誼的基本條件——堅信自己很好，並且也相信朋友們很好，建立起「他人喜歡我、願意與我交往」的內在模式，也養成了「我是值得關愛的人，我可以信賴他們」的自我意識。這是奧吉可以在學校去面對嘲諷、勇敢冷靜、不妄自菲薄、收穫友誼的關鍵條件。

兒童心理學家麥可‧湯普森博士在《朋友還是敵人——兒童社交的愛與痛》這本書中說，親密的朋友能為我們提供感情支持，孩子們從朋友那裡獲得安全感，才能去探索新的領域。對於父母該如何對待孩子的朋友，湯普森博士提供了具體的建議，他說：

當孩子的朋友來家裡時，我會爭取做到以下三件事：

1. 嘗試和他們打招呼，與他們建立關係。

2. 在他們玩耍的過程中，找機會直接告訴他們，我很喜歡他們來我家。

3. 家長來接孩子的朋友時，在家長面前表揚他們。

三、問題討論

1. 父母言行影響孩子的社交態度，家庭如何引導孩子對待弱勢群體，看見別人的需要，如何真正贏得友誼。

2. 學校校長與老師如何給孩子們提供真正的純真與善良的學習環境，維護孩子們的樂觀與積極？

四、學習筆記

10-5 室友不能強求變朋友

第1堂
第2堂
第3堂
第4堂
第5堂
第6堂
第7堂
第8堂
第9堂
第10堂
第11堂
第12堂
第13堂
第14堂
第15堂

一、事件摘要

　　在某一所公立大學，新生分發宿舍，小羽和其他三個來自不同城市的同學成為室友，大家都是高中時期的佼佼者，有學霸、英語達人、小作家、運動健將等，各有一技之長。慢慢的四個室友漸漸形成同步的作息，開始互相體諒對方的習慣，忍受對方的缺點，大部分時候大家都和諧得像一家人。

　　直到有天，小羽和其他室友一起去面試了一份兼職，最後只有小羽一個人被錄用，從此小羽成了宿舍裡最忙的那個，忙社團、忙兼職、忙著參加各種有趣的比賽。變得很忙以後的小羽，常常缺席宿舍的集體活動。漸漸地，小羽發現很多時候室友們出去玩的時候都不會叫她一起，她們一起報團參加活動也不會通知她，明明四個人都在宿舍，到吃飯時間，其他三個人笑呵呵地說起等會要去哪個餐廳吃什麼，卻沒有人問小羽要不要一起出去吃飯。每當室友們聚在一起聊天的時候，她湊過去，聊天就會戛然而止。很多時候，小羽在宿舍裡興沖沖地和室友分享她最近遇到的趣事，卻沒有一個人回應她。

　　小羽想不通為什麼，她隱約覺得是那次兼職的原因。可是她沒法放棄那份兼職，畢竟她的家境不是很好。小羽覺得一定是她「冷落」她的室友們太久了，於是她儘可能減少參加社團的活動，和她們一起去逛街，一起去看電影。可是在電影院裡，她看著大螢幕，卻怎麼也沒辦法發出像室友們一樣的笑聲。

　　有一次，小羽室友過生日，她買了一個蛋糕，祝她的室友生日快樂。小羽的室友也和她約好，等她晚上兼職結束後再一起慶祝切蛋糕。但沒想到，小羽兼職回來時，室友們已經在吃蛋糕了。宿舍裡熱熱鬧鬧的歡聲笑語，小羽打開門的那一刻，她的室友們只看了她一眼，但沒說一句話。

　　那一晚小羽的心情非常低落，偷偷地躲在被窩裡哭了很久，連聲音也不敢發出來，就怕被室友們嘲笑。

從此以後，小羽不再嘗試去融入宿舍這個團體，她開始把所有的精力都投入到學習，以及她感興趣的比賽中。如今的小羽，拿各種比賽的證書、獎學金，和志同道合的人做朋友。

二、問題分析

大學室友是隨機分配的，一個宿舍相處的好，他們追求的理念一定不能有太大的偏差，如果因為偏差大到無法磨合，就不要勉強，不是所有人都能成為朋友的，當你發現自己沒辦法和室友成為朋友，那不一定是你的錯，很多人只是短暫地出現在你的生活裡，在你日後燦爛的人生，他們其實不足一提。

人與人之間大多是競爭的關係，有時候總得要分出高下優劣甚至比個你死我活。而如果用「競爭」的視角來看待人際關係，就不可能擺脫人際關係帶來的煩惱。很多人因為怕被貼上「不合群」的標籤，強迫自己跟不喜歡的人相處，最後發現，三觀不合的人不管怎麼努力都無法做朋友。

三、問題討論

1. 小羽和其他室友一起去面試了一份兼職，最後只有小羽一個人被錄用了，從此室友關係開始有了變化，你認為小羽需要為保有室友的友誼而放棄兼職嗎？

2. 小羽可以用什麼方式來處理室友的關係，打破僵局，創造正向溝通，即使對方的反應不如預期，或與自己的想法有所衝突，一對一或一對多？

四、學習筆記

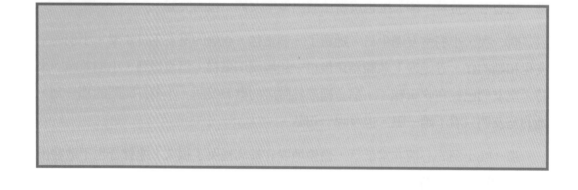

PLUS+ 12 個與室友相處的秘訣

1. 制定、遵守規則：和室友一起訂立居住規則。達成共識之後，就可以慢慢享受與室友生活的樂趣。

2. 了解國家文化：室友可能來自不同國家，可能出現語言不通的情況，文化差異更有機會帶來不便。但能學到和外國室友相處，還可以接觸新的食物、音樂和詞彙。

3. 充足睡眠：必須互相尊重對方的睡眠時間和習慣。如果你想通宵煲劇或睡不著想聽音樂，可以戴上耳機，享受你的私人時間也不會吵到室友，那就 win win 雙贏！

4. 耳機＝和睦：你可能覺得大聲播放音樂才是至高享受，但不代表你的室友也一樣。

5. 尊重彼此的作息時間：和你的室友交換時間表，方便大家安排活動、會議、做功課的時間。

6. 預留私人空間：如果室友戴著耳機，拿著電話，可能不是一個和他談話的好時機。

7. 分享：會有各自的衣櫥或書桌，但如果你有一包曲奇餅，不妨分一塊給你的室友。

8. 注重清潔：請留意衛生整潔，你永遠不會知道朋友、家人、房東什麼時候到訪。

9. 邀請朋友作客前要先通知：通常住處不能容納太多客人，所以每次邀請客人前，都應該先通知你的室友，尤其是有要過夜的朋友，並要求朋友遵守屋裏的規則。

10. 廁紙守則：用完最後一格廁紙順手換一卷，世界都更美妙！

11. 多溝通：和其他人生活需要多坦誠溝通，對生活習慣有意見就須適時提出。

12. 享受經歷：要與一個素未謀面的人共處一室肯定很緊張，但你有機會認識到不同背景、國籍的人，甚至成為一輩子的好朋友，請盡情享受與室友相處的經歷！

(引用自 https://www.ef.com.tw/blog/language/15_tips_to_get_along_with_your_roommate/)

課後討論

1. 請說明同儕人際關係的定義。

2. 請說明同儕人際關係的特性。

3. 請說明同儕人際關係的溝通原則。

4. 請說明如何協助青少年建立同儕人際關係。

5. 請分享個人目前的同儕人際關係。

第11堂

校園的人際關係與溝通

校園的人際關係包括五種：校長與教師、教師與學生、教師與家長、教師與教師、學生與學生。建立合理的校園人際關係，營造民主而溫馨的校園氣氛，才能促進整體教育目的進步。

由於時代的變遷，傳統文化道德不再能有效規範當前的師生關係，取而與學生相處的關係則變成「專業的領導關係」，也更能獲得學生尊敬，同時減少在師生關係上的衝突情形發生。由於社會大眾對教師角色的期望不斷擴增，使得今日的教師必須扮演傳統以外更為積極與複雜的角色。

| 本堂內容概要 |

寢室關係僵持冷戰

　　大學同寢室的室友為維護清潔排了值日表，但每次輪到可林，她老是拖拖拉拉不打掃，每次打扮漂漂亮亮出去約會，把髒的內衣褲往抽屜裡塞，大家實在忍受不了，眼看垃圾桶都滿出來了，誰都不想管，任由它發酵散發氣味，甚至有人因此而要求要換宿舍。

　　其他輪值打掃的室友覺得自己吃虧，強烈不爽。有的室友不打掃是有事耽誤了，有的卻是偷懶，存著反正明天有人會倒的心態。終於最後有人忍不住發飆，開始提出批評，捍衛寢室的值日制度不容踐踏，應好好執行下去，否則怎麼稱得上公平？

　　可林我行我素，覺得一點小事幹嘛這麼計較，每天拖到很晚才回寢室，大僵持不下冷戰許久，氣氛僵到極點，都沒有人願意出來化解。

　　以下為大學期間對於維持寢室關係的建議：

1. 統一作息。尊重別人的生活習慣，適度退讓，在日常起居生活中給予包容和理解。

2. 不觸犯他人的隱私。不過分探尋室友的私事，未經得室友同意，切不可擅自亂翻其物品。

3. 不搞「小團體」。以平等的態度對待每一個人，不要厚此薄彼，不搞孤立，也不主動脫離。

4. 維護共同的生活環境。制定舍規，輪流打掃衛生，完成自己該做的雜務。

5. 學會分享。分享自己發現的美食，家鄉的故事，內心的想法

📝 學習筆記

　　當雙方都僵持不下時，自己先後退一步，即可海闊天空，達到和諧的結果。處理事情的態度端賴一念之間，在於我們用什麼角度去看待事物，如果我們都能以善意為出發點，事情就會產生完全不同的結果。維持各種人際關係，其實就靠日常相處中多一點為對方著想的善意。

11-1 校園人際溝通的概念

　　傳統的師生關係建立在「尊師重道」的文化背景。所謂「一日為師，終生為父」，學生尊敬老師，老師愛護學生，彼此建立深厚感情。由於傳統文化嚴密而有效地規範師生間的關係，因此極少、甚至不會出現師生關係危機。一位教師除了具備豐富學識外，若還有擔任「有愛心的慈母或有熱忱的教士」的志氣，便可說上是一位有熱忱的教師了。

　　由於時代的變遷，傳統文化道德不再能有效規範當前的師生關係，取而與學生相處的關係則變成「專業的領導關係」，也更能獲得學生尊敬，同時減少在師生關係上的衝突情形發生。由於社會大眾對教師角色的期望而不斷擴增，使得今日的教師必須扮演傳統以外更為積極與複雜的角色。

一、教師的角色

　　今日的教師必須扮演的角色比過去多元，比方說，他至少應該是：

1. 教學活動的協助者與評鑑者。
2. 班級氣氛的營造者與經營者。
3. 心理衛生的工作者與諮詢者。
4. 專業智能的研究者與發展者。
5. 學校行動的支持者與行動者。
6. 學校與家庭、社區的溝通者與協調者。
7. 社會文化的傳承者與導引者。

　　以上這些角色職責如果扮演得當，不僅有助於化解教師本身的角色衝突，更能俾益於良好師生關係維繫與發展。

二、避免師生衝突的方法

　　教師在學校中與學生相處不免會發生衝突，衝突的產生往往是因為不經意或不瞭解所產生。以下幾點可提供教師在校園中與學生互動所產生人際關係時，避免師生衝突：

1. 充分瞭解學生及其家庭背景。

2. 建立專業領導權威。

3. 與學生打成一片，但自身行為切忌類同於學生。

4. 勿強迫學生承認未經證實的行為。

5. 懲罰學生要有明確理由，並讓學生信服。

6. 切忌盛怒下懲處學生。

7. 同一事件勿重複懲處。

8. 勿當眾懲處學生。

9. 勿使用不當或諷刺的字眼羞辱學生。

10. 就事論事，勿涉及學生家庭背景。

11. 賞罰要注意公平原則。

12. 隨時注意學生受罰前後之反應。

13. 對於處理有暴力傾向的學生，必要時，宜以多對一的方式。

14. 充分掌握與利用各項輔導網路或社會資源，做好轉介工作。

　　師生關係的建立乃基於學生尊敬老師，老師愛護學生，彼此建立深厚感情。老師若能以「專業的領導關係」與學生相處，也更能獲學生尊敬，同時也可減少在關係上的衝突情形發生。

三、教師溝通八法：正向溝通

　　親、師、生若是三角形的三個頂點，連接兩個頂點的邊就是溝通的橋樑。當三角形的三邊等長的時候，才能創造出最大面積的金三角。當親、師、生的溝通對等順暢，才能建立三贏的最佳局面。

　　教師在工作場域之中，所接觸的除了學生、家長，還有同儕教師與行政人員，因此經常面臨各種不同的溝通課題。良好的溝通需要長期的經營，而在這個過程中，主動的一方通常能掌握主導權，將事件導向衝突或解決。因此，教師若能掌握良好的溝通技巧，將可以更有效的解決問題，使彼此的關係更加和諧，同時提昇教師在教學場域的成就感與價值感。

第1堂
第2堂
第3堂
第4堂
第5堂
第6堂
第7堂
第8堂
第9堂
第10堂
第11堂
第12堂
第13堂
第14堂
第15堂

教師的溝通八法：

1. 善用眼神、表情、肢體與聲音變化。
2. 鼓勵是溝通順暢的不二法門。
3. 幽默能四兩撥千金。
4. 適時表達出專業形象。
5. 積極傾聽弦外之音。
6. 善加運用同理心。
7. 用「情況描述」取代「主觀評價」。
8. 適時運用「我」訊息。

四、校園危機溝通基本步驟

　　最好的危機處理就是避免危機發生，這尤其仰賴透過事前理智的計畫來處理。以下為校園危機溝通基本步驟：

1. 未雨綢繆：自問自己是否已經有了應付意外危機的事前準備？

2. 協調：制定一份危機計畫，規畫數名負責人掌控工作分配，並設立回報機制，最後依照事前規畫的作法面對各方詢問。

3. 溝通：掌握哪些人是經常出現在校園的示威者、好戰份子以及活躍份子、意見領袖等，這些都是危機發生時的溝通對象，以及學校方表達觀點的發言單位。

4. 中間人：公共關係負責人需擔任兩方面的溝通中間人。

5. 評估：明天的計畫是昨日行動與活動計畫的評估結果，也是今日措施與程序的的修正成果。

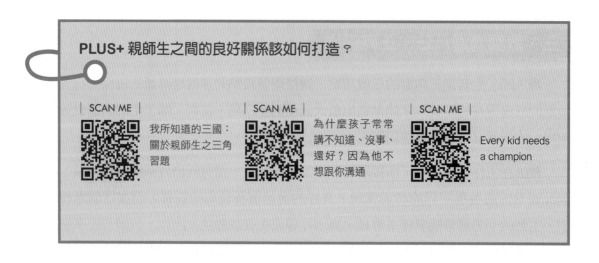

PLUS+ 親師生之間的良好關係該如何打造？

| SCAN ME |
我所知道的三國：關於親師生之三角習題

| SCAN ME |
為什麼孩子常常講不知道、沒事、還好？因為他不想跟你溝通

| SCAN ME |
Every kid needs a champion

11-2 當教師遇到直昇機父母

第1堂
第2堂
第3堂
第4堂
第5堂
第6堂
第7堂
第8堂
第9堂
第10堂
第11堂
第12堂
第13堂
第14堂
第15堂

一、事件摘要

　　直昇機家長（helicopter parent）是指過份保護或是干預兒女生活的父母，因為類似直升機一直盤旋在兒女身邊，故稱為直升機家長。

　　「少子化」及「教育改革」導致直升機家長的出現，也顯現現代父母內心對「完美小孩」（perfect child）的期待。親師溝通需要雙方一起努力，以夥伴關係相處，家長相信老師、信任學校，親師互動就會比較順暢。

事件 A

　　某國小有一位聰明且好動的男孩，他是許多科任教師眼中的頭痛人物，因為他雖聰明，但對上課不感興趣，因此他的聰明常用在上課時打擾他人的聽講。與家長溝通後，家長非但沒有糾正孩子的脫序行為，反而要求各科老師為這個孩子，單獨建立一份教學檔案，既要讓這孩子有進步，又要讓他因此產生學習興趣。家長並要求不得因孩子的行為，將孩子調換座位，以免被「標籤化」。

事件 B

　　另一個班級有一個孩子不願打掃，在安排打掃工作後的第二天，家長即到校要求將這個孩子的工作分配給其他同學，不讓他的孩子做掃地工作。

二、問題分析

　　直升機家長愈來愈多，要求也各有不同，但都有一個共同點，他們要求老師必須以他們的孩子為中心，要求其他同學必須為了他們的孩子多所忍讓。久而久之，孩子也就自尊自大了。直升機父母的增加帶來校園的質變。教育改革後，權力下放，家長積極進入校園，兩千年初期，台灣各縣市陸續規定家長會參與校園行政的權利，都會區家長對學校的參與尤深。

不少明星學區的家長具備「三高」（高學歷、高收入、高位階）條件，家長學經歷優於老師是普遍現象。一位校長無奈說，「許多高學歷父母好像認為，只要曾當過學生、念到博士，就懂教育。」

直升機家長常有以下作為，干擾教師專業：

1. 直升機家長希望老師特別照顧自己的孩子，不考慮其他學生的感受，直接干預教師的管教態度，讓教師為難。

2. 直升機家長一味相信自己的孩子是好的、對的，當孩子有投機心理時，教師處理班級問題就會格外棘手。

3. 直升機家長常介入老師的考題、教學方式，成為老師的上級指導。

4. 直升機家長平日有事無事常到學校找老師，查問東、查問西，影響老師作息安排。直升機父母也常直接幫孩子收拾書包、蒐集資料、寫作業等等，影響到老師的教學目標與成效。

5. 自從零體罰規定納入教育基本法，且三讀通過後，台北市教師會理事長柯文賢認為，家長力量興起，動輒挑戰老師權威，不少老師為了避免麻煩，如今只教不管，以免惹禍上身，間接影響教學熱忱。

6. 若有一個甚至數個直升機家長在班上，教師除了應付這些家長外，還要處理其他學生的感受，以免全班風氣、氣氛受影響。

教師要面對的不只單一學生，直升機家長的行為只考慮到自己的角色而未體諒到教師的立場，讓教師從私生活到工作信念、方式都受到挑戰，因此教師遇到直升機家長時，必須盡快處理。

父母的教育方式及親子關係為決定教育成敗的重要因素，教師必須協助推動親職教育、健全家庭親子關係、改善父母教養方式，以增進家庭教育效果。同時家長也應尊重教師的專業知識和工作，與教師合作。

三、問題討論

1. 在校園中教師發現有同學被排擠，該如何處理？

2. 聽到學生開口罵老師或學生，老師應如何處理？

四、學習筆記

第1堂
第2堂
第3堂
第4堂
第5堂
第6堂
第7堂
第8堂
第9堂
第10堂
第11堂
第12堂
第13堂
第14堂
第15堂

11-3 大學教授遭控師生戀

一、事件摘要

　　○○大學哲學系副教授沈男遭畢業女學生爆料指控利用老師身份追求約炮，兩人發生性關係後，女學生才發現沈男有論及婚嫁女友，引發她的憂鬱症發作，女學生將這段過程寫下並放上網路，○大組成性評調查小組，沈男發表聲明表示會配合調查。

　　爆料女學生自稱是畢業○○哲學系，她在網路論壇匿名指控沈男，表示自己是他的地下情人，大四畢業前修沈男的當代法國哲學課程，沈男身為指導老師卻數次提出邀約，二人越走越近，最終在沈男的家中發生性關係。女方畢業後兩人仍藕斷絲連3年，女學生直到最近才發現沈男有論及婚嫁的女友，更在家中發現女友寫給沈男的情書，女學生憂鬱症發作，連下床都成問題。

　　校方則回應，在匿名發文後，哲學系已向性平會提出疑似性平事件處理，現正在調查中，沈男也發表回應，表示對惡意散播片面不實指控者將採取法律追訴，調查期間暫不回應質疑，也因事件造成的困擾向○大師生致歉。

二、問題分析

　　經○大性別平等教育委員會調查，認定當事人並無「約會性侵」與「權勢性交」。最後○大以「師生戀」違反教師倫理將沈男解聘。○○大學哲學系副教授沈男在面對○大性平會調查時，沒有掩飾他曾與指控方交往過的事實，且他非指控方的導師，其從進修部到日間部選修沈男的一門課程，亦非必選／必修課程，與其畢業門檻無關。

　　師生戀是指形式上有教學、指導、訓練、評鑑、管理、輔導關係之師生存在著戀愛關係。教師於執行教學、指導、訓練、評鑑、管理、輔導或提供學生工作機會

時，不得發展有違專業倫理之師生關係，當發現師生關係有違專業倫理之虞時，應主動迴避或陳報學校處理。

　　師生戀到底該不該禁止，或者一個年齡限制，從屬關係該不該談戀愛是一個很大的問題，因為這種戀情通常容易發生糾紛，理論上都是被禁止，不被校方接受的。

三、問題討論

1. 學校發現有疑似師生戀的情況，在還未發生校園性侵害或性騷擾事件時，性別平等教育委員會應討論勸阻、隔離、教育輔導當事人之適當措施，使當事人在互動時符合師生倫理。若已發生校園性侵害或性騷擾事件時，應為校安通報、113通報，性別平等教育委員會應討論勸阻、隔離、教育輔導當事人之緊急措施，並進行校園性侵害或性騷擾事件之調查處理。

2. 當老師察覺學生有過度親近自己，探問老師的感情狀態及私生活，有意無意地觸碰老師，逾越老師的身體界線，令老師覺得不舒服、被冒犯，在下課後或假日打電話跟老師聊無關課業的事情，在老師家附近遊蕩或獨自到老師家拜訪，老師應該採取什麼作法才能阻止學生的行為？你認為這樣的作法對學生的效果如何？

四、學習筆記

第1堂
第2堂
第3堂
第4堂
第5堂
第6堂
第7堂
第8堂
第9堂
第10堂
第11堂
第12堂
第13堂
第14堂
第15堂

11-4 從師生衝突探究溝通之道

　　對學生要有研究，只有瞭解學生的社會、家庭背景、個性差異、興趣愛好、心理變化、發展特點，師生關係才有良好溝通的基礎。教師只有在處理好矛盾衝突的時候，才能建立起好的師生關係。

一、事件摘要

　　江老師班上有一個凌姓同學脾氣特別不好，有一天，該同學和同學之間發生了衝突，老師非常生氣，利用中午時間把凌同學父親請來，在辦公室進行了溝通交流。下午的課已經上了將近 5 分鐘，這位凌同學大咧咧進來，沒有喊報告，嘴巴還一邊嘟嚷著。江老師不悅地說：「你怎麼搞的，來遲了不喊報告，而且還發出不該發出的聲音。」只見該同學歇斯底里地說：「怎麼了，我就是要遲到」、「我就是要打人」、「都怪你把我那該死的爸爸找來，他打我，我就去打別人。」江老師又教訓了他幾句之後，凌同學一激動就將桌子給掀了，拎著書包拔腿就跑出了教室。

　　原來凌同學的父母在他小的時候就離異了，但是平時父母親還是會嚴格控管他的學業。他的父親脾氣比較暴躁，加上母親以前就經常在他面前數落父親的不是，因此上了國中以後，凌同學對父親的管教明顯反應出反感和不滿。

二、問題分析

1. 衝突的原因主要是老師不瞭解學生的家庭背景，沒有取得家長的最好協作。教師對於比較特殊的學生是不是有必要進行提前家訪？例如在知道班級中有這樣一個棘手的「人物」時就率先瞭解學生的情況和家庭情況，對這個學生進行家訪，也許這次的矛盾和衝突也不會發生了。

2. 教師可適當地退讓，先照顧學生的情緒，讓他做一個適當發洩出來，方法上可以先「冷處理」，不過度干預他的發現過程。看他的心態平和下來後再用比較關心的語氣問為什麼遲到，可能比在氣頭上去問他的效果要好得多。

三、問題討論

1. 老師在處理學生情緒失控問題時，語言一定不能失控。在案例中雖然老師只是說了一句不算訓斥學生的話，為什麼凌同學會產生反抗的情緒？有無其他處理方式？

2. 在電影《放牛班的春天》裡，導演通過一群孩子和老師的相處方式，揭示了不同教育方式下形成的差別。「沒有教不會的學生，只有不會教的老師」，你認為這句話適用在現代嗎？

四、學習筆記

第1堂
第2堂
第3堂
第4堂
第5堂
第6堂
第7堂
第8堂
第9堂
第10堂
第11堂
第12堂
第13堂
第14堂
第15堂

11-5 從美國電影《八年級生》探討校園社交

一、事件摘要

美國前總統歐巴馬推薦的 2018 年最愛電影之一的《八年級生》，劇中講述一名八年級生凱拉在她初中畢業，即將升上高中前一週的種種尷尬難堪的社交經驗。這是一部揭示成長困惑的電影，被認為是值得所有父母反覆觀看的佳作。

SCAN ME

《八年級生》
預告片

電影《八年級生》劇中一名八年級生凱拉，她不擅長表達自己、不愛說話、也不善打扮，身材胖呼呼，還長著一臉青春痘，是美國社會最平凡的一名女生，在極度重視人際關係的美國學校生活中，一直是學校裡的「邊緣人」，因此在校園中屢受冷落甚至嘲笑排擠，連想好好表達自己的想法，都只能對著家裡的錄影機。

凱拉是千禧世代，除了煩惱平日人際關係，也必須在網路上經營自己，她製作了一個網路頻道，透過自己的失敗經驗教別人如何交朋友，走出舒適圈、如何變得有自信、怎麼面對長大這件事等，凱拉想要教導他人怎麼過生活，教大家什麼叫「社交」。其實是透過影像與自己對話，督促膽怯悲觀的自己更放開也更勇敢些。

在一個契機下，凱拉終於決定在升上八年級（相當於台灣學制的國中二年級）這年，努力改變自己的命運——她鼓起勇氣參加受歡迎女生的生日派對、和帥氣的男同學說話，逼著自己走出舒適圈，只要願意挺身面對都會有學習。

凱拉在經歷連串對自我與未來的不信任與否定危機後，終於找到走下去的力量，這份力量或許短暫，或許升上高中後又會因為人際關係沒有如預期的發展而再次萎靡、再次縮回到凱拉習慣的安靜角落裡，但至少這一刻的她，願意挺身面對未來。

二、問題分析

1. 在極度重視人際關係的美國學校生活中，不懂社交、不擅長表達自己、不愛說話、也不善打扮，會成為學校裡的「邊緣人」，在校園中會被冷落甚至嘲笑排擠，凱拉努力改變自己的命運，只要願意挺身面對都會有學習。

2. 對許多青少年來說，不能適應和同學之間的相處、無法和同學打成一片、孤零零地交不到朋友，會帶來極度羞恥、甚至痛苦難熬的感覺……這是人際關係障礙的社交困境。

3. 凱拉在自己經營的頻道上拍影片分享一些道理、想法和觀念，儘管人氣低迷、乏人問津，但她至少能說出自己想表達的話，從未遭受過團體排擠的人，就不會知道的傷痛，凱拉透過自己的失敗經驗教別人如何交朋友，其實是透過影像與自己對話，督促膽怯悲觀的自己更放開也更勇敢些，她學習接受自己肯定自我，找到自信與價值，且激勵到別人。

二、問題討論

1. 學校處理校園孩子們霸凌、排擠特定同學的情形，多半只是懾服於權威的「表面功夫」而已——孩子們並不會因此就從心理上重新接受被排擠的對象，情況甚至會因帶頭霸凌者「被告狀」的憤怒，而變得更糟糕。如何避免這種情形發生？

2. 不論在台灣或美國，多數人都會認為不友善的言語霸凌或刻意孤立排擠，只要告訴學校老師，事情就會解決，這樣會被妥善對待與處理嗎？建議做法為何？

四、學習筆記

課後討論

1. 請說明避免師生衝突的方法。

2. 請說明校園危機溝通基本步驟。

3. 請說明何謂直升機家長以及其可能在溝通上帶來的衝突。

4. 請分享個人在校園環境中的溝通曾出現過什麼困難。

第1堂
第2堂
第3堂
第4堂
第5堂
第6堂
第7堂
第8堂
第9堂
第10堂
第11堂
第12堂
第13堂
第14堂
第15堂

第 **12** 堂

親密的人際關係與溝通

　　隨著年齡增加，為了尋求和自己心靈契合的人，人際關係會有發展親密關係的需要，這是人類自然的表現。兩性間的交往，有很多功課必須學習，首先要懂得包容與尊重，尤其親密關係的建立是基於互相信任及互相尊重的磐石上，若是失去了互信及尊重，不僅容易造成傷害，也容易違反法律。

| 本堂內容概要 |

情境學習

當哈利遇上莎莉

　　〈當哈利遇上莎莉〉是 80 年代浪漫愛情電影的經典之作，劇中莎莉和哈利一開始彼此看不順眼，莎莉個性難搞又挑剔，哈利則是典型男性自大狂。莎莉大學畢業後，莎莉搭哈利的車前往紐約打拼，兩人對生死、政治、性愛……每段對話都找不到交集，十六個小時的車程，雙方幾乎都在爭吵與無奈中度過。

　　五年後，哈利與莎莉在機場短暫相遇，哈利是政治諮詢員，即將走入婚姻，而莎莉任職傳播界，有個交往一個月左右的男友。時間再過五年，兩人的愛情都走入終點，哈利離婚、莎莉分手，兩人都畏懼與他人展開新戀情，結果竟成了無話不談、相輔相成的好朋友，但不來電讓兩人沒有進一步交往的打算。

　　後來哈利遇上前妻、莎莉接到前男友即將結婚的來電，在劇情的最高潮——兩人發生性愛關係了，但這又把兩人的關係推回原點。

　　電影最後結局是哈利年終倒數時淒涼地在空曠的曼哈頓獨行，莎莉在熱鬧的派對上同樣感到孑然一身，孤獨的兩個靈魂這才明瞭彼此的愛情其實早已經有堅實的友情（而非一見鍾情）為基礎，兩人埋怨彼此為何當時不肯結婚或者是相互珍惜，只能說沒有在對的時間遇上對的人，許多感情的經驗成了一種試煉。

| SCAN ME |

愛會一直持續嗎？關
於相伴的必修課！
（資料來源：文森說書）

學習筆記

　　兩性愛情的發展，先從友情出發，相知之後慢慢演變成愛情，也就是先把性與愛情切割開來，這是穩定關係與能否長久走下去的一個基礎。兩人不同的想法和觀點，透過雙方的溝通增進彼此的信任，交換對感情的看法和感受，從互動中了解彼此是今生最愛。

12-1 親密人際溝通的概念

一、性別的生理功能與社會認知

（一）性別的生理功能

兩性在出生時的體重與體型，就有典型上的差異，男嬰一般會比女嬰大一些，但在十三、四歲之前，兩性的差異非常微小，直到女性的青春期因為平均比男性大約早兩年開始，女生在這兩年間的身高與體重，才會超過同年紀的男生。

青春期後，兩性身體構造出現轉變，女性肩膀較窄，較難發展上半身力量，而骨盆大使髖骨比較突出；男性則有著較窄的骨盆、較寬大的肩膀、較有動力的心臟血管與較強的肌肉力量，然而，柔軟度則相對女性較差，不耐寒冷且拙於漂浮水中。

一般人也認為，造成性別上生理差異的主要原因有兩個：其一是基因所造成；其二是人體內分泌的關係。傳統實證醫學論述認為，人類的「性染色體」決定身上的一切特質，而以 X 或 Y 染色體終極決定個人成為男人或女人。也就是說，從染色體到成為男人或女人之間，會呈現「必然及一致性」的關係，也因此男性與女性所表徵出來的形象會大不相同。

（二）性別的社會認知

兩性在社會認知上有著不同的權利及義務，傳統的性別角色強調男女兩性各具有不同的特質，應該各自扮演不同的角色。男性具備的是工具性（instrumental）的特質，具有目標導向、自主的特質，例如具有邏輯性與攻擊性。女性具備的則是情緒性（expressive）的特質，例如人際、情感。

因為這些特質不同，男、女被預期扮演的角色也不同：男性主要角色是工作者，在家庭中，他們扮演的是供給者的角色；而女性因為深具情感的特質，她們主要的工作是留在家裡扮演妻子和母親的角色。簡單的將兩性的差異做比較，如表 12-1 所示。

表 12-1　性別在社會認知上的差異

男性	女性
工具性	情緒性
有助於個人自我	建立和諧
成長和事業發展	溫暖的人際關係
工作和供給	妻子和母親

（三）sex 與 gender

在英文單字裡 sex 與 gender 是有不同的意義，sex（性別）指的是生為男人或女人的生物性狀態，gender（性別角色）則是社會用來區別男女有所不同的非生物性特徵，如穿著、體態、言行、興趣、嗜好、工作人格特質等。

在性別角色研究的領域中，學者常從心理、社會學和人類學三個角度去探討，對其所下的定義也就有所不同。心理學者重視個體在發展過程中對性別的體認，範圍包括態度、動機、人際關係及人格特質的差異。社會學則偏重在社會化過程、兩性互動。人類學的角度則偏重在不同文化、生態環境的社會中，男女職位與工作的分化。

唯近代受西方的影響，形成經濟結構型態愈不依賴體力的社會，男女角色劃分的情形也愈來愈不顯著，特別是自動化、腦力工作及服務業的快速成長，現在很少有女性體力不能勝任的工作。此外，接受高等教育及專業訓練女性愈來愈多，一方面增加了女性的就業能力，一方面強化了女性就業的慾望。因此，在性的基礎上，雖男女不同，但在性別形象認定上，已漸漸不再有所差異。

二、親密的人際關係

當兩性進入青少年或成人期時，通常會開始發展生涯中較為複雜的一種人際關係，就是以愛情為主的親密關係，而親密關係的經營是人一生中的重要環節，因此在建立親密的人際關係前，應該先瞭解社會對於兩性所抱持有的觀念，方能去除偏見、尊重彼此的差異，建立一份平等互重的親密關係。

愛情是一種人與人間的親密關係，在愛情建立的過程中，兩個來自不同社會背景、成長歷程的人相處在一起，剛開始勢必會產生許多格格不入的現象，而從浪漫

第1堂
第2堂
第3堂
第4堂
第5堂
第6堂
第7堂
第8堂
第9堂
第10堂
第11堂
第12堂
第13堂
第14堂
第15堂

與爭吵的過程，很多人才學會付出、承擔的經驗，也在這些過程中，透過另一個人進一步來認識自己。

人在面對愛情時，很容易沉醉在被愛與浪漫的感覺，而忽略了健康的愛情得雙向付出，而不是一味地接受，卻沒有付出愛。尤其兩個個體來自不同的背景，有著不同的思考模式，因而對意念的敘述及解讀產生不同偏重。

心理學家馬斯洛在研究自我實現的人，他發現最大的特質就是自我滿足。根據他的觀察，自我滿足是那些自我實現的人，建立成功關係的愛情基礎。自我實現感較強的人，不像一般的情人那麼的彼此需要對方，他們可以極度的親密，也可以很輕易的分開。因此兩性間的關係，若未做妥善的經營，則往往無法有喜劇與溫馨的結局。

親密關係的交往，是有很多功課必須學習，首先要懂得包容，既然交往的目的在於結婚，那麼就要相互尊重與包容；縱然不是當成結婚對象，更是要尊重對方，不要彼此傷害，這是兩性關係的基本道理。如此方能認清自己追求的生活目標，培養積極正面的態度，控制個人的情緒及創造和諧。以下四點為經營愛情的重要觀念：

1. 相互認識：兩性交往不等於談戀愛，接觸對方不等於要與對方結婚，兩性的關係要像和同性相處般的自然。

2. 循序漸進，按步就班，比較理想的兩性交往步驟為如圖 12-1。

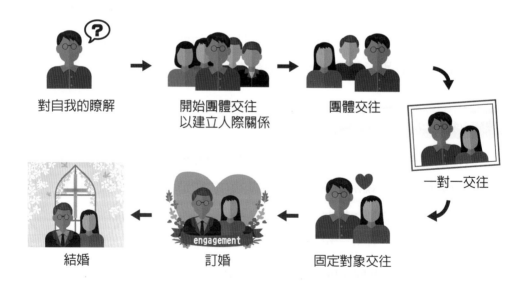

對自我的瞭解　　開始團體交往　　團體交往
　　　　　　　　以建立人際關係

一對一交往

結婚　　訂婚　　固定對象交往

圖 12-1　理想的兩性交往步驟

204

3. 婚前性行為停看聽：兩性交往的親密行為具有階段性，首先必須尊重對方，不可期盼短暫激情，因為只有肉體而無心靈相契的性關係是無法維繫長久的親密關係。

4. 感情無法勉強：單方面的強求只有帶來更多的苦惱，當自己覺得關係不適當時，可以以委婉堅定的態度表達自己尚不能深入交往，請對方尊重，如此不但能培養更成熟的個性，對於未來的兩性相處更能表現成熟穩健的吸引力。

三、性觀念與性行為

（一）性觀念

　　性觀念是「以認知為基礎的性態度」，董媛卿（1992）認為，行為的呈現起源於思考的結果，思考是認知過程的顯性，觀念是認知過程的隱性，觀念的確立是以往經驗的累積和認知整合的結果，一旦觀念確立了較不易改變，故協助孩子們確立正確的「性觀念」須趁早。因此性教育應始於嬰兒期，而學前幼兒性觀念的發展有性別觀念發展及性別角色認同發展兩個層次。在性別觀念的發展層次中，包含性別認定、性別固定及性別恆定等；而在性別角色認同的發展層次中，則包含性別角色刻板印象及性別配合，這兩個方面是可同時進行發展的。

　　因此，正確性觀念的建立與否、性觀念的正確與否對個人未來的性別人格發展及性行為有著很大的影響。根據一項非正式的全球「性」調查顯示（全球性行為調查，2001），我國第一次性經驗的年齡為 20.6 歲（總平均為 18 歲），這年齡正值我國大學生求學階段，但若在性知識普遍不足的情況下，涉入性行為所帶來的是未婚懷孕、墮胎、性病傳染的隱憂。

　　青少年期的性觀念，今日已受到歐美性開放的思潮所影響，人際關係也因性的態度改變而有所變化，特別是所謂「性伴侶」一詞，打破了傳統婚姻的界限，年輕人也因之將性的關係視為人際關係的一種。

（二）性行為

　　廣義的性行為分為八個層次，如拉手、摟腰搭肩、接吻、擁抱、輕度愛撫（腰部以上）、重度愛撫（腰部以下）、性交及和兩位以上異性性交等；狹義的性行為則是指男性陰莖進入女性陰道內的接合動作，即所謂的性交。

青少年對於性是好奇且易被吸引，特別是目前網路相當發達，網路性愛便油然而生，網路性愛活動可含括「性愛遊戲程式」、「網路上的情色圖片、影像」、「網路文字冒險類型性愛遊戲」（mud based games）、「電子郵件式的性愛及線上的性愛故事」、「線上性愛聊天室」等，而網路上整個男女交往的過程，可能成為雙方各種性愛交流的第一步，例如「電話性愛」、「網路一夜情」等。近年來，經由網路認識，進而邀約見面進行一夜情式的真實性交活動屢見不鮮，甚至於網路的色情交易的隱憂，也令父母及教育者憂心忡忡，若不以正當的宣導及管制，則產生的後續問題將是更令人難以解決。

（三）健康的性與愛

兩性的親密關係是為了尋求和自己心靈契合的人的需要，因此才進一步有了身體的親密接觸，這是人性的表現。可是在文化的壓抑和包袱之下，性成了一種禁忌或曖昧不明的東西，人們也習慣迴避，抑制性行為的發生。尤其，女性在我們的文化價值中，又被視為容易吃虧上當和受傷害的弱者，所以常可以聽到父母、師長對女生特別強調「男女授受不親」、「潔身自好」等貞操觀念。相反的，男生卻可以從坊間許多誇大渲染的媒體、色情刊物中主動尋求性刺激，造成兩性對性的認知與期望距離越拉越大。女孩子常是在半推半就，甚至無知的情況下，發生第一次的性關係；男性則是受到色情文化的刺激，對性行為與能力有過度浮誇的想像，而忽略了親密關係中最重要的愛與尊重。

因此，不論男女，第一步應要坦然面對「性」的存在，談論它、瞭解它，並且透過開放的溝通，瞭解雙方對性的期待與需求是什麼？其次，在面對「要不要做？」、「想不想做？」這些問題時，女性應該拋除「貞操觀念」的箝制，學習做自己身體的主人，先清楚自己的想法、意願，再做決定。甚至當女性本身有情慾的需要時，也可以主動向對方提出要求，畢竟一份平等互重的愛，應是兩個完整獨立人格的互動，沒有誰應該是永遠的主動與被動，雙方的需求也應同等的被滿足與接納。美好的性關係可以促進雙方感情的交流，但是女性不該將性或身體本身，視為一種感情交換的籌碼，因為一份品質不好的感情，不可能透過身體的交換就得以改善。

第1堂

第2堂

第3堂

第4堂

第5堂

第6堂

第7堂

第8堂

第9堂

第10堂

第11堂

第12堂

第13堂

第14堂

第15堂

PLUS+ 與親密關係有關的法律

法律對於兩性關係的行為規範，訂定以下的罰則方法：

刑法｜第十六章｜妨害性自主罪

第 221 條　強制性交罪

對於男女以強暴、脅迫、恐嚇、催眠術或其他違反其意願之方法而為性交者，處三年以上十年以下有期徒刑。前項之未遂犯罰之。

第 222 條　加重強制性交罪

犯前條之罪而有左列情形之一者，處無期徒刑或七年以上有期徒刑：

一、二人以上共同犯之。

二、對未滿十四歲之男女犯之。

三、對精神、身體障礙或其他心智缺陷之人犯之。

四、以藥劑犯之。

五、對被害人施以凌虐。

六、利用駕駛供公眾或不特定人運輸之交通工具之機會犯之。

七、侵入住宅或有人居住之建築物、船艦或隱匿其內犯之。

八、攜帶兇器犯之。

九、對被害人為照相、錄音、錄影或散布、播送該影像、聲音、電磁紀錄

前項之未遂犯罰之。

第 224-1 條

犯前條之罪而有第二百二十二條第一項各款情形之一者，處三年以上十年以下有期徒刑。

第 225 條　乘機性交猥褻罪

對於男女利用其精神、身體障礙、心智缺陷或其他相類之情形，不能或不知抗拒而為性交者，處三年以上十年以下有期徒刑。

對於男女利用其精神、身體障礙、心智缺陷或其他相類之情形，不能或不知抗拒而為猥褻之行為者，處六月以上五年以下有期徒刑。

第一項之未遂犯罰之。

第 226 條　強制性交猥褻等罪之殺人重傷害之結合犯

犯第二百二十一條、第二百二十二條、第二百二十四條、第二百二十四條之一或第二百二十五條之罪，因而致被害人於死者，處無期徒刑或十年以上有期徒刑；致重傷者，處十年以上有期徒刑。

因而致被害人羞忿自殺或意圖自殺而致重傷者，處十年以上有期徒刑。

第 226-1 條

犯第二百二十一條、第二百二十二條、第二百二十四條、第二百二十四條之一或第二百二十五條之罪，而故意殺害被害人者，處死刑或無期徒刑；使被害人受重傷者，處無期徒刑或十年以上有期徒刑。

第 227 條　未成年人

對於未滿十四歲之男女為性交者，處三年以上十年以下有期徒刑。

對於未滿十四歲之男女為猥褻之行為者，處六月以上五年以下有期徒刑。

對於十四歲以上未滿十六歲之男女為性交者，處七年以下有期徒刑。

對於十四歲以上未滿十六歲之男女為猥褻之行為者，處三年以下有期徒刑。

第一項、第三項之未遂犯罰之。

第 227-1 條

十八歲以下之人犯前條之罪者，減輕或免除其刑。

第 228 條　利用權勢性交或猥褻罪

對於因親屬、監護、教養、教育、訓練、救濟、醫療、公務、業務或其他相類關係受自己監督、扶助、照護之人，利用權勢或機會為性交者，處六月以上五年以下有期徒刑。

因前項情形而為猥褻之行為者，處三年以下有期徒刑。

第一項之未遂犯罰之。

第 229 條　詐術性交罪

以詐術使男女誤信為自己配偶，而聽從其為性交者，處三年以上十年以下有期徒刑。

第 229-1 條　告訴乃論

對配偶犯第二百二十一條、第二百二十四條之罪者，或未滿十八歲之人犯第二百二十七條之罪者，須告訴乃論。

刑法｜第十六章之一｜妨害風化罪

第 230 條　血親為性交罪

與直系或三親等內旁系血親為性交者，處五年以下有期徒刑。

第 231 條　圖利強制使人為性交猥褻罪

意圖使男女與他人為性交或猥褻之行為，而引誘、容留或媒介以營利者，處五年以下有期徒刑，得併科十萬元以下罰金。以詐術犯之者，亦同。

公務員包庇他人犯前項之罪者，依前項之規定加重其刑至二分之一。

第 1 堂
第 2 堂
第 3 堂
第 4 堂
第 5 堂
第 6 堂
第 7 堂
第 8 堂
第 9 堂
第 10 堂
第 11 堂
第 12 堂
第 13 堂
第 14 堂
第 15 堂

第 231-1 條

意圖營利，以強暴、脅迫、恐嚇、監控、藥劑、催眠術或其他違反本人意願之方法使男女與他人為性交或猥褻之行為者，處七年以上有期徒刑，得併科三十萬元以下罰金。媒介、收受、藏匿前項之人或使之隱避者，處一年以上七年以下有期徒刑。

公務員包庇他人犯前二項之罪者，依各該項之規定加重其刑至二分之一。

第一項之未遂犯罰之。

第 232 條　利用權勢或圖利使人性交之加重其刑

對於第二百二十八條所定受自監督、扶助、照護之人，或夫對於妻，犯第二百三十一條第一項、第二百三十一條之第一項、第二項之罪者，依各該條項之規定加重其刑至二分之一。

第 233 條　使未滿 16 歲之男女為性交或猥褻罪

意圖使未滿十六歲之男女與他人為性交或猥褻之行為，而引誘、容留或媒介之者，處五年以下有期徒刑、拘役或五千元以下罰金。以詐術犯之者，亦同。

意圖營利犯前項之罪者，處一年以上七年以下有期徒刑，得併科十五萬元以下罰金。

第 234 條　公然猥褻罪

意圖供人觀賞，公然為猥褻之行為者，處一年以下有期徒刑、拘役或九千元以下罰金。

意圖營利犯前項之罪者，處二年以下有期徒刑、拘役或科或併科三萬元以下罰金。

第 235 條　散布、販賣猥褻物品及製造持有罪

散布、播送或販賣猥褻之文字、圖畫、聲音、影像或其他物品，或公然陳列，或以他法供人觀覽、聽聞者，處二年以下有期徒刑、拘役或科或併科九萬元以下罰金。

意圖散布、播送、販賣而製造、持有前項文字、圖畫、聲音、影像及其附著物或其他物品者，亦同。

前二項之文字、圖畫、聲音或影像之附著物及物品，不問屬於犯人與否，沒收之。

第 236 條　告訴乃論

第二百三十條之罪，須告訴乃論。

刑法｜第十七章｜妨礙婚姻及家庭罪

第 237 條　重婚罪

有配偶而重為婚姻或同時與二人以上結婚者，處五年以下有期徒刑。其相婚者亦同。

第 238 條　詐術結婚罪

以詐術締結無效或得撤銷之婚姻，因而致婚姻無效之裁判或撤銷婚姻之裁判確定者，處三年以下有期徒刑。

第 239 條　通姦罪（刪除）

第 240 條　和誘罪

和誘未成年人脫離家庭或其他有監督權之人者，處三年以下有期徒刑。

和誘有配偶之人脫離家庭者，亦同。

意圖營利，或意圖使被誘人為猥褻之行為或性交，而犯前二項之罪者，處六月以上五年以下有期徒刑，得併科五十萬元以下罰金。

前三項之未遂犯罰之。

第 241 條　略誘罪

略誘未成年人脫離家庭或其他有監督權之人者，處一年以上七年以下有期徒刑。

意圖營利，或意圖使被誘人為猥褻之行為或性交，而犯前項之罪者，處三年以上十年以下有期徒刑，得併科二百萬元以下罰金。

和誘未滿十六歲之人，以略誘論。

前三項之未遂犯罰之。

第 242 條　移送被誘人出國罪

移送前二條之被誘人出中華民國領域外者，處無期徒刑或七年以上有期徒刑。

前項之未遂犯罰之。

第 243 條　收受藏匿被誘人或使之隱避罪

意圖營利、或意圖使第二百四十條或第二百四十一條之被誘人為猥褻之行為或性交，而收受、藏匿被誘人或使之隱避者，處六月以上五年以下期徒刑，得併科一萬五千元以下罰金。

前項之未遂犯罰之。

第 244 條

犯第二百四十條至第二百四十三條之罪，於裁判宣告前送回被誘人或指明

所在地因而尋獲者，得減輕其刑。

第 245 條　告訴乃論與不得告訴

第二百三十八條、第二百三十九條之罪及第二百四十條第二項之罪，須告訴乃論。第二百三十九條之罪配偶縱容或宥恕者，不得告訴。

其他條例

1. 性侵害犯罪防治法
2. 大專校院及國立中小學校園性騷擾及性侵犯處理原則
3. 家庭暴力防治法
4. 兒童及少年性交易防制條例

12-2 千禧世代——不能相處的婚姻離婚吧！

第1堂
第2堂
第3堂
第4堂
第5堂
第6堂
第7堂
第8堂
第9堂
第10堂
第11堂
第12堂
第13堂
第14堂
第15堂

一、事件摘要

淑芬與家豪是典型的千禧世代（Millennials，即「Y世代」，指1980到1996出生的人），淑芬個性外向活潑率真，大二時因同屬路跑工作人員認識大她三歲的家豪，兩人興趣相同也都喜歡打壁球而開始了她們的戀情，家豪是個高帥暖男，研究所畢業後服完兵役到進入職場工作，交往五年期間淑芬參與了家豪的每一個重要時刻，他們兩小無猜，互動親暱，是朋友稱羨的一對佳偶，小倆口也在雙方父母默許下於婚前一年就同住一起生活，並開心地結婚以及到國外度蜜月，時不時在社群曬恩愛。

正當雙方親友都還沉浸在結婚的喜悅當中，沒想到婚後不到二個月，淑芬突然與家豪提出離婚，理由是「不愛了」。兩人經過冷靜溝通一週後，淑芬毅然搬離家豪的家，從此不再見面，徒留淑芬母親非常錯愕難以接受，多次要求家豪盡力挽回，但家豪經過閱讀和寫文抒發療傷之後也認同離婚的決定，以免淑芬痛苦，並將生活重心改為專注於工作和運動上。

二、問題分析

愛情關係裡，只有相愛的兩人知道彼此的問題出在哪裡，淑芬是個外向獨立有自己生活態度的八年級，從高中起就有一群閨蜜相約爬山、路跑，也常利用寒暑假到外島打工換宿，對物質條件要求不高但很在乎生活品質，下班後與朋友相聚是她的精神養分。

而家豪的個性很溫暖、內向、安靜，不喜歡花時間在經營朋友上，受家庭教育影響，注重個人成長，下班後會繼續進修並專注在電腦世界裡，他給淑芬很大的自由空間，從不反對她與朋友相約甚至外宿。然而家豪再怎麼體貼淑芬，這都不是有著自由靈魂的淑芬所在意的。

淑芬與家豪在同居一年其實就已出現一些摩擦，但因兩人一直在籌備婚禮也就沒太在意，加上家豪個性不喜爭執，因此兩人也吵不起來，直到婚後淑芬預見到日後婚姻生活的危機決定離婚，家豪這也才意識到自己一直忽略這段婚姻發出的警訊與暗示。

三、問題討論

1. 為什麼交往五年結婚不到二個月會發現無法相處呢？離婚或努力溝通哪一種做法較好？

2. 如果雙方一直有溝通上問題，是否應該在結婚前煞車？早一點設停損點？

3. 淑芬母親對女兒決定離婚非常錯愕難以接受，多次要求家豪盡力挽回，你認為家豪應該怎麼做？放棄或是盡力挽回？

四、學習筆記

12-3 說出具體的請求，不要猜測以減少誤會

一、事件摘要

　　阿福夫妻是戰後嬰兒潮世代（指 1946 ～ 1964 年之間出生的人口），兩人攜手奮鬥了 30 多年，阿福創業有成，太太是背後得力的助手，生活基本無虞，阿福夫妻感情一直很好，但到了退休年齡，夫妻兩人相處開始變得比較敏感。

事件 A

　　阿福先生閒暇喜歡做木工，有天被太太罵了一句：「現在你迷木頭，已到達了一個令人討厭的地步！」聽到這句狠話，阿福當下很生氣。其實太太家事忙碌外還要張羅照顧三個兒女，她希望先生可以負責接送小女兒打工，好讓她有多點時間休息，但看到先生在做木工就一陣火冒上來，心想先生一定不會放下木工去接送女兒，才會口氣不佳。

事件 B

　　有一次阿福連續幾天脾氣很大，對太太說話很粗暴，太太忍不住惱怒而反擊後，兩人冷戰了一段時間，原來這一次的激烈大吵是起因於阿福對太太去參加小學同學會很在意，因為當天是他們的結婚 30 週年紀念日，阿福原本想要給太太驚喜，偷偷預定了一間高檔餐廳想要好好慶祝，沒想到太太反而去參加同學會而忘記這一個特別日子。

二、問題分析

　　到了中老年，阿福夫妻倆人自尊心變得強烈，開始重視存在感和自我價值感，情緒也變得較容易起伏，溝通需先了解負面感受的背後，藏著哪些真正的需求才能溝通。

事件 A 中，阿福太太事先預設立場，她認為先生一沉迷木工絕對不肯接送女兒，下意識給出了與事無關的評論而釀成溝通衝突，她的批評不是源於先生沉迷木工的行為，而是她內心的某樣需求沒有得到滿足，其實如果直接明講，阿福其實很樂意配合太太的請求。

而事件 B 中，阿福太太將焦點放在先生如何言語粗暴、令她生氣繼而作出反擊，根本找不到問題真正的源頭，也不知道該如何解決雙方的分歧，阿福原意是想給太太驚喜，如果直接說出需求，其實很容易就達成共識，太太也會做出選擇，再多的暗示和情緒，都只是在增加溝通中的障礙和誤解而已。

三、問題討論

1. 模擬一下，如果你是阿福夫妻其中一人，你會採取哪種方式解決兩人的爭執？

2. 在這個案例中兩位當事人的成長背景為何？有何特質？

四、學習筆記

12-4 高材生讀書 100 分，愛情 0 分

一、事件摘要

　　2015 年 4 月，高醫大醫學系黃姓學生殺害同班劉姓好友後畏罪輕生，起因為黃男、劉男兩人喜歡上同一學妹，學妹剛答應與劉男交往才兩天，黃男因無法忍受情感上的失敗，以喝酒聊天為藉口約劉男見面，見面後將劉男殺害。黃男行凶後，再以劉男的手機傳 line 給學妹，寫著「making food」，並將房間布置成火警現場，企圖營造劉男自己酒後煮食不慎才引發火災燒死。事後檢警調查發現，喝酒聊天的兩人，黃男的酒測值竟然為 0，於是將調查重點放在黃男身上。

　　學妹 4 月 25 日答應與劉交往，當天周末甜蜜出遊，黃男 27 日深夜約劉男喝一杯，劉男還傳簡訊給學妹說待會要和黃碰面「覺得尷尬」，沒想到劉男隨即遇害。律師劉家榮說，4 月 29 日黃男告知殺人，表示「我的人生完蛋了」、「如果羈押，我就不想活了」，雖答應自首，但黃男沒勇氣向父親吐實，要求翌日再出面，但黃男未依約出現，他趕緊報警已來不及。

　　黃男、劉男兩人既是同班同學又是僑生身份，就連求學背景、家世都很相似，彼此的友情更像好兄弟，只是沒想到因為愛上同一個人，兄弟因此反目翻臉留下無限遺憾。

二、問題分析

　　高醫大醫學系黃男、劉男都來自醫生世家，這種父母高學歷、沒有經濟壓力的孩子，從小被當人生勝利組，受到父母慎重栽培，被保護太好的孩子，因為較少接觸外界壓力，加上從小受好的教育，一路念到醫學院，遇到挫折恐怕難以承受。

　　高學歷不等於高 EQ，身心診所院長楊聰財說，現在的學生，多數專注學習專業領域的知識，卻忘了生活中最需要的情緒管理，一定要學習 TEA。好好管理自己的情緒、讓情緒有正確的出口，才不會做了錯事懊悔莫及（表 12-2）。

表 12-2 TEA

「T」hought	「E」motion	「A」ction
要正面思考，遇上不如意的事情，不要往負面的想法鑽牛角尖，尤其感情的事，常常是兩情相悅，絕不該因為遭到拒絕或遇到競爭，就否定自己的價值。	即情緒要好好管理，如果發現自己有負面的情緒，別在第一時間發脾氣，試著找到自己情緒管理的正確方法。	發洩情緒要有正確的行動，發洩情緒的正確方法，包括運動、聽音樂、找親朋好友聊天說出心裡的話，才能避免錯誤的發洩情緒方式，例如暴力打人，甚至殺人、自殘，釀成不可收拾的悲劇。

三、問題討論

1. 當你的情人愛上你的好友，或是自己與好朋友愛上同一個人，你該怎麼處理？

2. 當你的情人選擇你的好友時，你該如何平復情緒？

四、學習筆記

12-5 分不掉的恐怖情人

第1堂
第2堂
第3堂
第4堂
第5堂
第6堂
第7堂
第8堂
第9堂
第10堂
第11堂
第12堂
第13堂
第14堂
第15堂

一、事件摘要

2014 年 9 月在台北市松山區，兇嫌台大土木工程研究所畢業的 29 歲男子張彥文，他因不滿 22 歲從事幼教業的林姓女友提出分手後，不接手機、關掉臉書斷絕一切聯繫管道，就直接找上女友租屋處談判。結果，雙方起了口角以致談判破裂，他竟直接拿出水果刀當街砍殺女方 40 多刀。

張彥文被捕後供稱，本來打算以自殺相逼林姓女友卻下不了決心，又因見到女方急著上班態度冷淡，一時情緒激動才會痛下殺手，等冷靜過來時便抱著對方屍體哭喊「下次再也不敢了！」最後被警方戒護送醫。張彥文殺死女友的事情曝光後，一名自稱和死者熟識的網友爆料，早在兩人去日本旅遊期間，張彥文就曾數度對女友施暴，甚至強迫上床、拍裸照，回台後又威脅要再次發生關係才願意刪除裸照，讓林女很害怕決定要分手，想不到這個決定竟讓自己遇害。

PLUS+ 恐怖情人的 5 種類型

 邊緣型

思維非黑即白，個性極端、情緒起伏大，若對方不符合期待會失控抓狂。

 戲劇化型

喜歡受吹捧、控制慾高，若對方不照劇本走，會威脅、恫嚇對方。

 完美主義型

容易一絲不苟、得理不饒人，強硬要求他人遵守自己的規矩，若對方違逆自己，會觸怒心中的控制狂。

 自戀型

自私傲慢、對別人嚴苛卻不會自省，當對方提分手，會崩潰而報復對方。

 依賴型

缺乏自信、習慣依賴別人，無法承擔責任，當對方提分手，會死纏爛打。

二、問題分析

張彥文長相斯文、打扮有型，朋友稱他為「大師」，建國中學、台大土木系與台大土木工研究所畢業，曾參加電玩獲得冠軍，有台大宅王之稱，後來因興趣改在知名會計事務所擔任審計員，足見其智商非常高，卻因為走不出感情關卡，犯下這起殘忍凶殺案。

專家學者對於張彥文一案的分析與建議——

1. 專注讀書，缺乏愛心與同理心：張彥文的成長過程一路上都非常順遂，在犯下大錯之前，從考上建中進而考上台大，都是眾人所崇拜、羨慕的對象。張彥文一再沉浸在勝利的光環中，而林姓女友的要求分手，可能是他人生中所遇到的第一個重大挫折，從極愛擁有變成即將失去，讓他無法接受這種結果。

2. 愛一個人的同時也必須要懂得尊重，否則就不能稱為愛：張彥文自小就是個成績優異的好小孩，恐怕也因此沒有人提醒他這個部分。再加上社會的氛圍讓部分的高材生感覺自己有種「為所欲為」的權力，一旦從熱戀的天堂下墜至失戀的地獄中，其心情自是痛苦萬分。尤其把愛情當做是生命的唯一，把戀人當做是自己擁有物的人，則當其失去了生命的唯一，自是不知所措，並且鑄下大錯。

3. 「愛」害你死去活來、痛苦不堪嗎：真愛不苦，真愛也不會痛；會痛會苦的「愛的症候群」，其實都是「恐懼」所造成愛的假象，而恐懼之所以存在，是因為愛缺席了。你是否常常一個不小心就陷入「愛」的折磨裡，衍生種種「愛的症候群」：愛太多、愛太少、愛過頭、愛得快讓自己或對方窒息？但「愛」真的是製造痛苦的罪魁禍首嗎？還是其實你根本不懂什麼是愛？以及如何去愛？你真正給的不是愛，而是掌控、不信任、不接納。

4. 以自我為中心，缺乏人格的培養：每個人都應從小學開始教育、紮根，學習面對挫折、承擔自己的錯誤，大學也不妨多開設「人際關係學」、「戀愛學」等課程，讓大學生好好地修人生必經的這一課。

5. 佛洛伊德《性學三論‧愛情心理學》：「我們發現過一項鐵律，就是說潛意識對一種獨一無二不能替代的東西的熱切渴望，會表現成事實無休止的追尋——無可休止，因為替身無論如何不可能滿足他的渴望。」這就是說原慾一輩子都在找尋投射目標。

佛氏認為人類的精神原動力就是性，也就是原慾。張彥文與林女交往後，原慾對他產生強烈的固置作用，後來又進一步有了親密關係，在張看來精神肉體合而為一，原慾的投射達到極限，這讓張重回到幼兒時期在母親懷抱的溫馨與滿足，既快樂又有安全感；浸淫在潛意識愛的逍遙池，他認為是三千年修來的福氣。張不惜在她身上花費所有積蓄，企圖討好她、抓住她。但是貪婪的原慾加上伊底帕斯的復活，佔有慾、嫉妒心、攻擊性會把情人視為禁臠，張的不成熟自我不能有效地節制這些原始情緒，稍不順遂竟對林女暴力相向，於是林女萌生離去的念頭，接著拒絕見面、搬家、關閉臉書，切斷一切聯絡的方式。張的巨大原慾投射失敗，巨大的失敗產生巨大的仇恨，巨大的仇恨排山倒海衝向自我。原慾龐大能量充滿整個腦海，像是人格分裂，愛、恨、情、仇整日盤據心靈，不知所措，有如行屍走肉。

PLUS+ 遇到恐怖情人怎麼辦？

慢慢疏遠，而不提分手

他們將另一半視為財產、附屬品，因此提出分手，對他們就是最大的威脅與刺激。若真的要談分手，也盡量避免兩人單獨在家中，可以選在公共場所等開放的場合，會比較安全；或著是找人陪伴一同前往，但建議避免找另一位異性友人，以免產生誤會造成更多麻煩。

溫和告訴對方合理但和對方無關的理由

例如老闆要求加班，或父母生病，慢慢減少見面的次數與機會，並且要避免指責、批評、激怒對方。

控制自己的言行情緒

一旦愛意已失萌生去意，當然會意興闌珊，但別表現得太明顯，更需避免在對方面前與他人互動熱情，避免引發醋意與殺機。

即時求援，求助專家

諮詢心理師或精神科醫師，較能得到冷靜可行、專業的協助。如果身旁有信任的家人或朋友，不妨也告訴他們現在所遇到的狀況，不要自己一個人面對。別找太熱心的人來幫忙或出頭，特別是新男友，可能激怒對方強化其衝動讓事情更糟。

（引用自 https://www.ettoday.net/news/20220204/2161040.htm#ixzz7NsgcbSju）

第1堂
第2堂
第3堂
第4堂
第5堂
第6堂
第7堂
第8堂
第9堂
第10堂
第11堂
第12堂
第13堂
第14堂
第15堂

三、問題討論

1. 張彥文有何人格上的問題？與家庭教育有無關係？

2. 如何判斷恐怖情人？女生如果遇上恐怖情人該怎麼辦？

四、學習筆記

課後討論

1. 請說明男女性別在社會認知上的差異。

2. 請說明經營愛情的四項重要觀念。

3. 請說明健康性愛觀念為何。

4. 請說明 TEA 思考方法。

5. 請分享個人親密關係建立的經驗。

第13堂

職場的人際關係與溝通

　　一個優秀的員工應具備哪些人格特質？與同事的良好溝通是建立職場良好關係的起點；要做一名稱職的上司，就必須與部屬建立良好的人際關係；成功的企業家或第一線角色者應理性與智慧面對，聆聽顧客的聲音思考增進雙方關係的策略。

| 本堂內容概要 |

會聊天也會經營人脈

1985年在臺灣推出「開喜婆婆」、「新新人類」等創意廣告手法，一手打造「開喜烏龍茶」傳奇的 Bob Yeh 認為與歐洲人往來一定要用深度文化來交流，他把歐洲商場友人劃分為三類：「企業高層」、「專業經理人」以及「專業公關人」。

「企業高層」這些大老闆的文化藝術鑑賞力往往優於商業能力，因此針對他的事業營運，要能快速分析，讓對方認可你的商業能力，期待與你合作。

而歐洲「專業經理人」的商業能力沒話說，所以 Bob Yeh 會花較多的時間傳達文化底蘊、創新策略以及跨領域的資源與人脈，讓對方大開眼界、激發對方的興趣與行動力。

「專業公關人」是最間接也最重要的商業人脈，Bob Yeh 在法國辦活動、辦記者會一定會聘用專業公關，在合作期間儘量誘導他們跟他聊天、分享資訊。這些人隨著社會的脈動而呼吸，對時尚、文化、消費、社會、政治、八卦、娛樂等議題極為敏感，消息比企業家、商業人士靈通許多，而這些資訊，總能成為他與商場友人聊天的話題。當你言之有物、說得比當地人更深刻，對方就很難不信服你了。

回到餐桌上的交流。歐洲人用餐午餐動輒兩小時，晚餐動輒三小時，習慣在美食美酒間愜意聊天，「搭得上話題」是平日就需練就的專業，對於美食、文化等普世共通興趣，一定要有基本的鑑賞力；若對象是美國人，你可能要再惡補棒球、籃球、美式足球的最新動態；若對象是歐洲，那你對時尚就要有一番見解。除了跟上話題，最高竿的是引導話題，若能在聊天的過程中將大家的興趣吸引到你的話題上，那就代表你的話有份量，你的人脈也因此進一步升溫了。

📝 學習筆記

與人溝通一定要能搭得上話題，才能成為團體的一份子，可透過平日多閱讀吸收各種知識，或是從不同領域的專業人士身上學習。經營人脈前，要先創造自己的被利用價值，不要老是讓人覺得要依賴對方。

13-1 職場人際溝通的概念

一、與上司的溝通

（一）與上司人際關係的特點

　　任何人在公司，都盼望被上司肯定，若能與上司保持良好的互動關係，平時不但能夠獲得較理想的工作環境與人力資源，以發揮個人理想抱負；即使遭逢工作難題時，也可以減少對個人困境的衝擊，進而獲得更多更好的資源來發揮自我的前程事業。有些人因職務較低，或是自認不擅交際，或是畏於權威，難免在與上司的人際關係開展上處於被動地位；其實，只要上司與部屬人際互動，謹守倫理分際，知所進退，便可以與上司發展良好的人際關係。一般而言，上司與部屬的人際關係有下列四個特性：

1. 互助性：主管與部屬的背景與壓力雖不同，卻一定要彼此互助合作。二者若無法配合，則不能有效執行工作；上情無法下達，反之亦然。

2. 互依性：主管與部屬間並非父子關係，公司的損失不能由主管完全承擔，主管與一般人無異，智慧與成熟度未必會超越他們的部屬。

3. 互補性：建立一種適合主管與部屬兩者的需求和型態的關係，以滿足雙方當前所需。

4. 互惠性：維持良好的工作關係，應與主管保持聯繫並對其忠誠，踏實工作，並選擇性使用主管的時間和其他資源。

圖 13-1　上司與部屬人際關係的四種特性

（二）與上司建立關係

　　無論你對上司的看法是好是壞，你都無法脫離或者除去上司。既然如此，不如運用你的溝通技巧，與上司建立良好的人際關係。那麼，如何才能做到：

1. 瞭解上司的期望：所謂「知己知彼，百戰百勝」。上司交代任務時，應瞭解上司的期待與規定，以免因認知理解有誤，造成工作無法完成或完成後不符合上司的要求。

2. 欣賞上司的優點：人際吸引力就在於互相欣賞，一個有智慧的部屬必須體認上司能夠當上一個領導者必有他的長處，所以在工作環境中要能夠懂得欣賞上司的知識、才能、熱誠、經驗、處世態度等，方能有所收穫並從中成長。

3. 讓上司相信你的才幹：獲得他人的信任需要長時間持續的優異表現，獲得上司的信任更是如此。上司都不太喜歡平庸無能的部下。所以讓你的上司知道你的工作能力、真才實學就顯得非常重要。所以我們在工作中，對於上司交給的任務，不僅要一絲不苟地對待，更要圓滿完成。「事實勝於雄辯」，只有你做出真實的成績，才能讓上司認為你是一個了不起的人。

4. 多與上司溝通：領導主管有很多不同的類型，若部屬只會埋怨、期待上司改變自己來配合你，必然無法獲得上司的欣賞。欲使上司成為自己的支援者，其溝通要訣包括：了解上司評價的標準、積極參加上司的公開活動、做工作報告時請求上司給予你建議。

5. 給予上司支持：人的情緒隨時在變，平時可注意上司的情緒變化，隨機應變，將上司視為朋友看待，共同分享他的喜怒哀樂且適時的給予意見。員工幫助上司可藉機成長自我，如此必能獲得上司的器重，對自己的工作也是一種保障。

6. 先求付出再談收穫：所謂「一分耕耘，一分收穫」。在工作情境中，講求的是個人的實力及工作表現，唯有努力耕耘、腳踏實地的部屬，才能獲得上司的肯定與支持，進而擁有良好的互動關係。

7. 協助上司成功：每個人都有不完美的地方，各自擁有不同的優點與專長、缺點及弱點。上司絕非全知全能，彼此以自我的智慧和才能來互補，努力使自己成為上司最得力的助手。唯有先幫助上司成功，上司才會幫助你成功。

8. 冷靜處理及謹慎互動：一位傑出的工作者、上班族，應隨時保持理智，特別是在壓力環境下。經常容易情緒化的員工，很難獲得上司的欣賞。有時與上司互動時，應注意個人的角色言行，且要遵守公司規定，不可違法，萬一遇到「上樑不正」、操守不佳的上司，個人更應小心與之應對，避免自己變得「下樑歪」。

9. 不輕易對上司許諾：要取得上司對你的信任，最重要的一點就是不要輕易對上司許諾。當上司交給你某一項任務時，這件事你還沒有做，你自己也不知道能否在規定的時間完成，如果你滿口答應說「一定完成」，而最終又沒有實現，那麼上司對你的信任感就會減弱。

10. 接受上司的批評：人們在工作中，不可避免的會出現一些失誤。當我們工作出現失誤時，往往會感到不由自主的緊張，不僅因為我們的失誤所帶來的損失，更因為上司接踵而來的批評，這時你唯一應該採取的方法是誠懇的接受批評。

11. 對上司不盲從：上司畢竟是上司，但是上司也是人，也有考慮問題不周全、處理事情不周到的時候，這時部屬就必須不盲從，要有自己的主見。在向上司提出意見時，所提的必須是積極的有建設性的言論，應切忌不負責任的空談。

12. 不逢迎上司：作為部屬對待上司當然要採取尊重的態度，對上司的工作要給予支持，對工作的困難要予以體諒。但是對上司不要採取逢迎的態度，阿諛奉承、投其所好。靠這種方式建立起來的關係，只是一種庸俗化的人際關係。

二、與同事的溝通

　　肯定同事的工作價值是同事相處首要之道。看到同事工作的價值、包容不同立場，才能減少工作上的紛爭，更是建立職場良好關係的起點。

　　艾森豪將軍曾有個參謀，經常與他意見不合，時有勃谿。有一天，他決定請辭。艾森豪問他：「為什麼要走？」參謀老實回答：「我和你常意見衝突，你大概不喜歡我，不如我另謀出路算了。」艾森豪很驚訝說：「你怎麼有這種想法？如果我有個意見一致的參謀，那我們兩人當中，不就有一個人是多出來的？」最後，艾森豪把參謀給勸留下來。

（一）與同事的溝通原則

　　人有個別差異，因此辦公室內的同事也有各自不同的個性風格：工作狂、低效率者、挑撥離間者、開心果、和事佬、老大哥（姐）、混水摸魚者、馬屁精、萬人迷等。如何與不同類型的人、不同做事風格的人相處，是需要高度智慧的。究竟如何才能增進與同事的互動關係，下列原則可供參考：

1. 多多「溫故知新」，增進「舊雨新知」的人際關係：不論是公司內外、同一單位或不同部門的人際交往，都必須加以經營，以拓展自己的人脈，增廣個人的所見所聞。若只侷限於同一辦公室的人交往相處，容易限制個人身心知能及其

他方面的發展，也極易狹隘了個人的視野，陷入自我本位的圈圈中。若遇公司人事調動而須更換工作時，必然容易使個人陷入困頓，增加工作調適上的困難。是故，個人不僅要與過去及現在的同事（舊雨）經常保持聯絡，也應該多結交新朋友（新知）。

2. 要適時分享成功經驗，但避免炫耀自己：每個人因專長、興趣不同，難免工作的成果、效率也有差異。因此平時與同事討論工作時要能做到：發言時要謹慎，雖然要有自信，但千萬不要自大；採納上司、同事和前輩的意見，要積極且謙虛的傾聽。

3. 自信而非自大，不要傷及同事的自尊心：現代上班族必須有自信，但卻勿自大；自信與自大最大的差別在於：自大的人「眼中沒有他人的存在」，而自信的人則是「眼中還有他人的存在」。同一辦公室內難免因每個人的年資、經驗、職位與專業能力等差異而有不同的工作表現，同事之間彼此同儕督導或檢討建議時，要隨時心存「同理」，考量對方的自尊心；當同事工作表現不佳或遭受上司指責時，不妨多給予關心、安慰。

4. 適當的拒絕同事不合理、不合法的請求：辦公室內，如何學習拒絕同事不當的言行，以保護自己，也是人際關係的重要課題。一般人都不忍心拒絕別人，擔心別人會批評自己不合作、不敬業，但假若一個人處處討好別人，最後可能會喪失自我。事實上，勇敢的說「不」，未必會替你帶來麻煩，反而可以減輕個人的壓力。當然，拒絕時要注意溝通的技巧與態度。

5. 多用理智，少用情感來解決同事間的人際衝突：工作中與同事最容易發生認知性衝突、意向性衝突及利益性衝突。因此，當個人與同事發生人際衝突時，宜運用理性思考，了解衝突原因，對症下藥；必要時，適時求助他人會忍讓一步，均有助於化解工作衝突，切勿情感用事、情緒氾濫，以免衝突加重、擴大。

6. 善用人際交往的一般定律與工作定律：人際互動要能彼此和諧乃在於「異中求同」，而人際交往要能相互中成長就在於「同中求異」。基本上，許許多多的人際交往定律皆適用於經營辦公室內的人際關係；此外，針對個人工作性質、組織氣候，適當地運用工作定律，也能增進與同事的良好人際關係。

7. 行事建立原則：將工作依本末先後、輕重緩急做安排，適度分配時間，盡力而為即可，莫自認為超人，總想畢其功於一役，追求完美，徒生無謂困擾。

8. 建立支持網絡：能與同事、親友分享心得，交換經驗，彼此互相打氣，甚至可藉由進修、參與社團來充實精神生活，擴展見聞，增強問題解決能力。

9. 別太小心眼：所謂「退一步，海闊天空」，對於批評別總想反擊、駁斥，要懂得欣賞別人優點與採納好的建議，多省思而少計較。

10. 休閒運動：平常除規律運動、均衡飲食外，工作之餘別忘了休假犒賞自己，經營個人嗜好，將工作拋諸腦後，讓身心澈底放輕鬆。

（二）在工作中談心

　　許多溝通專家同意，職場除了講理，也要談心。人際專家黑幼龍建議，與同事平時要多談心。一開始可能有點難，不妨從問題開始：

1. 你過去這一年來最有成就感的事？

2. 你覺得最近工作最愉快／挫折的事？

3. 你未來的計畫？

　　有點害羞的陳小姐鼓起勇氣問鄰座同事，你這一年最有成就感的事是什麼，很少閒談的同事回答：「上次幫你完成跨部門協商，圓滿結案，我很有成就感，因為我覺得我們的理念有點相近。」陳小姐很驚訝，沒想到隔壁坐著一位志同道合的同事，從此兩人無話不談。「幫助對方清楚未來方向、心情分享，就是最好的談心。」黑幼龍認為，同事之間若能從單純工作項目的溝通，提升到情緒，甚至價值觀的溝通，自然產生親密的職場關係。

三、與部屬的溝通

　　畢馬隆效應曾在美國哈佛引起廣泛討論，他們認為最成功的領導者，能對別人懷有高度的期許，並且幫助別人活出最高的期望，而其中的關鍵在於，如何引導。「當你要求別人做事時，要去引發他心中做這件事的渴望。」溝通專家舉例，每個人都知道釣魚時，不能拿自己喜歡吃的東西餵魚，運用在職場上也是同樣的道理。

　　在上司與部屬的溝通關係之中，「上司」本身就包含著權力，要行使權力、管人、讓人們服從。但領導是一門促使部屬充滿信心、滿懷熱情地完成任務的藝術，是不憑藉特權、組織權力或外在形式和指揮他人的技巧。要做一名稱職的上司，就必須與部屬建立良好的人際關係，如何與部屬溝通，其主要原則有下列三項：

（一）建立威信

作為一個上司，要與部屬有良好的人際關係，首先必須樹立自己的威信。權力和威信並不是一回事。權力是既定的、外在的、帶有強制性的；而威信則是來自部屬的一種自覺傾向。你可以強制部屬承認你的權力，但卻無法強制部屬承認你的威信。那麼，上司的威信從何而來呢？

1. 要樹立自己的威信，首先要具有高尚的人格：日本一位實業家曾經這樣說：「權威是從內部自然產生出來的，從一個人內在的實力和人格中自然滲透出來的。」作為上司，如果對自己的個人利益斤斤計較，在部屬心目中就不可能有威信可言。

2. 作為上司，必須有寬宏的度量：俗話說：人上一百，形形色色。在你的部屬中，可能以各種各樣性格的人，個人的處世方式、工作能力都不相同，這就需要你有寬宏的度量。

3. 作為上司，必須對自己的部屬一視同仁：不能對部屬抱有成見，也不能憑自己的感受區別對待，否則不僅會使部屬之間的關係惡化，更有使上司失去威信。當然，要做到絕對的一視同仁，似乎不太可能，但是在與部屬的交往中，你心理至少應該準備一把「一視同仁」的天平。

4. 作為上司，對部屬必須言而有信：對部屬的許諾或答應解決的問題，就一定要做到；對部屬發出的命令，就一定要實行。如果言而無信、朝令夕改，不僅會讓部屬無所適從，更為嚴重的是讓部屬覺得你說話不算數，進而失去你在他們心中的威信。當然，作為上司輕率的許諾或下命令，或不敢承認自己的短處而對自己文過飾非，那麼你所保護的也僅僅是自己的「面子」而不是威信。

PLUS+ 畢馬龍效應（Pygmalion Effect）

「畢馬龍效應」出自 1968 年哈佛大學心理學教授羅伯・羅聖索爾（Robert Rosenthal）與傑柯布森（Jacobson）兩人的研究。「畢馬龍效應」指出，人們傾向改變行為去達到別人對他們的期望，因此一旦我們為某人設定了期望，無論是好還是壞，對方就會傾向設定好的達到期望，成為我們希望的樣子。因此「畢馬龍效應」也可稱作「自我應驗式預言」（self-fulfilling prophecy）。

（二）知人善任

上司知人善任，對部屬進行合理分工，可以使部屬心情舒暢，充分發揮他們的積極性和創造性。作為上司，其主要應該花在計畫、組織和監督、指導上面。如果事必躬親，必將因小失大，一方面自己的時間和經歷大部分被瑣碎的事務占去，勢必影響宏觀調控的功能；而另一方面，又會讓部屬覺得無事可做、束手束腳，喪失工作的積極性和創造性，不能人盡其用、人盡其才。這樣即使你做的精疲力盡，也絕難取得優越的成績。那麼，上司如何做到知人善任呢？

1. 根據部屬的特質分派任務：作為上司，在對部屬進行任務分工時也應該根據部屬的能力和特長進行合理分配，而不能「亂點鴛鴦譜」，否則會造成部屬的不滿情緒，影響上下級之間的交往，不利於工作的完成。

2. 充分信任可靠的部屬：中國有句俗話：用人不疑，疑人不用。這也是「知人善任」的一項原則。你應該對你的部屬毫無猜疑地信任，這樣才能使他們忠實真誠的為你效力。

3. 多聆聽部屬的建議：要做到信任部屬，還應該多聽取他們的建議，讓他們知道，他們也在參與管理，而不僅僅是被管理者。請教別人或徵求他們的意見，總會使他們感到高興的。

（三）平等相處

上司是權力的擁有者，在有些場合，出於工作需要，確實可以強調自己的身分、地位，以利於充分發揮權力的職能作用。但是，作為上司，千萬不能因為自己擁有一定的權力就處處高人一等，處處以嚴肅的面孔出現，給人以居高臨下的感覺，這樣就難以與部屬建立融洽的上下級關係。真正有經驗、有修養的上司，都能夠平易近人，與部屬平等相處，才能贏得部屬的真心擁護和愛戴，才能真正樹立自己的威信。

1. 對人隨和及親切：首先上司必須對人隨和、親切，而不要自抬身價、故示尊嚴，使人覺得你高不可攀，這或許能使人敬畏，但卻不能使人親近，這樣的上司便不能有融洽的人際關係。

2. 不做機械式的命令：人們都願按自己的思想行事。機械地聽命於他人，是人們難以接受的。作為上司，在向部屬發出指示時，如果不是讓對方機械的服從，而能讓他的思想和體力都能對這項任務發揮作用，那麼他是不會拒絕的。

3. 委婉地告知部屬的過失：作為部屬，難免在工作和生活中偶有過失。面對這種情況，對部屬的過失直言申訴是不會有好的效果的。如果這樣，對方為了保全他的「面子」，很可能會與你當面對抗，至少會使對方口服心不服。應是委婉的指出部屬的過失，讓對方在自責中加以更正。

四、與客戶的溝通

有時消費者或客戶在買賣交易的過程中，會因雙方立場的不同與各自經濟利益考量的差異，引發不良的消費關係。成功的企業人或第一線角色者會理性與智慧面對，思考增進雙方關係的策略。常言：聆聽顧客的聲音，顧客會喜歡您；相信顧客的傾訴，顧客會尊敬您；為錯誤負起責任，顧客會支持您。

（一）與客戶的溝通要領

1. 瞭解客戶服務對公司的重要性。

2. 學習應對客戶的技巧。

3. 瞭解那些不自覺的方式造成無效的客戶互動。

4. 展現有禮行為。

5. 客戶服務的根本。

6. 你對客戶的影響。

7. 客戶期待一流的服務。

8. 應對客戶的技巧。

9. 創造火花。

（二）顧客導向行銷

1. 利用訪談前的計畫來設定訪談目標建立與顧客的關係。

2. 做好行銷開場白，在交談有利的狀況下切入行銷主題。

3. 在訪談中判定顧客的目標。

4. 使顧客認同您的建議。

5. 使您的建議成為顧客的實際行動。

7. 促使您的顧客採取行動。

8. 檢討您的推銷訪談以及下一步的計畫。

（三）與客戶的溝通原則

1. 個人的專業素養：許多領域本身並不難，其重點決定於個人的用心，因而除了學習該領域的專業能力外，對於本公司產品的內容，要充分的瞭解；對於臺灣的生產體系，要有行情的瞭解，並會運用。

第 1 堂
第 2 堂
第 3 堂
第 4 堂
第 5 堂
第 6 堂
第 7 堂
第 8 堂
第 9 堂
第 10 堂
第 11 堂
第 12 堂
第 13 堂
第 14 堂
第 15 堂

2. 溝通的語言能力：在國內講的是國語，但要懂得講的是行話，對國外主要講的是英文，最重要是確定買賣雙方的「Understand」，要聽清楚才說「Yes」。對非英語系國家的買主，要盡可能放慢速度和他交談，以免誤解。

3. 個人對於交易條件的信心：如前所述，在交易的重心裡，應該注意之處，絕不可疏忽，在簽定合約時要膽大心細。

4. 讓客戶覺得你在幫他賺錢：雙贏是維持長期生意的最有效方法，太過於爭取自己權益，而忽略到客人的感受，很容易造成客人的不悅！

5. 公司及個人長期培養的信用：品質及交期是培養與客人最有效的信用，失去了信用，客人將會悄悄地離你而去。

6. 愛你的客人如同愛你的愛人：當客人真正感受到被完全的重視及愛時，絕對會更願意下訂單給你。若是每當客人來臺灣時，能夠盡可能全心全力的陪他，使他來到臺灣感到無限的溫暖，且讓他來到臺灣一定最想見的就是你。

7. 尊重買主的交易習性：溝通從分享開始，懂得尊重客人，是生意智慧的開端，在任何領域都必須尊重對方的交易習性。在國人由於文化相同，在交易習性上大致相同，但若與外國人交易，則必須瞭解對方的習性。若與一般西方人做生意，要去體會那種高雅有禮的氣質與他相對；而若與日本人做生意則要注意準時與禮節。

8. 做好客戶關係管理：在迎接未來網路的業務世界裡，更形重要；而公司導入客戶關係管理可使行銷與銷售的績效提升；提升客戶的服務品質，經營績效不僅提升，也提升公司的形象。

9. 有競爭性的價格及良好的品質信用：這是使客戶對你忠貞的最有效方法，也能感受到在學習的過程中，更愛、更關心且更瞭解自己公司的產品。

10. 隨時有警覺心及創新能力：在商場上與客戶溝通要隨時注意「失敗是成功之母」，不必強求一次就要做大生意，細水長流，甚至是失敗的經驗，有時會有更佳的效果。

（四）與客戶的溝通策略

與客戶的溝通策略，下列八項原則可供參考：

1. 洞察客戶心理並做教育對方的構想：因為有業務，公司才能生存。由於客戶的承辦人是在其上司所授與的權限之內做事。所以，理解對方的立場與心理是很重要的一件事。現代企業人，平時必須由對方的言行舉止中去捕捉「承辦人的心理」。

2. 百分之百遵守約定的事而客訴也要立即處理：與客戶商討公務方面所約定的事時，要將約定事項紀錄在固定的筆記上，最後再把要點複誦一遍予對方。確認之後，盡量比約定的日期早些付諸實行。客戶有抱怨是理所當然的事，不要因有客訴而煩惱，而要對客訴多投注精力去處理。業務人員的工作表現與人員好壞是由他如何處理客訴的表現來加以評估的。

3. 調整承辦人員與主管之間的價值判斷基準差異：在人際關係的經營上，瞭解對方的想法是很重要的。承辦人與主管之間，有時因立場不同，判斷的基準也不同。此時我們必須了解到彼此不同。另外，因行業種類與客戶特質的複雜，難免業務判斷標準的差異性也較大。若自己不懂時要詢問服務的公司或上司，同時也可以進行溝通。

4. 適度容忍客戶的無理要求：假如客戶所說的話是很無理的，員工若能因低頭而使部門目標達成的話，懂得適時忍讓溝通的員工，可說已抓住了通往成功的機會。人情練達的人是經驗過許多需要忍耐之事的人，何妨把忍耐當作是現代企業人成長的起步。

5. 珍惜任何一個公司的部門與人員：一般人會重視與業務上有往來的客戶，對於沒有直接關係的部門或已經沒有關係的客戶會漸漸疏遠，這是自然的現象。但是，若能時時珍惜、重視過去公司的客戶，對個人今後業務的開展有很大的助益。

6. 掌握客戶的真意及善解人意：人際關係良好的人知道判別真心話與掌握做人的原則。若不能把握住客戶的真意，便會說出一些離題、不得體的話。現代企業人必須能夠掌握客戶的真意。

7. 與客戶的接觸不要有喜惡偏見：業務人員若常以個人的感情、情緒與客戶接觸，將會帶給自己及公司相當大的損失。若必須面對不喜歡的客戶時，可有意的多製造與對方閒聊的機會，設法改善雙方的關係與印象。

8. 建立客戶心中很會做事的形象：讓客戶認為你是一個「有工作能力的人」。從客戶的角度來看，他們不希望與一個沒有自信的經辦人打交道。沒有工作能力的人會使周圍的工作世界變暗淡，說的話也會很無用。

13-2 從「巴別塔慶典」MV 探討語言溝通不良的亂象

一、事件摘要

「巴別塔慶典」是一首講述「語言溝通不良」的歌，歌詞提到：

| SCAN ME |

吳青峰〈巴別塔慶典〉MV

這裡是自說自話王國歡迎光臨

在這裡胡言亂語才是正常事情

這裡有不倫不類有各行各業

在這裡不聽人話也不分晝夜

「巴別塔」來自古老傳說，據《聖經》創世記第 11 章記載，大洪水之後，從方舟出來的諾亞一家四處遷徙，分住世界各地，開枝散葉，後代子孫越來越多。即便後代子孫越來越多，但每個人的口音、使用的語言都相同，直到諾亞的兒子在兩河流域發現了巴比倫平原，決定定居下來後發生了一件驚動上帝的決定。

原來，這些後代子孫本來過著自由遷徙、分散各地居住的生活，為了避免彼此隔得太遠，無法聯絡感情，於是決定建造一座大城，並且要在這座大城內建一座高塔，如此既可凝聚大家的感情，也可用來弘揚聲名。

塔雖不好蓋，但困難一一被克服，城一天天地在擴大，塔也一天天地在升高，眼看就要直入雲霄了，這才驚動上帝，讓上帝察覺如塵土般的人類竟有如此大的能耐和力量。於是，上帝打亂了建城與建塔的人講的語言，由於工人聽不懂指揮的命令，指揮不明白工人的要求，最後城和塔只能被迫停工，剩下的人也開始分散各地。

「巴別」意思即為「混亂」，透過共同語言要建通天巨塔，卻遭上天打亂語言導致計畫中止，藉此傳達現今社會因溝通不良，導致各種社會亂象和荒謬。為了呈現各說各話的混亂世界感，MV 安排八大場景與六大酷刑，表現混亂又沒邏輯的荒誕感。以下請從影片中找出並分析溝通不良的情節。

二、問題分析

　　在我們的生活裡，明明都說著同一種語言，但雞同鴨講的對話和爭論卻常常發生在日常生活中，彼此各持一方的意見、互不相讓的態度、不願互相理解的架勢，有時候人們只是卡在這些姿態，不願服輸，不願意聽進任何不同的意見，只覺得自己是對的，只想要彰顯自己比別人多知道一點，或是怕別人不夠尊重他。

　　甚至有些人會故意曲解別人原意、斷章取義，用來攻擊別人，自以為是主宰者，雞毛當令箭，其實只不過是自己不喜歡而已，這種只顧私心維護自己立場，不去尊重別人，更談不上溝通。

　　如同〈巴別塔慶典〉歌詞中所呈現，我們常常都活在自己的巴別塔裡，把別人真心的話語當作胡言亂語，所以同樣地，自己的肺腑之言也會被別人當作空氣，但又太想表達自己，因此，越來越劍拔弩張。

三、問題討論

1. 請從歌詞和 MV 中找出各種社會亂象，分享因為溝通不良產生誤會的經驗。

2. 不同世代間常用的溝通工具都不一樣，你最常使用的溝通工具是什麼？認為口頭溝通有無必要性？

四、學習筆記

13-3 千禧世代如何在職場上互動協作

一、事件摘要

　　賽門西奈克（Simon Sinek）是一位激勵演說家，日前在 Inside Quest 的訪問中談及千禧世代在職場所遭遇的困境。在他精準、動人、激勵人心的分析下，一起追溯這些難題的根源，以及企業們該如跟這這群職場新血一起進步。這位專家演說的重點除了在職場表現，更是對在千禧以後的年輕人與孩子們的社會學檢視。當你想要改善人際關係和職場現狀時，必須學會「賞識的語言」，簡單來說，透過表達你對他人的賞識，就有機會維繫住雙方的良好關係互動。

　　裡面談到的手機成癮症，它不僅影響了學習，也潛在型塑了人格心理，最後表現在成年後的職場工作、社交或婚姻，卻被所有家長和教育工作者忽視。人手一支 iPhone，物質享受絕對比爸媽那一代（戰後嬰兒潮世代）好上許多，但正因為快速的資訊和物質流通帶來更多的知識，千禧世代（Millennials，即「Y世代」，指 1980 到 1996 出生的人）比以往都注重自我發展，選擇愈多，猶豫越多，越不知道自己該何去何從。智慧型手機是人際溝通殺手，此溝通平台，非但沒有為人類良性溝通與互動品質提升，反而也成了人與人之間溝通的最大障礙，值得所有家長和教育工作者重視。

二、問題分析

　　不同世代對工作的想法、動機與意願，都有不同的見解，在職場面臨溝通的歧見時，職場溝通、學習面對職場衝突的處理技巧又該如何處理？千禧世代成長於全球化交流的環境，培養了許多獨特的技能與觀點，優勢點是多元有彈性，希望工作能給他們使命感，較為任務導向，不拘泥工作場所與時間，但比較自我中心，眼高手低、多學不精、衝動行事、挫折容忍力低、反抗權威，很難與人建立深層的關係，在職場上，如何跨世代團隊互動協作，建立信任關係？人際關係與溝通的結果將直接影響到工作品質的優劣。

事件 A

一個時尚業主管感嘆 6 年級員工對公司比較忠誠，穩定性高、較規律，缺點是思維較傳統，比較沒創意和衝勁，但千禧世代數位行銷能力強，對資訊力反應快速，卻不耐操、抗壓低、沒安定性、難管理，只要工作不喜歡，即便還沒找到下一個工作就會先辭職。

事件 B

三個在不同公司任職工程師的千禧世代難得有機會聚在一起大吐苦水，他們對超時的工作感到很厭世，工作量很大，沒成就感，下班例假日還要被客戶的 line 追殺工作，生活毫無品質可言；公司都是慣老闆心態，壓榨員工逼到極致，新進的新人一個比一個厲害，怕被淘汰還得抽空進修專業和語文，你不想做隨時有人可以取代你，想換工作，大環境不好，資訊業狀況差不多，迫於財務壓力也只能悶著頭幹活，但是怨氣都很深。

三、問題討論

1. 千禧世代在職場的優勢是什麼？同事之間的溝通有何方法？應該避免的溝通方式？

2. 技術部和業務部發生了爭執，因為業務部怕得罪客戶，對客戶要求百依百順，技術部不堪其擾覺得業務部應該過濾問題，兩方都認為是對方的問題，你認為有更好的溝通模式？

四、學習筆記

13-4 從日劇「半澤直樹」探討職場人際關係

一、事件摘要

日劇「半澤直樹」是描述日本泡沫經濟二十年間，主角「半澤直樹」在東京中央銀行的大阪西支店當融資課長，內外遇敵，勇於對抗的故事。

劇中半澤聽從淺野支店長的指示，向西大阪鋼鐵進行五億元的融資，結果公司在融資三個月後倒閉。淺野支店長為了個人前途，把所有責任推到半澤一人身上。正義感強烈的半澤為了和銀行內外的敵人對抗，於是進行組織和戰鬥。一個課長帶領團隊奪回五億呆帳，並對抗上級主管，甚至董事，形成一場殘酷血淋淋的職場競爭。

在這場競爭中立了大功的半澤最後卻被調去東京證券！本劇創下的流行語也反應職場的真實生態：「部下的苦勞是上司的功績」、「上司的過錯卻是部下的責任」、「以牙還牙」、「十倍奉還」。

| SCAN ME |

半澤直樹現象

二、問題分析

在「年功序列」掛帥的日本企業文化，任何一個人都害怕犯錯，因為一旦犯錯就會被從中間菁英路線拔除，「出向」到關係企業，雖然不致於被資遣走路，但也代表從此就與飛黃騰達之路無緣，也就是因為這樣的一種害怕犯錯文化，「有功是主管的功勞，有錯是下屬的過錯」這種爭功諉過的戲碼在日系企業每天都在上演。

三、問題討論

1. 立了大功的半澤直樹被調走，為什麼？站在公司立場的考量會有哪些?

2. 個人應如何與上司相處？如何與同事相處？

第1堂
第2堂
第3堂
第4堂
第5堂
第6堂
第7堂
第8堂
第9堂
第10堂
第11堂
第12堂
第13堂
第14堂
第15堂

PLUS+ 年功序列工資制

「年功序列工資制」是日本企業的工資制度，這種工資制度簡單而傳統，其主要內涵是員工的基本工資隨員工本人的年齡和企業工齡的增長而逐年增加，而且增加工資有一定的序列，按各企業自行規定的年功工資表次序增加。

「年功序列工資制」的基本理念是員工的業務能力和技術熟練程度與員工本人年功和企業工齡成正比，本人年齡越大，企業工齡越長，對企業的貢獻也愈大，功勞也愈高，因此，員工的工資也要逐年增加；同時考慮到隨著員工年齡的增長，生活開支也會有所增加，所以員工的工資和生活補貼在一定的年齡段也要每年增加。

（引用自 https://wiki.mbalib.com/zh-tw/）

四、學習筆記

13-5 了解人格特質，搞定職場人際關係

了解人格特質才能搞定職場人際關係，職場團隊首要任務是一起完成工作或計畫，因此了解你的主管類型，或主管了解員工的特質與能力，並依據工作特性相互合作，絕對可以幫助職場溝通。

| SCAN ME |

DISC 測驗（資料來源：酷蛙數位科技）

馬斯頓人際取向性格測驗（DISC）由 1920 年由美國心理學家馬斯頓（William Marston）所提出，馬斯頓透過研究古希臘的性格學說，進一步探究人類行為模式而發展出此理論。此理論認為每個人的性格是由四種「基本元素」（行動、思考、內斂、外顯）所組成，成為一個人處理事情的方式，大約可分成四種行事風格，其中又可以四種動物作為代表（圖 13-2）：

1. D：Dominance（支配型）－老虎。　　3. S：Steadiness（穩定型）－無尾熊。

2. I：Influence（影響型）－孔雀。　　4. C：Compliance（服從型）－貓頭鷹。

任務型

C 服從型－貓頭鷹

性格面向：被動/任務型(以事為主)
內心渴望：精準、可預測、高品質
特質：邏輯清晰、注重細節、務實、分析能力強，容易過度悲觀、守舊、只著重眼前任務

支配型-老虎 D

性格面向：主動/任務型(以事為主)
內心渴望：權力、掌控、指揮
特質：有競爭力、果斷、企圖心大、愛冒險、直話直說、有威嚴，容易固執自大、不顧他人

綜合型
變色龍

被動　　　　　　　　　　　　　　　　　　　　**主動**

S 穩定型－無尾熊

性格面向：被動/關係型(以人為主)
內心渴望：安全感、和諧、被接納
特質：以和為貴、善於傾聽他人、做事按部就班、配合度高，容易妥協迎合、不敢發言

影響型－孔雀 I

性格面向：主動/關係型(以人為主)
內心渴望：肯定、舞台、掌聲
特質：樂觀、健談不怕生、活力、喜歡與人相處表達想法，容易不切實際、忽略細節

關係型

圖 13-2　DISC 類型

一、支配型

（一）特色

支配型的人具備高支配型特質，競爭力強、好勝心盛，積極自信，是個有決斷力的組織者。他們胸懷大志、勇於冒險、分析敏銳，主動積極且具極為強烈的企圖心，只要認定目標就勇往直前，不畏反抗與攻訐，誓要取得標的物。

（二）領導風格

支配型的人領導以權威作風來進行決策，當其部屬者除要高度服從外，也要有冒險犯難的勇氣，為其殺敵闖關。

（三）代表動物

老虎。

二、影響型

（一）特色

影響型是具有高度表達能力的人，他們的社交能力極強，有流暢無礙的口才和熱情幽默的風度，在團體或社群中容易廣結善緣、建立知名度。

（二）領導風格

影響型的主管天生具備樂觀與和善的性格，有真誠的同理心和感染他人的能力，在以團隊合作為主的工作環境中，會有最好的表現。

（三）代表動物

孔雀。

三、穩定型

（一）特色

穩定型是具有高度耐心的人，他們的敦厚隨和，行事冷靜自持，生活講求規律但也隨緣從容，面對困境，都能泰然自若。

第1堂
第2堂
第3堂
第4堂
第5堂
第6堂
第7堂
第8堂
第9堂
第10堂
第11堂
第12堂
第13堂
第14堂
第15堂

（二）領導風格

穩定型主管，適宜安定內部的管理工作，強調無為而治，能與周遭相處而不樹敵，是極佳的人事導向領導者。

（三）代表動物

無尾熊。

四、服從型

（一）特色

服從型是具有高度精確度能力的人，其行事風格，重規矩輕情感，事事以規則為準繩，並以之為主導思想。他們喜歡在安全架構中的環境工作，行事講究條理分明、守紀律重承諾，是完美主義者。

（二）領導風格

他們性格內斂、善以數字或規條為表達工具，而不大善於以語言來溝通情感或向同事和部屬等作指示。

（三）代表動物

貓頭鷹。

五、綜合型

（一）特色

綜合型是具有高度應變能力的人，他們性格善變，處事圓融具彈性，能為了適應環境的要求而調整其決定甚至信念。

（二）領導風格

綜合型主管是支配型、表達型、耐心型、精確型四種特質的綜合體，沒有凸出的個性，擅長整合內外資訊，兼容並蓄，不會與人為敵，以中庸之道處世。

（三）代表動物

變色龍。

表 13-1 為 DISC 各類型統整表。

表 13-1　DISC 各類型統整表

動物	特質	領導風格
老虎	高支配型特質，競爭力強、好勝心旺盛，積極自信，是個有決斷力的組織者。	領導以權威作風來進行決策，當其部屬者除要高度服從外，也要有冒險犯難的勇氣，為其殺敵闖關。
孔雀	具有高度表達能力的人，他們的社交能力極強，有流暢無礙的口才和熱情幽默的風度，在團體或社群中容易廣結善緣、建立知名度。	孔雀型的主管天生具備樂觀與和善的性格，有真誠的同理心和感染他人的能力，在以團隊合作為主的工作環境中，會有最好的表現。
無尾熊	具有高度耐心能力的人，他們的敦厚隨和，行事冷靜自持；生活講求規律但也隨緣從容，面對困境，都能泰然自若。	無尾熊型主管適宜安定內部的管理工作，強調無為而治，能與周遭相處而不樹敵，是極佳的人事導向領導者。
貓頭鷹	具有高度精確度能力的人，性格內斂、善於以數字或規條為表達工具，而不大擅於以語言來溝通情感或向同事和部屬等作指示。	他們喜歡在安全架構中的環境工作，行事講究條理分明、守紀律重承諾，是完美主義者。
變色龍	具有高度應變能力的人，他們性格善變，處事圓融具彈性，能為了適應環境的要求而調整其決定甚至信念。	變色龍型主管是支配型、影響型、穩定型、服從型四種特質的綜合體，沒有凸出的個性，擅長整合內外資訊，兼容並蓄，不會與人為敵，以中庸之道處世。

課後討論

1. 請說明與上司人際關係的特點。
2. 請說明與部屬的溝通原則。
3. 請說明與客戶的溝通要領。
4. 請分享個人屬於 DISC 的何種類型。
5. 請分享個人在工作關係的因應方式。

第 **14** 堂

網路的人際關係與溝通

　　過去數十年來科技快速發展，為我們帶來了進步與方便，現今網際網路的使用已遍及全球，特別是大專學生，位居使用者之冠。

　　網際網路的發展，改變了人們的溝通方式與生活型態，除了帶來諸多方便與進步的利益，也造成了許多前所未聞的不道德與犯罪行為。網路本身的特性與空間豐富了個人不同的自我面向，但唯有善用各種網路行為，做好相關的人際管理，如此才能創造健康的網路人際社會。

| 本堂內容概要 |

電子情書與網路愛情

在電影《電子情書》（You've got mail）中，男女主角一位是大書店小開，一位是小書店的女老闆，因雙方書店的關係，他們早就認定對方都不是好相處的人。然而兩人後來經由網路的連結而相遇，成為無所不談的知己，藉著電子郵件交換每日的心情與感觸，這種開放、深入的傾訴與情感交流，甚至還變成他們生活中不可或缺的期待。若不是網路的隔離功能，這兩位在真實世界事業上有嚴重衝突的主角，根本不可能建立這種誠懇且具支持性的關係，並且在最終有個完美結局。

然而在現實案例中，就沒有這麼浪漫，一名女大學生在網路聊天室認識了一名網友，線上聊天十天後，網友藉口急用向她借錢，和她約在其就讀的學校門口交錢。不料，對方跟蹤她到租屋處，再到附近的網咖，透過聊天室線上留言恐嚇「我知道妳住在哪裡，五分鐘後樓下見，否則我就要對妳和妳的家人不利！」女大學生被強迫帶到房間，該網友性侵得逞，事後更說「我在暗、妳在明，若敢報警試試看」，後續又性侵八、九次。

聊天的雙方往往不清楚對方真正的身分，經由網路進行的溝通因為不必暴露自己的外貌長相、肢體語言，因此增添了一些神祕色彩，每個人可以抱著「反正他（她）又不認識我」的心態，很放心地和對方聊天、交朋友。使用者也可在網路上將自我塑造為另一個角色，在網路世界裡來一場角色扮演或化妝舞會；或者表現得比平時更為坦白，完全呈現真實的自我。網路世界中的虛擬與真實界線模糊，也正因為如此，網路交友也產生了正反兩面的影響。

學習筆記

網路人際關係屬於陌生人與陌生人的互動模式，不僅可衍生出網路交友，還有網路戀情，乃至於網路性愛、一夜情等都時有所聞。現代的人際關係常依賴 e-mail、Line、WhatsApp 等通訊軟體傳達訊息，極少面對面溝通，造成人們之間少了一份情感，多了些許隔閡。我們需仔細分辨網路交友的真假世界，尊重別人也保護自己。

14-1 網路人際溝通的概念

一、虛擬世界的實際行為

網路中人際互動的兩大特色即為「深度的自我表露」與「高度的親密性」。就「深度的自我表露」而言，由於社會大眾在網際網路情境中所表現的行為似乎較現實社會環境裡的反應顯得更自由、自在、無拘無束，這種行為表現又稱為「去抑制化」的效果現象。

簡單來說，「去抑制化」由於個體不必考量他人對自我的評價或限制，較能展現出不受現實生活拘束的行為反應，因此在網路上的行為表現形成較能坦白、直接與開放，容易讓個體在網路上提升人際關係。

就「高度的親密性」關係而言，由於「深度的自我表露」，使得人與人之間的互動關係發展得更為迅速、深入，無形中也讓人與人之間較能容許直接探問或接受徵詢個人訊息、隱私，形成了所謂支持度、認同感和親密關係等現象。

一般而言，愈重視親和需求（Need for affiliation）的人，使用網路的頻率也就愈高。網路上，使用親和需求的行為，大抵上是虛擬情感、休閒挑戰、結構阻礙、休閒娛樂、自主需求、休閒自我決定及資訊使用等方面。

PLUS+ 親和需求

「親和需求」是指建立友好親密的人際關係的需要，也是是保持社會交往和人際關係和諧的重要條件。高親和需求者渴望獲得別人肯定，容易關心別人感受、認同朋友觀點、行為，並習慣真誠對待他人感情，喜歡合作而不是競爭的工作環境，希望和他人溝通順暢、高度互相了解。高親和需求者更傾向於與他人進行交往，這種交往會為他帶來愉快。有時，親和需求也表現為對失去某些親密關係的恐懼和對人際衝突的迴避。

二、網路的人際關係

網路的人際行為類型，大抵上分為四方面：

1. 積極性社交的使用行為：主要強調擴展個人的人際關係及人際交流，不再侷限於地理空間，可以選擇互動對象和互動之頻繁性等。

2. 玩樂性的網路使用行為：主要強調網路可作為社會互動、玩樂、交換訊息及打發時間等，可依個人興趣選擇所流連的網站。

3. 逃避性的網路使用行為：乃指一個人自覺心情不好、不想與人接觸或者害怕與人接近，然後跳脫現實環境的束縛，進入電腦網路建構的另一個社會空間，以彌補個人在現實生活的缺憾。

4. 虛擬兩性性愛或社交的網路使用行為：乃指網路提供兩性交往、虛擬社交與色情文化性愛活動的社群與空間，進而構築出網路一夜情等發展出兩性之愛與性的世界。

除此之外，網路的行為，也表現出情感性依附的行為模式。通常透過網際網路，人與人之間較易增強其依附行為，以獲得內在心理需求的滿足，例如當一個人處在高壓力情境時，為了逃避不舒服、減少衝突、焦慮，可能尋求網路人際慰藉，以獲得更多的依附點與安全感。另外，網際網路的興起也形成了虛擬、社群的社會網路行為，此即是網路討論的社群人們。他們之間有共同的興趣或來自相同團體的成員，因為他們之間的互動、需求，所凝聚而成的社群網絡，如此也打破了地域上的溝通限制。此外，由於網路使用者可以自訂性別、年齡等不同身分，因此網路使用者會利用不同的身分賦予不同的任務，以塑造眾人的共同觀點。雖然如此有助於調節個人孤獨感。然而過度使用網路可能反映當事人不活躍於社交圈，以網路社群的人際關係來取代真實生活中的家人、夥伴的關係，如此則容易形成封閉自己、對自己缺乏信心等行為。

三、網路倫理

所謂倫理，教育部民國 87 年編印的國語辭典對倫理的解釋為：「人倫的道德條理；事物的條理。」韋氏辭典中 ethical 的解釋為：「符合某一專業或群體的行為標準。」因此，倫理是對人或對事的一種道德與是非對錯的信念，也是一種規範與責任。換言之，所謂的網路倫理就是在使用網際網路的過程中必須遵守的行為規範。

周談輝（民 91）曾經調查技專校院網路倫理教育的實施現況，結果顯示無論是教師或學生對於校內網路倫理教育並沒有特別深刻或強烈的印象，教師不僅不覺得學校有特別注重網路倫理的教育與宣導，教師本身也沒有在課堂上特別教授的經驗。同樣的，學生也沒有感受到學校或教師曾經宣導過網路倫理。然而，技職校院師生均認為網路倫理教育是有意義的，而且是解決網路脫序現象的有效方法之一。網路就如同一個學校或一個社會，在接觸頻繁之際，常因溝通技巧不良，而產生不必要的誤會，一不小心很可能導致他人不便，侵害他人權益，甚至破壞網路秩序與和諧。因此，網路資源雖然豐富，如何建立網路倫理，是每個網路使用者的責任與義務。

　　網路倫理的實施方式可從以下幾方面進行：

1. 使用網路查詢資料時，獲得所需的資料後應立即跳出系統，以免影響他人使用。

2. 不要隨便執行從網路上抓回來的程式。請先閱讀相關文件及版權說明，並檢查是否含有病毒。

3. 網路交談盡可能長話短說，並直指重點。

4. 傳送資料應註名所有引述與參考資料的來源。

5. 網路通訊應遵守逐級反應的原則，不可利用電子郵件直接向上級抱怨。

6. 網路交談應尊重他人，切忌謾罵或使用不雅字眼。

7. 不可使用學術網路作為商業用途。

8. 電子郵件末尾應附上姓名、單位、職稱與地址。

9. 未經他人同意不得擅自散布他人資料或資訊。

10. 不得利用網路集結群眾、組織或者恐嚇他人。

11. 不得在網路上攔截他人資料，甚至擅改內容。

12. 不得販賣色情刊物或者經營色情網站。

13. 不得散布不實言論，以致造成對方名譽受損。

14. 不得製造病毒或是散布有病毒的電子郵件。

　　臺灣地區自 1995 年開放網際網路後，至今已超過 2,170 萬人使用網路，無論男女老少，上網的人遍及各個年齡層，而且有越來越高齡化與年輕化的趨勢。上網已不再只是學生或研究者查詢資料的工具，而成為社會大眾生活的重要資訊工具，不可或缺的一環。技職教育的學生，不僅是電腦網路的使用者，本身也是電腦網路的設計與發展者，更是電腦設備的製造與維護者，對於電腦網路與網路倫理的議題應該更為關心與注重。總之，網路本身的特性與空間豐富了個人不同的自我面向，對個人身心、人際互動與生涯發展也有正向的功能。然而，唯有善用各種網路行為，做好相關的人際管理，如此才能有助於塑造健康的網路人際社會。

PLUS+ 玩「交友軟體」要注意！看《Tinder 大騙徒》預防感情詐騙！

　　在 Netflix 紀錄片《Tinder 大騙徒》中，假鑽石王子「Simon Leviev」不只騙財還騙色，誇張的行徑讓人不敢相信這竟然是真實事件！即使紀錄片最後三位受害者將他繩之以法，但他卻只關了五個月就釋放，至今 Simon 持續在各個國家到處詐騙！像這種到處行騙的渣男該如何避免呢？如果你也有使用交友軟體的習慣，以下 5 點絕對要謹記在心！

1. 網路形象都是人設：在網路上認識新對象時，大部分人會使用臉書、instagram 找出對方的個人資料，不過任何一個人都能利用「假訊息」塑造自己的形象。

2. 當局者迷，旁觀者清：當你決定要認真投入一段感情時，給身旁的朋友鑑定也是最好的方法！讓身邊的人了解你們的進度，絕對能一眼看出對方是否有鬼！

3. 罐頭問候男：如果對方發給妳的訊息都是：「早安」、「吃飯了嗎」、「晚安」、「你好漂亮」這類的問候，聊天時總是文不對題，就是所謂的「罐頭問候男」。

4. 確認對方是否繼續用交友軟體：如果兩人已確認關係，對方卻保持騎驢找馬、想再認識新對象的態度，不要囉唆快點逃跑！一隻手牽著你，一隻手滑交友軟體的男生絕對不夠珍惜你！

5. 談錢傷感情：兩人交往時最怕遇到跟「金錢」有關的事，騙子總先取得你的信任、建立關係後再告訴你「困難」之處，被戀愛沖昏頭的人往往不會有所察覺！

| SCAN ME |

《Tinder 大騙徒》
（資料來源：Netflix）

（引用自 https://www.beauty321.com/post/46608）

14-2 正義勇士「最醜女」的 抗網路霸凌行動

一、事件摘要

2015 年 4 月，在美國德州，26 歲的麗姬‧維拉斯奎茲（Lizzie Velasquez）罹患全球僅 3 人得病的「全身脂肪失養症」，她骨瘦如柴，全身沒有脂肪，體重從來沒有超過 30 公斤，導致她視力受損到只有左眼看得見，特異的外表讓她從小成為被取笑的對象。

麗姬的父母從小把她當正常孩子養育，她直到入學以後，才知道自己外表與別人不同。網路上批評她外表的惡毒言語不忍卒睹，包括「世界最醜女」、「燒死她」、「幫這世界一個忙，去死吧！」都曾讓麗姬心碎、灰心喪志，導致她不斷捫心自問：「我到底做了什麼？他們這樣傷害我？」甚至想結束自己的生命。

勇敢的麗姬面對網路霸凌，她決定選擇一條不一樣的反抗之路。她四處演講呼籲人人都應起身反抗網路霸凌，因而成為一個激勵人心的演說家。記錄她生命故事的紀錄片《勇敢之心》（A Brave Heart）2015 年 3 月在美國德州首映。她除推動美國聯邦政府制定反霸凌法案之外，也發起全球反網路霸凌行動。面對最殘酷惡毒的網路霸凌，她選擇寬恕與奮鬥，推動反網路霸凌，呼籲網友發言抵制那些躲在螢幕後毒箭穿心的留言，擴散正面能量。

二、問題分析

1. 仗義挺身：當網路上出現第一句惡毒酸言時，就開始產生擴散效應，各種酸言酸語開始冒出。這時如果我們能夠仗義挺身，不要發言攻訐那些傷人的網友，以免又形成另外一種網路霸凌，網友們只要接力留言表態「我走光明正大之路（I am taking the high road.）」，就能孤立那些暗箭傷人的網路霸凌留言，讓傷害停止。

2. 網路留言小心觸法：留言、按讚可能是一種參與霸凌的行為，網路霸凌的形成，往往起因於有人不斷地留言、按讚，使殺傷力不斷擴大，在網路上的留言用字必須要小心，除了有可能傷害他人，也有可能觸法而被提告或是因為參與留言而需負起共同刑責。

三、問題討論

1. 本文中麗姬發現網路上出現第一句惡毒酸言時，就開始會有擴散效應，各種酸言酸語開始冒出。她採取哪些對抗動作？網路肉搜報復？尋求諮商師治療？與律師討論回擊？躲起來視而不見？

2. 麗姬面對霸凌不斷捫心自問：「我到底做了什麼？他們這樣傷害我？」甚至想結束自己的生命。後來她能夠勇敢的對抗，請問她的家庭對她的成長過程有哪些影響？

四、學習筆記

第1堂
第2堂
第3堂
第4堂
第5堂
第6堂
第7堂
第8堂
第9堂
第10堂
第11堂
第12堂
第13堂
第14堂
第15堂

14-3 部落客網聚交流，同業共好

一、事件摘要

國外知名部落格《天下為暢》的格主暢哥，曾在 2013 年到 2018 年連續在全台北中南分別舉辦 20 多場的「部落客年度聚會」，聚會的重點為「部落客之間的交流」，《天下為暢》格主認為部落客這行很辛苦，需要前輩及同伴的指引，才能讓彼此更進步。

《天下為暢》的格主認為自己的位置和角色，足以聚集各路的優秀部落客，若不做就有點可惜，他明明有手可以推一把，何必小氣得把手縮起來呢，算是一種其實沒人點名，但主動舉手的使命感。每一場聚會他除了張羅場地外，還會邀請有專業的部落客簡短分享，目的是要把全台的部落客串連起來。因為他知道身處這個圈子裡，當這圈子裡的人變強，市場才會變大，然後圈內的每一份子都能受益，包括他自己。

「部落客年度聚會」採報名制，報名需先填寫以下內容包括：

1. 部落格名稱

2. 部落格網址

3. 我想分享的一個秘訣（每人 5-7 分鐘）

4. 是否願意參加禮物交換（不強迫）

每一次聚會，暢哥會先擬定活動議程，也會邀請一些學有專精的部落客來做簡短分享，歷年大約是 15-20 位分享者，活動最後會交換禮物，抽獎方式是「卡牌對對碰」，當然，帶不帶、或帶多少禮物都是非強迫性的，因為部落客沒有年終，沒有尾牙，沒有董事長會分紅給你抽股票汽車之類的，年度聖誕聚會的公關品交換很像是，部落客自己的歲末尾牙。

二、問題分析

1. 網路的人際關係與溝通：部落格（Blog）時代的平台從最早的 Yahoo! 奇摩的無名小站、痞客邦 Pixnet、Xuite 隨意窩、Blogger.com 等，吸引人閱讀的重點在「內

容」，每一篇用心創作的內容都有可能讓粉絲數增加，這些創作的內容不會被時間沖刷而逝，格主的所有背景、品牌、形象、創作、歷史全都在部落格裡讓人一目了然。有一年幾乎有一半的人都在講「人品」、「人脈」、「廠商關係」等等，這表示大家都很重視「部落客做人」這件事，也就是網路的人際關係與溝通。

2. 無私分享：歷年來，有很多知名部落客前輩主動免費到聚會中作無私分享，例如：「李柏鋒」分享《從部落客到媒體主編的這條路》、「就是教不落」的格主分享《主題部落客賺錢法則》、「廖阿輝」分享《五分鐘修圖快速十個技巧》、「小丰子」分享《如何尋找部落圈的貴人》、「AJ的旅行地圖」分享《主題旅遊市場挑選》。

3. 一起共好：為什麼這些前輩願意幫助其他部落客共同成長？他們確實真心希望這個行業能蓬勃發展，就如「年度部落客聚會」發起人暢哥所說，他秉持希望大家一起共好的理念，因為大家都好，一起把市場作大，大家都可以受益，暢哥以自己為例，他除了自己網站的瀏覽數超過 1 千 7 百萬人次外，也將自己的專業開班授課，並出版《部落客也能賺大錢》等四本著作。

三、問題討論

1. 經常聽聞網聚充滿很多不確定性危險和陷阱，請從本案例「部落客年度聚會」找出三個理由，說明這個網聚有辦法連續舉辦多年的主要因素，以及這個聚會在人際交流上有哪些幫助。

2. 仿照本案例，規劃一個舉辦網路聚會的邀請和活動流程。

四、學習筆記

第1堂
第2堂
第3堂
第4堂
第5堂
第6堂
第7堂
第8堂
第9堂
第10堂
第11堂
第12堂
第13堂
第14堂
第15堂

14-4 Line——職場溝通新革命

《商業周刊》與 EOLembrain 東方快線網絡市調合作調查排名百大企業的主管與部屬在職場使用 Line 的情形，完成台灣首次的「Line 職場溝通大調查」，結果發現，近 5 成的企業主管回應，Line 已成為他們聯絡公事的工具。3 個數據也告訴我們，Line 正繼 Email 之後，掀起職場溝通新革命。

1. 數字一：54.7% 的主管，希望 Line 訊息在半小時內就得到回應，使用 Email，希望在半小時內得到回應的比率降至約 26.8%。

2. 數字二：51.4% 的主管認為，群組討論議題時，部屬不表態顯示工作態度不積極，這表示，Line 成為主管對你打印象分數的新管道。

3. 數字三：有 7 成百大企業的主管，下班後會 Line 員工，代表你的工作與生活將更不可切割。

在「Line 職場溝通大調查」中，有近五成的員工最討厭主管下班之後還傳 Line 討論工作或交辦任務。面對這種困境，許多上班族會採取先不點進對話框、只預覽訊息，利用「未讀未回」替自己爭取休息時間，雖然這樣可偷閒一時，但終究治標不治本，無法讓緊繃的神經放鬆。

下班後總是將 Line 關靜音的「電腦人」出版社黃主編表示，假設不是須馬上處理的事項，其實可以中性的跟主管說：「收到了，謝謝，我早上再回覆你，」讓主管知道自己接收到了訊息，並會在什麼時候處理。

二、問題分析

1. 如何讓 Line 成為職場助力而非壓力：Line 已經成為辦公室的溝通新顯學，許多上班族卻也抱怨，老闆時常用 Line 遙控，讓自己每天 24 小時彷彿都在上班，群組內各種亂象，更讓人壓力好大。

當面對各種因 Line 而來的職場溝通新情境，要如何無壓力地使用 Line，讓它成為自己的職場助力，而非壓力來源，已成為現代白領的必修課題。

2. 主管如何擬定 Line 使用的分際：下班後如果主管還傳 Line 討論工作或交辦任務，你總是任務一來，不分緩急就馬上執行，並給予答案，久而久之，主管會習慣在你下班後也交辦任務，讓自己越來越累。104 獵才派遣事業群資深副總經理 Jason 晉則提醒，主管畢竟是手握權力、並為團隊績效負責的人，應主動肩負與員工擬定 Line 使用公約的責任，讓自己跟部屬都清楚了解使用的分際。

三、問題討論

1. Line 群組的發起人是主管本人，當同事紛紛向老闆噓寒問暖、甚或拍馬屁時，到底要不要沉默，還是適度表態跟著讚美兩句，才不會顯得格格不入？

2. 應該如何退出群組？先告知群組負責人，在退出前簡單向群組成員說明這樣會不會被認為多此一舉？或是一聲不響退出，這樣會不會沒禮貌？

四、學習筆記

第1堂
第2堂
第3堂
第4堂
第5堂
第6堂
第7堂
第8堂
第9堂
第10堂
第11堂
第12堂
第13堂
第14堂
第15堂

14-5 社群假象：臉書 5 千好友，卻是班上邊緣人

一、事件摘要

漢強（化名）有近 5,000 個臉書（Facebook）好友，但回到現實中，漢強在班上卻是「邊緣人」。專家觀察，青少年在現實生活中遇到人際挫折，會選擇遁逃進網路世界，在網路上「另起爐灶」，但過度依賴網路上的好人緣假象，不只容易身陷網路交友和網路霸凌風險中，這恐讓網路成為壓垮青少年的最後一根稻草。

臨床心理師 King 博士指出，許多來諮商、有情緒困擾或自傷行為的青少年，在現實生活中的人際關係很差，但在臉書上好友數卻可以達到官方上限，然而這些「臉友」都不是真的朋友，很多都是網路上亂加來的，這些有情緒困擾的青少年透過好友人數來塑造自己在網路上極受歡迎的假象，進而滿足自己受傷的心理。

King 博士表示，網路滿足了這世代青少年的心理需求，但也讓孩子更加脆弱，缺少面對困境、排解負面情緒的能力，但當青少年在網路世界遇到挫折，比如網路霸凌，下一步可能乾脆選擇「不玩了」，提前從人生中畢業。

二、問題分析

1. 比較的焦慮：根據大直高中輔導室吳主任分析，網路社群軟體已是面對青少年憂鬱時不可忽略的風險因子，很多有自殺意念的學生自我價值低落，「外在很華麗，但內在很脆弱」，不確定自己是否成功，背後原因與少子化下父母期待過高、社會環境都有關，成功的定義愈來愈模糊，學生時時刻刻處在比較的焦慮中。

2. 2.網路霸凌：在網路世代，平均每三人就有一人是網路霸凌的受害者，霸凌者甚至無須顯示自己的真實身分，就可以肆無忌憚地侮辱受害者，而且霸凌透過網路會在短時間內擴及許多人。受害者所受的傷害可以從教室裡，迅速擴散到虛擬的私人生活領域。若無人制止網路霸凌，其後果對於受害者非常可怕，受

害者可能會從自卑的心理惡化變成憂鬱。若無人輔導，被霸凌者可能會絕望而萌生自殺念頭。因此學校應成立反網路霸凌心理輔導專責人員，但最主要的是如何讓學生願意表明自己受網路霸凌的事實。

三、問題討論

1. 有學生在學校裡吵架，其中一名學生將吵架過程加油添醋後放上網路平台，並公布同學姓名，網友將學生的社群帳號全部肉搜出來瘋狂留言，該風波讓部分學生出現嚴重憂鬱情緒，若遇到這種網路霸凌事件，請問校方、律師、貼文學生家長應該做哪些處理？

2. 網紅文化讓按讚數多寡與成功漸畫上等號，臉書上多數人都是把成功快樂好的一面放上社群，你認為發文的人生活中就沒有挫折和痛苦嗎？還是因為自己不行產生比較心？或自我認同感太低？

四、學習筆記

課後討論

1. 請說明網路中人際互動的兩大特色。
2. 請說明網路的人際行為可分為哪四方面？
3. 請說明網路倫理的實施，可從哪些方面進行？
4. 請分享個人如何利用網路建立人際關係。

第 1 堂
第 2 堂
第 3 堂
第 4 堂
第 5 堂
第 6 堂
第 7 堂
第 8 堂
第 9 堂
第 10 堂
第 11 堂
第 12 堂
第 13 堂
第 14 堂
第 15 堂

第 15 堂

社會的人際關係與溝通

自有人類以來，人類就過著群居的生活，文明的發展和科技的昌明，使我們置身於一個高度工商業發達的社會之中，個人的生存更是無法獨立於群體之外。人在社會群體之中，甚至在所居住的環境、社區都脫離不了人際關係與溝通，其中社區更是我們得以大大發揮人際關係的地方。社區不同於行政區，是動態且具有高度彈性的，並非硬性規定或劃分所成立的，社區問題的產生與解決與整個社區的自然資源、人文環境與風俗習慣等息息相關。

社區人際關係的重要組成也就是俗稱的「鄰里關係」，千金買屋，萬金擇鄰。鄰里關係，是現代社區裡人與人關係中重要的部分之一。

| 本堂內容概要 |

桃米生態村　溝通凝聚共識

　　位於南投縣埔里鎮的桃米社區，原是一個典型傳統農村，自 1999 年 921 大地震後，專業社區營造輔導團隊「新故鄉文教基金會」進駐社區輔導桃米社區重建。「新故鄉文教基金會」在協助桃米社區重建的過程中，透過聆聽在地聲音，發現全台有 32 種青蛙，桃米社區就有 23 種，於是發起將社區轉型生態村的構想，也帶動埔里變成生態城鎮，從生態保育出發確立社區定位，帶動觀光產業發展並引入藝術文化產業，進而達成公共治理與城鄉轉型的願景。

　　桃米社區的轉型過程，歷經幾個階段的治理挑戰，在衝突、緊張的過程中，各團隊除了冷靜反省思考，彼此也誠意地溝通、妥協，不讓衝突持續惡化，漸漸邁入了自主營運的架構。居民在邁入了自主營運後，彼此凝聚、互相信任和願意冷靜下來討論、交換彼此意見，抱持積極參與社區營造的態度，努力實踐共同理想，最後由桃米社區發展協會、桃米休閒農業園區推展協會和新故鄉文教基金會桃米生態村三個在地團體，共同成立「桃米生態村旅遊服務官方網站」成為對外的聯合窗口，負責推廣桃米生態村的觀光事宜。

　　桃米社區在 921 地震前是埔里鎮最貧窮的社區，921 地震後，投入埔里地區災後重建，致力展開各項參與學習，並以原有豐富自然生態資源為基礎，推動打造桃米生態村，創立紙教堂新故鄉見學園區，培養社區永續發展能力，20 多年來，桃米生態村已成為台灣社區營造的典範。

學習筆記

　　「核心價值」是桃米生態村發展的過程中，讓居民改變觀念與行為、維繫社區居民的主動參與、建立居民整體社區概念的最關鍵因素，社區關係的經營最重要的溝通工具就是訊息公開發布及推廣，讓行動方案獲得支持。

15-1 社會人際溝通的概念

　　人是社會動物，不能孤獨地存在這世上。自有人類以來，個體就過著群居的生活，上有父母祖先，旁有親戚鄰居，在個體漸漸長大之後，人際關係就愈來愈多。文明的發展和科技的昌明，使我們置身於一個高度工商業發達的社會之中，個人的生存更是無法獨立於群體之外，人在社會群體之中，甚至在所居住的環境、社區都脫離不了人際關係與溝通，其中社區更是我們得以大大發揮人際關係的地方，以下四點可作為我們參考：

一、帶動居民參與社區公共空間藝術化

　　社區內的公共空間盼能融入當地藝術家及文史工作者的力量塑造公共藝術化。而在規劃及設計期間，應定期對居民發表工作進度，並同時瞭解居民的要求。施工期間，可帶動全體居民「美化社區，大家一起來！」，使居民對社區內的各項設施均有歸屬感。如此不但可增進居民間的感情，對於各項設施在使用上將更加愛惜，不易破壞。

　　在民眾參與的同時，也可導入居民創意的設計，如：馬賽克所組成的圖案、植物種植的不同組合等。使社區內居民的創作在展現的同時，可獲得成就感。

二、以社區共同刊物散播社區意識

　　社區刊物可說是社區成長的記錄員，也可說是散播社區意識的好幫手。社區刊物能反映出社區居民的生活片段，提供意見交流的空間，促進資訊流通並為整個社區成長留下忠實的記錄。社區刊物的出版媒介一般常見的有「傳統紙張印刷」與「電子報」兩種，主要以社區居住人口的閱讀習慣為考量。

　　對社區刊物來說，最重要的就是居民的支持與認同；因此，應當鼓勵居民踴躍投稿，使居民與居民間能有一良好的溝通管道，而非社區工作者的私人作品集，並定期以問卷調查或訪談的方式，才能真正瞭解居民的需求。

三、整合社區資源做好社區照顧

所謂社區照顧，便是結合社區中或社區以外的正式和非正式資源，共同為社區中的人提供服務，使他們在生活居住的環境中，就可得到所需的照顧。只要社區居民願意主動關心身邊的鄰居，提供一些物質或非物質的協助，再加上鄰近的專業資源的協助，即為社區照顧。

四、推動社區治安工作

要推動社區治安工作，首先應提升社區守望相助理念，改善社區人際關係，經常舉辦社區活動，喚起民眾社區意識，主動參與自發性社區工作，並加強警民合作關係，共同維護社區治安。加強社區服務隊，讓民眾瞭解「坐而言，不如起而行」，想要擁有美好之社區環境，應當全體居民一起來投入社區服務的行列。

PLUS+ 從參與區權人大會開始，認識社區真實面貌

參與區權人大會議通常是每一年例行時間召開，主要流程分成三部分：

1. 管委會同步社區經營情況、社區重大議題宣達，有需要就進行全員表決。

2. 社區住戶意見反應，有需要就進行全員表決。

3. 選舉下屆管委會代表。

身為住戶一定要參與區分所有權人會議，原因如下：

1. 了解社區重大議題，社區經費的實際運用情況。

2. 充分發揮你的意見發表、表決權益。

3. 觀察各種鄰居的個性。

基於以上幾點，可以了解參與區權人大會，才能確實表達對社區生活的意見，落實居住的權益，也能進一步認識社區住戶。另外，也能思考自己是要當一般住戶、還是能代表你們這棟樓發聲的管委會成員、甚至有能力成為主導社區權益的主委。

| SCAN ME | 你是社區的「區權人」嗎？這些權利你不可不知！
（資料來源：建築先生 Jackson 敲敲門）

（引用自 https://www.thenewslens.com/article/155874）

15-2 師大商圈爭議——住家與商家應如何溝通

一、事件摘要

2007 年，師大附近的「康青龍社區」與其附近一、兩公里台大公館的「溫羅汀社區」是人文薈萃、歷史悠久的高等學府社區。但隨著夜市發展，媒體宣傳與房仲業炒作店租，平價服飾店開始聚集在社區周圍，形成商圈，而逐漸擴大的商圈，更一躍成為觀傳局宣傳的國際亮點，原服務地方之特色店家，在店租哄抬之下一一被逐出。大量人潮帶來噪音、環保與公安問題，引起社區居民強烈反彈，發起反對夜市文化侵入住宅區的抗議活動，在熱心人士的奔走下，數個不約而同所組成的民間團體一一成立，「師大龍泉、古風、古莊」三里居民組成自救會，成功帶動居民間的討論，迫使政府執法、改善環境。為解決雙方爭議，臺北市政府於 2012 年 3 月分別辦理 3 場座談會，聽取居民與商家意見，並宣布新的措施——「記點」制，來約束商家。後來市府對夜市開罰，非法經營的商家一間間關閉，商圈也隨之沒落，店家紛紛出走，導致現今門可羅雀的景象，商圈魅力已不復以往。

二、問題分析

大學附近商圈，與一般商圈不同的地方在於大學學術、文化所帶來的人文氣息，如能藉由政府、住家、店家誠心的討論、協商，形成共識，則可轉變為環境優美、秩序井然、具文化品味的特色商圈，但因長期缺乏對住家、店家的瞭解與對各種面向之需求調查，使得雙方共識難以建立。

師大商圈當地居民抗議夜市人潮眾多、出入頻繁，且商家大多營業至深夜，影響到當地居民的住宅品質，夜市沒有成立委員會、未和居民雙方達成共識，甚至夜市所帶來的商業利益只有商家、房東受惠，居民除了沒有得到任何回饋，還得到髒亂環境與擁擠的生活空間，進而導致居民產生反彈聲浪。

為創造社區多元發展與觀光資源永續，如何從城市與文化生活的宏觀角度，重新設定師大商圈的發展，店家與居民如何自律與規範，使住商關係更為融洽，降低認知差異成為當前的課題。

三、問題討論

1. 店家與商家應如何溝通以凝聚共識？店家應如何規範營業時間、打掃環境？居民則要以什麼方式展現出溝通的彈性跟善意？

2. 住家與店家可否共同成立具影響力的社區發展協會，以參與住家對商圈的管理，共同建立符合社區多元發展與觀光資源永續之需求？

四、學習筆記

第1堂
第2堂
第3堂
第4堂
第5堂
第6堂
第7堂
第8堂
第9堂
第10堂
第11堂
第12堂
第13堂
第14堂
第15堂

15-3 鸞山部落──
永續從自我價值溝通開始

一、事件摘要

　　2004年，有財團覬覦鸞山部落附近的榕樹林，計畫買下土地、砍去林地，開發成度假村，也有廟方想在這裡興建靈骨塔與廟宇。從小在部落長大的阿力曼對鸞山森林有一股難以言喻的感情，他在協助臺東大學劉炯錫教授進行當地榕樹調查和部落歷史文化保存，並與不同的環保、生態團體密切接觸時，不僅提升了他的視野，也開啟了他保護森林的意識。

　　草創森林博物館之初，最困難的是說服族人支持，由於多數人已和財團談好土地價格，有些甚至連訂金都已收下，阿力曼苦口婆心說服族人，臺灣已經有太多類似的例子，例如北部烏來，東部紅葉、知本，因為原住民不夠堅持，這些地方逐漸觀光化，喪失了本色，阿力曼以「故鄉是唯一的淨土，我們不保存，那要誰來保存？原住民要相信自己能走出去。」他阻擋了臺灣低海拔山林的悲劇，挽救這片珍貴的森林。阿力曼在觀光營造與傳統維護之間取得平衡，著重於「生態教育」，讓外人在金錢主導的世俗邏輯之外，也能看見林木原生的寶藏。

　　為避免遊客大量進入帶來的破壞，部落除加強宣導與巡護外，考量環境承載量後採取總量管制策略，朝小眾的精緻旅遊方向邁進，防止觀光過度發展所帶來的環境破壞，同時也維持原本寧靜的部落特色。

　　現在的鸞山部落已成為一座永續森林博物館，觀光客的肯定與驚嘆讓居民察覺到對自身文化的驕傲感，也刺激他們有更強烈的動機去挖掘文化內涵、形塑文化觀光內容，並在這過程中強化族群身分認同，而其文化資產因觀光而獲得保留與活用。

二、問題分析

　　鸞山部落宛如世外桃源，如果沒有館方人員指引，外人找不到入口、衛星導航也會出現空白，因為阿力曼堅持不做文宣、不設路標，同時進入部落之前加強說明部落文化特質，減少遊客因認知不足而造成主客衝突。

鸞山部落的管理機制：

1. 入館採預約制且總量管制，大型巴士遊覽車或中巴遊覽車、自用車僅能停在鸞山派出所廣場（一般轎車、機車可以進入），派出所與森林博物館間只能用9人座廂型車或小客車接駁。

2. 人聲管制：為不打擾館內的野生動物，進入森林博物館請將手機調至震動或關機、講話盡量放低音量禁止大聲喧嘩，並不用麥克風以表示對森林的尊敬。

3. 物種管制：禁止任何未經許可攀折挖取獵捕森林博物館野生動植物、禁止任何未經許可破壞改變森林博物館野生動植物棲地環境、禁止亂丟垃圾，實施垃圾不落地。

三、問題討論

1. 阿力曼如何溝通與規範鸞山部落，化解文化與觀光兩者間的矛盾，並在兩難間取得平衡，讓族群文化主體不致被觀光發展洪流所淹沒？

2. 鸞山部落的到訪者必須準備一包檳榔、一瓶米酒，向山神及祖靈打招呼，也祈求平安及感謝，這個儀式的意義代表什麼意涵？

四、學習筆記

第1堂
第2堂
第3堂
第4堂
第5堂
第6堂
第7堂
第8堂
第9堂
第10堂
第11堂
第12堂
第13堂
第14堂
第15堂

15-4 城市印象行銷──在地職人故事溝通

一、事件摘要

2021「海派、浪漫。Say 基隆」城市觀光論壇,邀請 7 位職人分享在基隆於各自專業領域中打拚成長的故事,讓與會觀眾在聆聽之時,可用 7 種維度認識一個城市印象──這是一場用 7 個職人行銷基隆最佳溝通方式。

演講的職人必須遵照特殊的「3663」架構,撰寫一份總長 18 分鐘的簡報,對觀眾介紹自己的生命故事,讓觀眾在 18 分鐘內接收到你要傳達的城市印象,這份簡報就是講者對觀眾的溝通工具。

透過探尋、認識、了解到共同創作,「挺好 Talk」主辦方希望讓每一位職人分享的都是自己的生命故事。

在論壇中,七位來自不同專業領域的職人,跟大家分享屬於他們的生命故事,不僅展現多變的基隆魅力,也找到讓人在基隆 long stay 的理由。

七位職人分別為:爵士小號演奏家魏廣皓、莫斯科國際攝影獎建築類第一名的楊宗翰、帶領和平島公園獲得金點設計獎及亞洲唯一取得 ISO 20121 永續認證的黃偉傑、獨自完成西班牙朝聖之路的單彥博;基隆中元祭的主責道長李戊己、參與基隆社區營造的吳宜晏、熱愛咖啡文化的基隆媳婦。

二、問題分析

1. 在論壇中共有 7 位職人,每個演講的職人必須遵照特殊的「3663」架構,撰寫一份總長 18 分鐘的簡報,「3663」架構分為以下四個段落(圖 15-1):

   (1) 第一段的 3 分鐘是行業的開場、講述這個領域對台灣的價值。

   (2) 接著 6 分鐘是讓聽眾認識這個人,設計職人要找出人生記憶中最能感動人的故事,而不是自己印象最深刻的歷程。

(3) 第二個 6 分鐘是將生命歷程與土地結合的社會創新。

(4) 最後結尾的 3 分鐘則是對聽眾的行動倡議與呼籲。

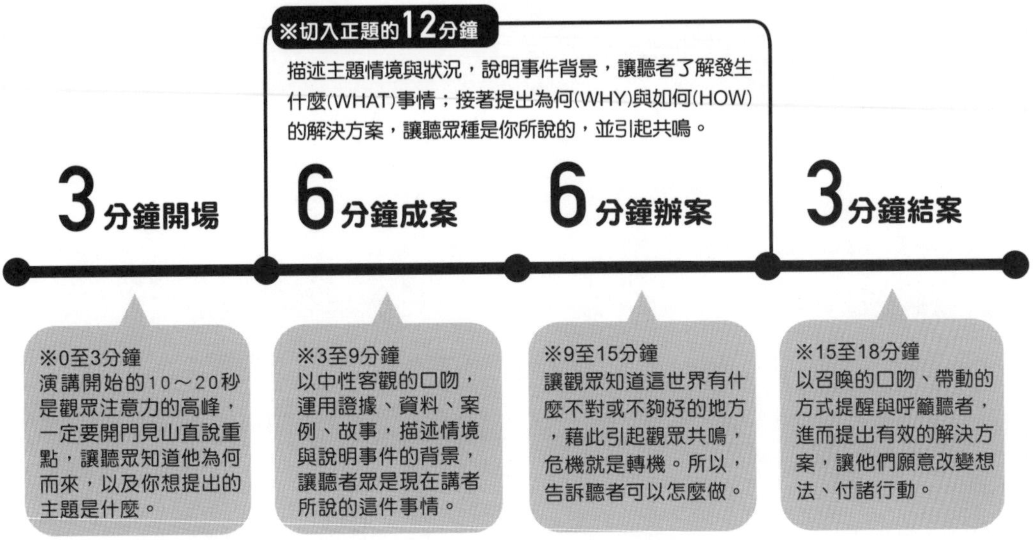

※切入正題的 **12**分鐘
描述主題情境與狀況，說明事件背景，讓聽者了解發生什麼(WHAT)事情；接著提出為何(WHY)與如何(HOW)的解決方案，讓聽眾種是你所說的，並引起共鳴。

3分鐘開場 　　**6**分鐘成案 　　**6**分鐘辨案 　　**3**分鐘結案

※0至3分鐘
演講開始的10～20秒是觀眾注意力的高峰，一定要開門見山直說重點，讓聽眾知道他為何而來，以及你想提出的主題是什麼。

※3至9分鐘
以中性客觀的口吻，運用證據、資料、案例、故事，描述情境與說明事件的背景，讓聽者眾是現在講者所說的這件事情。

※9至15分鐘
讓觀眾知道這世界有什麼不對或不夠好的地方，藉此引起觀眾共鳴，危機就是轉機。所以，告訴聽者可以怎麼做。

※15至18分鐘
以召喚的口吻、帶動的方式提醒與呼籲聽者，進而提出有效的解決方案，讓他們願意改變想法、付諸行動。

圖 15-1　「3663」架構

　　這樣的時間分配可以精準掌控論壇進行的節奏及時間，每個演講者在 18 分鐘內要濃縮自己的內容，可以讓演講更精彩。

2. 基隆城市論壇策展團隊從城市行銷開始著手，尋找故事、訓練職人，以全球最有影響力的表達方式，設計屬於城市自己的「風格論壇」找出一個城市的職人，策展團隊必須要在城市蹲點，找出各個領域的職人，透過在地職人說生命故事，型塑城市印象，這種溝通最撼動人心。

三、問題討論

1. 政府推動政策採行強制規定，但是往往要付出許多社會成本與爭議。由民間各有專精一方的職人，透過自己的故事溝通，讓民眾自然而然由衷感動，但花費溝通時間較長，請比較兩種優缺點。

2. 學習 3663 架構，撰寫一份自己的專長簡報，將完成的過程心得分享給同學或同事。

學習筆記

第 1 堂
第 2 堂
第 3 堂
第 4 堂
第 5 堂
第 6 堂
第 7 堂
第 8 堂
第 9 堂
第 10 堂
第 11 堂
第 12 堂
第 13 堂
第 14 堂
第 15 堂

15-5 說話的藝術——
社會情商溝通術

一、事件摘要

古代有一位國王，一天晚上做了一個夢，夢見自己滿嘴的牙都掉了。隔天，他就找了兩位解夢的人。

國王問他們：「為什麼我會夢見自己滿口的牙全掉了呢？」

第一個解夢的人就說：「皇上，夢的意思是，在你所有的親屬都死去以後，你才能死，一個都不剩。」皇上一聽，龍顏大怒，杖打了他一百大棍。

第二個解夢人說：「至高無上的皇上，夢的意思是，您將是您所有親屬當中最長壽的一位呀！」皇上聽了很高興，便拿出了一百枚金幣，賞給了第二位解夢的人。

同樣的對象、同樣的事情，為什麼一個會捱打，另一個卻受到嘉獎呢？因為捱打的人不會說話，得賞的人會說話而已。

二、問題分析

1. 「一句話說得人笑，一句話說得人跳。」關鍵就看你能不能把話說得巧妙。這裡所謂的巧妙指的就是能夠說出最善體人意或最貼切的話。要達到巧妙的境界，就必須對周圍的人事十分敏感，並掌握說話的技巧，隨時都能果斷地陳述自己的意見，而且重點是不能引起他人的反感。用這種技巧來處理棘手的情況或人際關係，你自然會令人感覺「如沐春風」而不是「言語可憎」。

2. 古希臘有一句民諺說：「聰明的人，藉助經驗說話；而更聰明的人，根據經驗不說話。」每個人都希望獲得別人的尊重，受到別人的重視。當我們專心一致地聽對方講，努力地聽，甚至是全神貫注地聽時，對方一定會有一種被尊重和重視的感覺，雙方之間的距離必然會拉近。

三、問題討論

1. 對國王的解夢，同樣的事情，同樣的內容，為什麼一個會捱打，另一個卻受到嘉獎呢？請仔細分析兩者的解夢內容有什麼差異。

2. 說話太直的人之所以傷人，是因為說話的人只顧自己說話，並不考慮對面和他對話的這個人的感受，沒考慮到每個人成長經歷、看待事情的角度不同，利益不同，關注點不同，動機不同。舉出自己曾被直白的人傷過的話，思考一下可以怎麼說？

四、學習筆記

課後討論

1. 請說明在社區中，發揮人際關係的四項要點。

2. 請分享自己參與社區活動的經驗。

PLUS+ 說話溫和，是情商高的基本表現！金馬影帝黃渤 8 招「說話的藝術」

1. 正話要反說，反話要正說：當對方所說的與你所想的契合，而你直接附和又似乎不太恰當，那麼就可以把「正話」反過來說出去；反之，當對方所說的並非你所想的，要是直接反駁必定不成體統，那麼就可以順著對方說「反話」，皆大歡喜。

2. 不輕易自嘲，除非弱點能成了優點：自嘲是人們遭遇窘迫或者尷尬的情形時，不得不選擇的一種下臺階的方式。自嘲在本質上是為自己已經暴露在外的缺點，努力創造挽回餘地的辦法。它的確是一種能力，但絕不是幽默的最高境界。

3. 遭遇無奈是不需要回應的：經常遇到自覺無奈的窘況，是再正常不過的事情了。關鍵是，當你在無奈的時候，能夠忍住可能的委屈和不舒心，做到不去直接應對，才是社交水準的重要體現。

4. 難以回答的問題，「反問」是最佳答案：在很多時候或社交場合，直白的將話從口中說出來，並不是最好的表達方式。語言往往需要轉換為其它方式或角度，才能更好達到你想要的表達目的。反問的功用正在於此，既能解決掉可能花費很多口舌才能說清楚的事，又不僅限於此。

5. 朋友緣怎麼來？就是互相直言卻不造成傷害：與認定的朋友相處，就一定要以他為鏡，同時也做朋友的鏡子，看到對方的不足之處；要直言相告，讓他能在第一時間意識到問題所在，並且加以改正，才可保證朋友不在其他人面前或其他地方出現更大的錯誤。這也是與朋友相處時相當重要的說話藝術。

6. 誰的青春不迷茫：如果你是一位在年輕人眼中比較成功的人，遇到需要安慰他們浮躁而迷茫的心態時，最應該設身處地站在他們的角度，試著與他們的心理狀態取得一定的交融，比如像黃渤一樣，首先承認迷茫是存在的，自己也是那樣走過來的，並用一連串好玩的例子來說明。然後，再進入真正的安慰階段。

7. 要平易近人，但不卑不亢：能做到平易近人，源自於對別人的理解及有換位思考的寬厚和善之心。體諒到別人的需求和感受，才會放低自己的身段，與對方平等交流和交往。也因此，才能在與人說話時，讓對方感覺到你絲毫沒有架子，而且了解你是從別人角度考慮過的。不過，平易近人並不等於投其所好的奉迎。

8. 說話溫和，是情商高的基本表現：不管影響我們判斷一個人情商的因素有多少，從最基本的層面來看，透過他說話是否夠溫和，脾氣是否夠好，就能有一個大致的判斷，哪怕是表達與他人完全相反的觀點，或者面對自己不喜歡的人，這樣才能有意識的不斷提高自己的情商，成為受大眾歡迎的人。

（引用自 https://www.vogue.com.tw/culture/content-48652）

國家圖書館出版品預行編目資料

做人比做事更重要！15堂人際關係與溝通課／周談輝，周玉娥編
著. -- 七版. -- 新北市：全華圖書股份有限公司, 2022.04
　　面；　公分
ISBN 978-626-328-128-8（平裝）
1.CST: 人際關係 2.CST: 人際傳播 3.CST: 溝通技巧
177.3　　　　　　　　　　　　　　　111004222

做人比做事更重要？ 15堂人際關係與溝通課

作　　者／周談輝、周玉娥

發 行 人／陳本源

執行編輯／謝儀婷、梁譽耀、何婷瑜

封面設計／盧怡瑄

出 版 者／全華圖書股份有限公司

郵政帳號／0100836-1號

印 刷 者／宏懋打字印刷股份有限公司

圖書編號／0904806

三版三刷／2023年09月

定　　價／新台幣400元

I S B N／978-626-328-128-8（平裝）

全華圖書／www.chwa.com.tw

全華網路書店 Open Tech／www.opentech.com.tw

若您對本書有任何問題，歡迎來信指導 book@chwa.com.tw

臺北總公司（北區營業處）

地址：23671新北市土城區忠義路21號

電話：(02) 2262-5666

傳真：(02) 6637-3695、6637-3696

南區營業處

地址：80769高雄市三民區應安街12號

電話：(07) 381-1377

傳真：(07) 862-5562

中區營業處

地址：40256臺中市南區樹義一巷26號

電話：(04) 2261-8485

傳真：(04) 3600-9806（高中職）
　　　(04) 3601-8600（大專）

歡迎加入 全華會員

●會員獨享
會員享購書折扣、紅利積點、生日禮金、不定期優惠活動…等。

●如何加入會員
填妥讀者回函卡直接傳真 (02) 2262-0900 或寄回，將由專人協助登入會員資料，待收到 E-MAIL 通知後即可成為會員。

如何購買

全華書籍 全華門市

1. 網路購書
全華網路書店「http://www.opentech.com.tw」，加入會員購書更便利，並享有紅利積點。

2. 全華門市、全省書局
歡迎至全華門市（新北市土城區忠義路 21 號）或全省各大書局、連鎖書店選購。

3. 來電訂購
(1) 訂購專線：(02) 2262-5666 轉 321-324
(2) 傳真專線：(02) 6637-3696
(3) 郵局劃撥（帳號：0100836-1　戶名：全華圖書股份有限公司）
※ 購書未滿一千元者，酌收運費 70 元。

OpenTech 全華網路書店
OpenTech.com.tw
全華網路書店 www.opentech.com.tw
E-mail: service@chwa.com.tw

※ 本會員制如有變更則以最新修訂制度為準，造成不便請見諒。

附錄

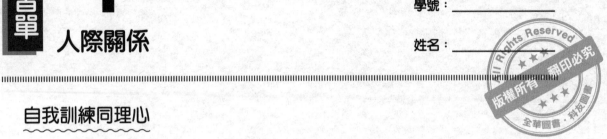

自我訓練同理心

　　「同理心」被視為人際關係的潤滑劑，同理心就是設身處地，理解對方的感受，同理心非天生養成，而是要靠後天慢慢練習。請按照下列步驟練習：

Step1 ｜放鬆身心

有安定平和的心情，才能騰出空間收納他人的故事。每個人都能探索和建構屬於自己獨特的靜心儀式，例如聽音樂、深呼吸或正念冥想（mindfulness），運動或散步等，靜下心來，安頓自我。

Step2 ｜進入別人的故事

　　同理心的學習需要跨出大腦，透過跨感官的全身心投入，去聆聽、敘說、扮演具深刻意義的生命故事。看電影、讀小說時，試著跳脫自我，切換到劇情中不同角色的觀點，重新思考「他為什麼要那樣想，那樣做？」，尤其是針對那些令你感到「不可理喻」的角色。接著可以慢慢將這種練習應用於日常生活中，累積對周圍人們的了解。

Step3 ｜察覺差異，超越原有觀點

切換角度，從不同人的立場感知事情，最後覺察並尊重彼此的差異，才是培養同理能力的方法。閱讀、電影賞析或參加讀書會，這類的人際互動能讓我們覺察到自己視野的侷限，繼而能超越原有觀點，對他人心理的了解更為周全。

Step4 ｜心得分享

請分享練習過程與心得。

（請沿虛線撕下）

278

班級：_____

學號：_____

姓名：_____

　　人在互相溝通的時候，口語僅佔 7%，而肢體語言則佔了 55%，其中又以面部表情所佔最多，蘋果創辦人賈伯斯的簡報風格充滿魅力，可從其簡報中可學習他的聲音、手勢、肢體語言溝通的魅力與簡報技巧。

　　請舉出 6 種非語言溝通類型，並以肢體表現出來。

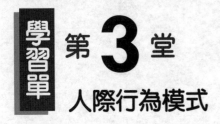

　　人脈就像存在存摺裡的資本一樣，可以聚沙成塔、產生效益。家人、長輩親戚、同鄉、同學、師長、校友、社團夥伴，公司同事或閨蜜，都算是我們的人脈基礎。請畫出自己的人脈基礎網路，並設計一個自己可以記住對方的方式。

學習單

第**4**堂
情緒與壓力管理

班級：＿＿＿＿＿＿＿

學號：＿＿＿＿＿＿＿

姓名：＿＿＿＿＿＿＿

　　逆境智商（AQ）專家史托茲認為，一個人 AQ 愈高，愈能以彈性面對逆境，積極樂觀，接受困難的挑戰！當你面對情緒時，是否能將心中的感覺說出來呢？面對你的同學、朋友、老師、父母是否都可以做到呢？請紀錄二個你的情緒事件，分析情緒來源，面對情緒時你的表達方式是甚麼？想一想你是否有更好的紓解方式和尋求幫助的對象。

事件一

情緒或壓力來源	
面對情緒你如何表達？	
尋求幫助的對象	
更好的紓解情緒方法和對象	

（請沿虛線撕下）

（背面尚有內容）

事件二

情緒或壓力來源	
面對情緒你如何表達？	
尋求幫助的對象	
更好的紓解情緒方法和對象	

學習單 第 **5** 堂
人際衝突與處理

請列舉出同學平日相處之間常見的人際衝突以及如何化解該衝突地方法，例如誰該倒垃圾、分組報告工作分配等事件。可角色扮演實際演練衝突與調解。

同學常見的人際衝突	處理方式與說明

溝通小技巧

化解衝突需要能控制雙方情緒，並且懂得運用機智和幽默感，才是真正有智慧的作法。當雙方劍拔弩張時，調解者若能順勢利導、適時化解，便可讓雙方有台階下，保住顏面，免去一場衝突。

（請沿虛線撕下）

學習單

第 **6** 堂
溝通的技巧

班級：_____

學號：_____

姓名：_____

傾聽與讚美都是溝通的基本技巧，請完成下列二個練習。

 練習傾聽

請敘述一件你仔細傾聽的人、事、物及內容：

（請沿虛線撕下）

（背面尚有內容）

練習讚美

　　不是在 FB 或 Line 等社群軟體上按讚，而是要面對面親口對人讚美，請你誠心對至少二個人讚美，並將讚美的對象、內容及對方反應敘述於下。

第 **7** 堂
談判的技巧

班級：＿＿＿＿＿＿＿＿

學號：＿＿＿＿＿＿＿＿

姓名：＿＿＿＿＿＿＿＿

　　談判大師赫伯・寇恩說：「人生就是一張大談判桌，不管喜不喜歡，你已經置身其中了！」談判就是協商、商量、合作，甚至諮商都行，舉凡業務經營、財務採購、人事糾紛、勞資衝突、生活溝通等事情，都可經由談判解決紛爭。請完成下面兩個案例：

案例一

　　你應徵上飯店接待人員，你的期望薪資為 3 萬 5 千元，但人資核薪為 3 萬元，你不想接受，想爭取更高，請問你如何跟人資談判？

（請沿虛線撕下）

（背面尚有內容）

案例二

　　假如你是一個新銳文創設計師，受邀參加下一季的東京家飾展，請提出 3-5 個論述理由，說服布商免費提供布樣贊助你設計一個單元。

公關合作常需要雙方「互惠互補」的雙贏，讓原本「你爭我奪、你有我無」的商業競爭，升級成為「你好我也好、你有我也有」的雙贏互動。談公關合作時可以遵循下列步驟：

相互尊重 ▶ 了解限制 ▶ 可協商 ▶ 關懷別人的感受 ▶ 取得信任 ▶ 順從你的方向而非我的方向

班級：＿＿＿＿＿＿＿＿

學號：＿＿＿＿＿＿＿＿

姓名：＿＿＿＿＿＿＿＿

　　現在有「農地插秧體驗營」與「食安座談會」兩個活動要舉辦，你就是活動主辦人，請選擇一個活動後，畫出活動組織架構並分配工作，活動組員一共有 10 個。

第9堂
家庭的人際關係與溝通

班級：＿＿＿＿＿＿＿＿

學號：＿＿＿＿＿＿＿＿

姓名：＿＿＿＿＿＿＿＿

　　「接納與愛的語言」不是對行為的認可、接受或支持，而是無論其行為如何，對當事者本人都懷有關愛、歡迎、重視、體恤與理解的態度。父母親「愛的言語」能幫助孩子從自我束縛的枷鎖中釋放出來，請以鄭捷殺人事件案例探討家庭關係，針對以下問題作分析討論：

1. 鄭捷為何會想隨機殺人？事前有沒有徵兆？

2. 事件發生後，鄭捷父母親說「全家一輩子都被兒子毀了，就算要賠償，恐怕也賠不完！」、「我們無臉見人。」、「我不敢相信他會做這樣的事。」、「他平常愛打殺人電玩。」請問鄭捷父母有哪些問題？現代父母需如何維持親子關係？

3. 此類事件是否能有預防的機制？請說明你的看法。

班級：＿＿＿＿＿＿＿＿＿

學號：＿＿＿＿＿＿＿＿＿

姓名：＿＿＿＿＿＿＿＿＿

同儕人際關係中有幾個微妙又較為負面的心理元素：羨慕、嫉妒、恨。隨時都有可能在暗中較勁，當兩人有了爭寵和忌妒心，如果知道問題卻選擇避而不談，往往會衍生出難以挽回的遺憾。面對彼此的誤解與衝突，溝通的步驟通常有以下三步：

步驟一：敘述發生的事情

步驟二：表達這件事情帶來的感受

步驟三：提出期望與解決的方法

1. 請寫出你最要好的朋友，並描述他(她)的個性？你為好朋友做過最棒的一件事。

2. 敘述你們曾發生過最大的爭執或不開心的事情，這件事情帶來的感受是甚麼？

3. 你感覺和好友間的關係是否一直在不對等的狀況下？讓你覺得壓力很大，被控制的喘不過氣？

4. 你曾經由衷感謝好友幫過你解決的事情？或是選擇放在心底不說？為甚麼？

5. 你和好友有過誤會冰釋的經驗嗎？是否和好如初？

第11堂
校園的人際關係與溝通

班級：＿＿＿＿＿＿

學號：＿＿＿＿＿＿

姓名：＿＿＿＿＿＿

請在課堂上找三個同學，以不同主題聊天三分鐘，並將心得寫在本學習單上。

對象	聊天內容與心得

學習單

第 12 堂
親密的人際關係與溝通

班級：＿＿＿＿＿＿＿

學號：＿＿＿＿＿＿＿

姓名：＿＿＿＿＿＿＿

　　兩性愛情的發展，先從友情出發，相知之後慢慢演變成愛情，也就是先把性與愛情切割開來，這是穩定關係與能否長久走下去的一個基礎。在進入親密關係裡需要先釐清自己需要什麼樣的情人或結婚伴侶特質是很重要的，以及需要認識有哪些特質的情人是危險的。精神科專科醫師鄧惠文曾深入分析「恐怖情人」的徵兆，請先掃瞄下方 QRCode 或進入以下網址看完這段影片，再分析下列問題。

| SCAN ME |

【精華版】戀愛要有觀察期！鄧惠文曝四種情人要注意
https://www.youtube.com/watch?v=2zAQ17hDcNs

1. 請找出影片中專家提點要注意哪些伴侶特質？

2. 如何遠離這些危險情人？

（請沿虛線撕下）

（背面尚有內容）

3. 恐怖情人有何人格上問題？與家庭教育有無關係？

4. 如何判斷恐怖情人？若自己如果遇上恐怖情人該怎麼辦？

學習單 第 **13** 堂

職場的人際關係與溝通

　　語言的溝通，要了解行業屬性以及專業術語，否則容易發生令人遺憾的誤解。除了要注意彼此的聲調、語意、表情、態度等細微之處，還要避免對方曲解意義。語言的選擇，特別是微妙的語意或情緒上的形容詞，都會影響溝通者的感受。溝通時，最好能同時注意對方內在和外在訊息。請進行傳話遊戲並記錄遊戲過程與結果：

> **傳話遊戲：**
>
> 　　由第一個人說出一句話傳給下一個人，再把聽到的話繼續往下傳，傳到第 6 人，將第 6 人聽到的寫出來。

Q1：你是第_____個人？（若你是第 1 個人，請直接跳到 Q3）

Q2：你聽到什麼：

Q3：你傳了什麼話：

Q4：第 6 個人聽到的結果：

（請沿虛線撕下）

（背面尚有內容）

Q5：你遊戲的心得為何？

302

班級：＿＿＿＿＿＿

學號：＿＿＿＿＿＿

姓名：＿＿＿＿＿＿

在美國德州，麗姬·維拉斯奎茲（Lizzie Velasquez）罹患罕病，全身沒有脂肪，特異的外表讓她從小成為被取笑的對象。面對「最醜女」、「怎麼不去自殺」等惡毒言語，她最後選擇挺身而出，發起「抗網路霸凌」運動，成為最好的抗網路霸凌教材！請回答以下問題：

1. 常見的網路霸凌有哪些型態？會涉及刑責嗎？

2. 如果自己遭受到網路霸凌，該如何處理？

（請沿虛線撕下）

（背面尚有內容）

3. 如果發現有同學、同事或朋友遭到網路霸凌，你可以如何幫助他們呢？

4. 會在網路放話攻擊的人，具有何種心態？

5. 你對網路社交關係的看法？

班級：＿＿＿＿＿＿＿＿

學號：＿＿＿＿＿＿＿＿

姓名：＿＿＿＿＿＿＿＿

設計一份社區電子報

　　社區關係是實踐社會人際關係與溝通的最重要試鍊場域，而社區刊物能反映出社區居民的生活片段，提供意見交流的空間，促進資訊流通並為整個社區成長留下忠實的記錄，更是社區關係的溝通媒介和傳播社區意識的好幫手。

　　請在你所居住的環境，設計一份社區刊物（電子報）來做為社區的溝通橋樑。

1. 先找到 3 個志同道合、不同興趣與專長的編輯成員，並敘述各自負責哪些項目。

2. 為社區刊物訂定名稱與特定主題。

（請沿虛線線撕下）

（背面尚有內容）

3. 編寫設計內容：邀稿或開放給所有居民來共同投稿，投稿範圍不僅限於文字，照片

4. 請敘述社區刊物要如何傳播？

分數

班級：＿＿＿＿＿＿

學號：＿＿＿＿＿＿

姓名：＿＿＿＿＿＿

每題 10 分，共 100 分

（　）1. 美國文化人類學家愛德華・霍爾（Edward Hall）將人際距離區分為四種類型，下列小華跟他人的距離，何者屬於「個人距離區」？　(A) 小華早上跟媽媽擁抱後出門　(B) 小華跟朋友見面時握手、擊掌　(C) 小華在會議室內向主管匯報工作　(D) 小華去速食店向店員點餐。

（　）2. 人類哪個生理成長時期是心智和情緒發展的一個重要階段？　(A) 成年期　(B) 兒童期　(C) 青少年期　(D) 嬰幼兒期。

（　）3. 人際關係與溝通是基於人對愛、歸屬和控制的慾望是出於哪種人際關係理論？　(A)Thibaut & Kelley 的社會交換理論　(B)Maslow 的需求層次論　(C)Willian Schutz 的人際需求論　(D)Goffman 的戲劇理論。

（　）4. 下列何種理論認為人際關係可用所付出的代價與所獲得的報酬加以解釋？　(A)Heider 的平衡論　(B)Thibaut & Kelley 的社會交換理論　(C)Willian Schutz 的人際需求論　(D)Goffman 的戲劇理論。

（　）5. 下列何者不是 Maslow 的需求層次論的類型與層次？　(A) 安全需求　(B) 生理需求　(C) 自尊需求　(D) 報酬需求。

（　）6. 雙方互動已達極致、看法一致，也對對方十分了解，接觸頻繁，話題多元，自我開放已達到一定程度，是建立人際關係中的哪個階段？　(A) 初識階段　(B) 試探階段　(C) 親密階段　(D) 穩定階段。

（　）7. 開始探索彼此個性，行動較自然而平順，對表面話題會比較開放，是建立人際關係中的哪個階段？　(A) 初識階段　(B) 試探階段　(C) 親密階段　(D) 穩定階段。

（　）8. 雙方已日漸熟識，且能相互影響，行動一致，是建立人際關係中的哪個階段？　(A) 初識階段　(B) 試探階段　(C) 親密階段　(D) 穩定階段。

（請沿虛線撕下）

（背面尚有試題）

（　）9. 人際間的親疏程度可以用八個指標來衡量，下列何者屬於這八個指標的其中之一？　(A)互動的豐富性　(B)訊息的效率性　(C)行動的一致性　(D)以上皆是。

（　）10. 下列為個人因人際疏離而受創時所產生的反應，請判斷分別屬於哪一階段。

狀況 A：產生驚慌、絕望、無助等行為。

狀況 B：產生自我檢討、追想原因、清晰思考、接受事實等行為。

(A) 狀況 A：第一階段／狀況 B：第二階段　(B) 狀況 A：第二階段／狀況 B：第三階段　(C) 狀況 A：第三階段／狀況 B：第四階段　(D) 狀況 A：第四階段／狀況 B：第一階段。

分數

班級：_____

學號：_____

姓名：_____

每題 10 分，共 100 分

（　）1. 下列關於溝通的定義，何者有誤？　(A) 溝通（Communication）一字是由拉丁字「communis」蛻變而來，原意是「分享」或「建立共同的看法」　(B) 溝通的基本模式為：訊息 ⇄ 傳送訊息者 ⇄ 接收訊息者　(C) 傳遞訊息時，建碼（Encoding）是指訊息傳遞者將訊息轉換成他認為對方可以瞭解的符號的過程　(D) 傳遞訊息時，解碼（Decoding）是指訊息接收者知覺對方所傳送到訊息後，自我解釋及評估的過程。

（　）2. 溝通一定會有其目的性，妥當的溝通方式可以有效達成目的，下列關於人際溝通的特色，何者錯誤？　(A) 訊息要儘可能簡單、清楚，好讓對方聽得懂　(B) 進行溝通時，一定要引起收訊者的注意　(C) 在和諧融和的環境下，表達感性的言語，不容易獲得共鳴　(D) 可用開放提問法和傾聽確認對方是否充分瞭解你所傳遞的訊息。

（　）3. 下列關於「正式」與「非正式」溝通的比較，何者正確？　(A) 刊登廣告屬於「非正式」溝通　(B)「非正式」溝通又稱為文字溝通　(C) 員工私下間的交談屬於「正式」溝通　(D)「正式」溝通可分為上行、下行、平行溝通。

（　）4. 下級人員以建議或報告的方式，對上級表達其意見是何種溝通模式？　(A) 斜行溝通　(B) 下行溝通　(C) 上行溝通　(D) 平行溝通。

（　）5. 加拿大心理學家艾立克・伯恩（Eric Berne）於 1950 年代提出 PAC 模型，請判斷下列情境中小華的反應，何者屬於「C 兒童自我狀態」？　(A) 兒子打翻餐盤時，小華指責說：「你怎麼這麼笨手笨腳！給你 10 秒鐘收拾好！」　(B) 朋友在臉書下面留言羨慕小華今年升官，小華回覆朋友：「阿全，我承蒙公司照顧，才有今天的際遇，您的能力、資歷皆高於我，相信在不久的將來，您的發展一定會比我好上千倍！」　(C) 女朋友不滿小華遲遲不跟她求婚而威脅分手，小華當下脫口而出：「分就分！你以為我找不到其他人當我女朋

（請沿虛線撕下）

友嗎？」　(D) 部屬一直拖延專案進度，小華和部屬開會檢討完後做出結論：「接下來一個月，就依照今天提出的方案執行，若達不到，就換小美當專案經理。」

( )6. 小華跟媽媽説：「畢業旅行因為疫情取消了，我好難過。」，請判斷下列小華媽媽的回覆，分別屬於何種溝通？

狀況 A｜媽媽回覆：「疫情都已經讓這麼多人死掉了，你只是沒有去成畢業旅行就難過成這樣？那那些得到疫情不得不隔離而無法工作賺錢的人不就要哭天搶地？」

狀況 B｜媽媽回覆：「孩子乖，等疫情控制下來，你和熟悉的同學可以約好來個小旅遊，當作這次沒辦成功的畢業旅行。媽媽可以當你們的司機。」

狀況 C｜媽媽回覆：「天氣預報説這週末天氣不錯，剛好爸爸不用出差，不如我們順便回奶奶家玩好嗎？」

(A) 狀況 A：互補式溝通／狀況 B：曖昧溝通／狀況 C：交錯溝通

(B) 狀況 A：曖昧溝通／狀況 B：互補式溝通／狀況 C：交錯溝通

(C) 狀況 A：交錯溝通／狀況 B：互補式溝通／狀況 C：曖昧溝通

(D) 狀況 A：互補式溝通／狀況 B：交錯溝通／狀況 C：曖昧溝通。

( )7. 下個月就是小明在崗位上任職滿三年的時間，小明一直在心裡不斷打草稿，要如何向公司提出加薪。請問小明的考量屬於溝通 7W 的何者？　(A)How　(B)When　(C)Where　(D)Whom。

( )8. 下列關於「文字」與「肢體語言」溝通的比較，何者正確？　(A) 肢體語言是實質的，可以留存以供查證　(B) 肢體語言無法立即得到回應　(C) 文字溝通較需當下立即反應　(D) 文字溝通無法立即證實是否被誤解。

( )9. 下列何者不屬於「文字的溝通」？　(A) 圖畫　(B) 信件　(C) 公文　(D) 手語。

( )10. 下列何者不屬於「肢體語言」的溝通？　(A) 眼神　(B) 臉部表情　(C) 燈光　(D) 身體距離。

分數

班級：＿＿＿＿＿＿

學號：＿＿＿＿＿＿

姓名：＿＿＿＿＿＿

每題 10 分，共 100 分

（　）1.　下列關於個體「自我知覺」的敘述，何者錯誤？　(A)「自我」分為處理訊息的我以及對應於他人關係的我　(B)「自我知覺」是指個體由「重要他人」的行為來推斷自己對自己的態度　(C) 個體與其環境無法分離，個體可視為是一個「環境中的自我」　(D) 個體的自我知覺包括自我概念、自我印象和自尊三方面。

（　）2.　一個人對自己行為、能力或價值觀的感覺、態度及評價，是指下列何者？　(A) 客體我　(B) 自我概念　(C) 自我印象　(D) 自尊。

（　）3.　下列關於「印象管理」的敘述，何者錯誤？　(A) 由心理學家卡爾，羅吉斯（Carl Rogers）提出　(B) 指互動中的一方，喜好透過語言與非語言的訊息，控制他人的行為，使他人對其具有良好的印象　(C) 是個人為了去創造或是維持所需形象所產生的行為　(D) 在意自己形象而時常在社群媒體上發文、傳照片經營自己的形象即為「印象管理」。

（　）4.　下列關於「自我概念」與「自尊」的比較，何者正確？　(A)「自我概念」的涵義範圍較「自尊」狹隘　(B) 卡爾 · 羅吉斯認為在個人思想和經驗中最重要的部分是對「我」的看法，即「自尊」　(C)「自我概念」是指對自己的想法或評價「高、低」　(D) 當「理想」與「現實」的自我概念較接近時，個人整體上會擁有較好的自我概念。

（　）5.　右圖為父母管教子女的類型，請判斷甲、乙、丙、丁分別屬於哪一類型？

　　(A) 甲：忽視冷漠型、乙：專制權威型、

　　　　丙：寬容放任型、丁：民主權威型

　　(B) 甲：忽視冷漠型、乙：寬容放任型、

　　　　丙：民主權威型、丁：專制權威型

高要求

甲　丙

低支持　　高支持

乙　丁

低要求

(C) 甲：專制權威型、乙：民主權威型、丙：寬容放任型、丁：忽視冷漠型

(D) 甲：專制權威型、乙：忽視冷漠型、丙：民主權威型、丁：寬容放任型。

( ) 6. 人際知覺是指對人的特性形成判斷的過程，又稱為何者？　(A) 自我知覺　(B) 自我概念　(C) 社會知覺　(D) 自我印象。

( ) 7. 「太強調自己的缺點過於低估自己，以致產生不如人的心理」這是屬於人際間自我認識的哪一種？　(A) 我不好，你好　(B) 我不好，你也不好　(C) 我好，你不好　(D) 我好，你也好。

( ) 8. 「認為自己最棒最好，別人都不算什麼，都很差勁」這是屬於人際間自我認識的哪一種？　(A) 我不好，你好　(B) 我不好，你也不好　(C) 我好，你不好　(D) 我好，你也好。

( ) 9. Erikson 認為人的發展為個人成熟與社會環境之互動而成，是出自 Erikson 的哪個理論？　(A) 心理社會理論　(B) 人際關係學說　(C) 激勵理論　(D) 社會交換理論。

( ) 10. 承上題，在此理論「0-1」歲的階段，重要的社會環境為下列何者？　(A) 母親　(B) 同儕　(C) 鄰居　(D) 學校。

第4堂
情緒與壓力管理

分數

班級：_____

學號：_____

姓名：_____

每題 10 分，共 100 分

（　）1. 沙赫特（Stanley Schachter）在情緒二因論中，提出兩個必要條件是下列何者？　(A) 生理反應、認知線索　(B) 生理反應、外在刺激　(C) 知覺刺激、環境訊息　(D) 生理變化、認知評價。

（　）2. 下列關於「壓力」的敘述，何者有誤？　(A) 是「壓力因子」與「壓力反應」的組合　(B) 需同時具備「壓力因子」與「壓力反應」才能算「壓力」　(C)「壓力因子」包含生理、心理、社會、哲學上的壓力　(D)「壓力反應」可能是導致「壓力因子」產生的刺激。

（　）3. 下列何者不是情緒成熟的指標？　(A) 能適應環境　(B) 獨立自主　(C) 能言善道　(D) 善與人協調合作。

（　）4. 下列哪種食物可以降低壓力的產生？　(A) 咖啡　(B) 加工麵粉　(C) 糖　(D) 高麗菜。

（　）5. 下列何者不是壓力管理技巧？　(A) 冥想　(B) 冷　(C) 按摩　(D) 認知治療。

（　）6. 一個人能否適當的處理自己的情緒，稱之為？　(A)IQ　(B)EQ　(C)CQ　(D)MQ。

（　）7. 下列「EQ」與「IQ」的比較，何者正確？　(A)EQ 譯為「智能商數」，IQ 譯為「情緒商數」　(B) 一個高 IQ 的人通常情緒穩定，不會因為小事在情緒上產生劇烈的波動　(C)EQ 的發展有一半受限於天生遺傳，EQ 的提升可經由教育訓練達成　(D)EQ 與 IQ 的不同，簡單的說就是感性與理性的差別。

（　）8. 下列何者不是情緒管理的方法？　(A) 以合宜的方式紓解情緒　(B) 體察自己的情緒　(C) 寄望他人的關懷　(D) 適當表達自己的情緒。

（　）9. 下列關於 AQ 的敘述，何者正確？　(A)AQ 是指情緒管理　(B)AQ 不佳的人比較無法有好成績　(C) 愛哭的人 AQ 就是不好　(D) 一個人 AQ 愈高，愈能以彈性面對逆境，積極樂觀，接受困難的挑戰。

（請沿虛線撕下）

（　　）10. 「LEAD」是可以提高AQ的四個步驟，下列關於「LEAD」的敘述，何者錯誤？
(A)L 是 Listen　(B)E 是 Explore　(C)A 是 Analyze　(D)D 是 Discard。

選擇題 第 **5** 堂 人際衝突與處理

每題 10 分，共 100 分

（ ）1.　人與人在互動之中，有著利益上的不同，或出現相反意見，稱之為以下何者？
(A) 種族衝突　(B) 外交衝突　(C) 人際衝突　(D) 情感衝突。

（ ）2.　下列何者不是造成人際衝突的來源？　(A) 個人差異　(B) 情感差異　(C) 溝通上的差異　(D) 結構上的差異。

（ ）3.　下列何者屬於衝突的成因？　(A) 利益因素　(B) 價值因素　(C) 認知因素　(D) 以上皆是。

（ ）4.　個體對兩個並存的目標都感到威脅、不喜愛、想要逃避，卻迫於情勢而必須接受其中一項，在取捨之間猶豫不定所造成的心理衝突，是指下列何者？
(A) 趨避衝突　(B) 利益衝突　(C) 雙避衝突　(D) 雙趨衝突。

（ ）5.　下列關於「良性」與「惡性」衝突的比較，何者正確？　(A) 惡性衝突使彼此意見可獲得充分的溝通與凝聚　(B) 良性衝突會而影響彼此的和諧與融洽　(C) 惡性衝突會阻礙組織目標的達成，良性衝突可以建立共識並促進組織目標的達成　(D) 當導致組織分裂時，不管是何種衝突，皆應設法提高衝突的機率。

（ ）6.　下圖是傳統和現代衝突的觀點比較，何者說明正確？

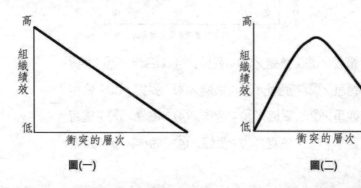

圖(一)　　　　圖(二)

(A) 圖（一）是傳統的組織衝突觀點　(B) 圖（二）是現代的組織衝突觀點　(C) 從圖（一）、圖（二）可知衝突是影響績效的因素之一　(D) 以上皆是。

（　）7.　下圖是衝突強度與組織效率間的關係，何者說明有誤？

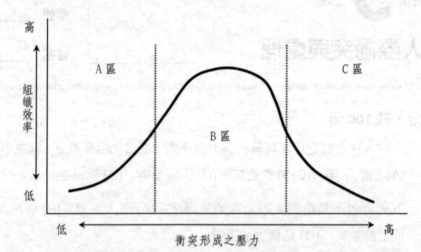

(A) A 區缺少衝突，團體死氣沉沉　(B) B 區衝突使團體更新與再生　(C) C 區衝突過度，使團體對立分裂　(D) B 區的組織效率最低。

（　）8.　下列何者不是提升組織績效的衝突？　(A) 強迫　(B) 運用溝通　(C) 任用異端分子　(C) 重整組織。

（　）9.　下列何者不是降低衝突的方法？　(A) 遷就　(B) 妥協　(C) 合作　(D) 威脅。

（　）10.　下圖是面對衝突的五種方式，何者配對正確？

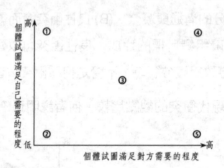

(A) ①：遷就／②：逃避／③：妥協／④：合作／⑤：競爭

(B) ①：遷就／②：競爭／③：逃避／④：妥協／⑤：合作

(C) ①：競爭／②：妥協／③：合作／④：遷就／⑤：逃避

(D) ①：競爭／②：逃避／③：妥協／④：合作／⑤：遷就。

第 **6** 堂

溝通的技巧

分數

班級：＿＿＿＿＿＿

學號：＿＿＿＿＿＿

姓名：＿＿＿＿＿＿

每題 10 分，共 100 分

（　）1. 下列何者不屬於心理學大師卡爾・羅吉斯（Carl Rogers）所提出與人交往時理想的表達方式？　(A) 傾訴　(B) 同理心　(C) 真誠　(D) 愛。

（　）2. 有目的而且專注地聽，在過程中對方有被尊重與接納的感覺，是指以下何者？　(A) 溝通　(B) 傾聽　(C) 體會　(D) 了解。

（　）3. 傾聽包含專心、傳達、努力及下列何者等四個關鍵字？　(A) 尊重　(B) 意思　(C) 分享　(D) 學習。

（　）4. 下列何者並非傾聽的障礙？　(A) 分心　(B) 斷章取義　(C) 病態特質　(D) 進退兩難。

（　）5. 能偵察和指認他人的情緒狀態，並做適當溝通反應的技巧，是指下列何者？　(A) 同理心　(B) 溝通　(C) 傾聽　(D) 了解。

（　）6. 下列何者不是同理心的技巧？　(A) 辨識及正確瞭解對方的世界或感受　(B) 把對方的瞭解表達出來讓對方知道　(C) 反省自己的說話方式有無不妥之處　(D) 站在對方的立場及設身處地的瞭解對方。

（　）7. 個體故意把對自己有意義、重要，但別人並不知道的個人有關資料、想法、感受告知他人的過程，是指下列何者？　(A) 自我溝通　(B) 自我實現　(C) 自我表現　(D) 自我表露。

（　）8. 下列何者不是讚美的原則？　(A) 符合實際　(B) 真誠　(C) 具體　(D) 有條件的。

（　）9. 適當的運用讚美的技巧，可達到事半功倍的效果。以下何者不是讚美的技巧？　(A) 直接讚美　(B) 適當的讚美　(C) 發現他人的優點　(D) 讚美的頻率。

（　）10. 在批評他人時，適度使用批評的技巧，既能維護對方的自尊心，又能得到最好的效果。下列何者不是批評他人的技巧？　(A) 批評要誠懇　(B) 批評要含蓄　(C) 要求他人接受批評　(D) 不要挖苦諷刺。

（請沿虛線撕下）

分數

每題 10 分，共 100 分

（　　）1.　一種解決衝突，尋求合作可能性之思考方式，是指下列何者？　(A) 談判　(B) 辯論　(C) 說明　(D) 論述。

（　　）2.　談判是為了解決爭端，進而期望能促使雙方獲得何者？　(A) 利益　(B) 價值　(C) 社會關係　(D) 財富。

（　　）3.　談判過程中，隨時掌握資訊、權力及下列何者，較容易獲取成功？　(A) 策略　(B) 誠意　(C) 時間　(D) 臨場反應。

（　　）4.　下列何者不屬於談判的理論模型？　(A) 賽局理論的談判模型　(B) 談判能力優勢模型　(C) 競爭型和合作型　(D) 預期效用理論。

（　　）5.　賽局理論的談判模型可分為三種，下列何者不屬於其中之一？　(A) 小雞遊戲　(B) 賭博遊戲　(C) 衝突型　(D) 合作型。

（　　）6.　下列何者不是賽局理論中，賽局要成立所需具備的要素？　(A) 玩家　(B) 談判策略　(C) 奈許均衡　(D) 運氣。

（　　）7.　甘迺迪、班森與麥米倫等三位國際知名的談判大師，採用「八階分析法」進行談判，下列何者為正確的「八階分析法」順序？　(A) 暗示、準備、辯論、提議、配套、議價、結束及簽署　(B) 議價、準備、辯論、暗示、提議、配套、結束及簽署　(C) 準備、辯論、暗示、提議、配套、議價、結束及簽署　(D) 簽署、準備、辯論、暗示、提議、配套、議價及結束。

（　　）8.　談判技巧中，善用不對等談判策略，影響力與實力來自需要、競爭與時間，是指何種談判技巧？　(A) 哀兵政策　(B) 拖延戰術　(C) 實力槓桿原理　(D) 善用第三者。

（　）9.　在談判結束階段中，藉由讓步來終止談判，達成協議，這是屬於下列何種結束談判的策略？　(A) 鎖死立場原則　(B) 均分差價策略　(C) 稀有效應策略　(D) 飢餓行銷策略。

（　）10.　在談判結束階段中，藉由以雙方最後提議之差異的中間點，作為最後協議，這是屬於下列何種結束談判的策略？　(A) 鎖死立場原則　(B) 均分差價策略　(C) 稀有效應策略　(D) 飢餓行銷策略。

分數

班級：_____

學號：_____

姓名：_____

每題 10 分，共 100 分

( )1. 一種特殊的權力關係，其特徵為團體成員覺得另一團體成員有權規定他們的行為。這是指： (A) 統御 (B) 領導 (C) 管理 (D) 權威。

( )2. 統御有賴於三種因素相互配合運用，產生力量，下列何者不屬於統御的方式？ (A) 組織 (B) 民主 (C) 法紀 (D) 命令。

( )3. 下列何者不是領導者必備的基本條件？ (A) 人際關係的能力 (B) 自我掌握的能力 (C) 付諸行動的能力 (D) 巴結諂媚的能力。

( )4. 下列何者並非「權威」形成的因素？ (A) 所擔任的職位而獲致的權力 (B) 氣度、涵養與領袖群倫的特殊魅力 (C) 專業素養及曾有的貢獻與成就 (D) 對公眾事務的熱誠與對個人的關懷。

( )5. 下列何者不是高 EQ 的領導行為？ (A) 仔細觀察、直指人心 (B) 統合分析、面對問題 (C) 贏得好感、廣結善緣 (D) 剛愎自用、獨善其身。

( )6. 組織以各種物質或精神上的誘因，企圖將員工的內在心理動力轉化成外在的工作行為，此種管理稱之為？ (A) 集權管理 (B) 寬容管理 (C) 激勵管理 (D) 命令管理。

( )7. 組織行為分成三個層次，下列何者不屬於其中之一？ (A) 組織 (B) 社會 (C) 個人 (D) 團體。

( )8. 下列何者不是組織行為的特點？ (A) 是多學科整合的 (B) 只存在僱用關係 (C) 具有獨特的人道取向 (C) 是一種思考的方式。

( )9. 下列關於「組織行為新趨勢」的敘述，何者正確？ (A) 工業革命後所產生的匿名性、及時性、超時空等特性，解構了原有的組織行為模式 (B) 成員單獨工作比多元的工作團隊團隊，較有可能以更富創意的方式解決複雜的問題 (C) 科技的發展使僱用關係可超越時空以及原有人力管理的結構，需要重新

調校新的僱用關係　(C) 組織成員越來越侷限於同一地區，使得組織氛圍日益僵化。

(　　)10. 下列何者不是組織行為的管理方法？　(A) 多向度的層級分析　(B) 科學化方法的善用　(C) 人際關係的運用　(D) 權變的處理方式。

選擇題

第**9**堂

家庭的人際關係與溝通

分數

班級：_____

學號：_____

姓名：_____

每題 10 分，共 100 分

( )1. 下列何者並不屬於「中國的五倫關係」？ (A) 父子有義 (B) 兄弟有恭 (C) 夫婦有別 (D) 朋友有誠。

( )2. 親子關係可用「對子女觀感」、「分享與瞭解」、「相處的感覺」、「為子女典範」及以下何者等五個層面來形容？ (A) 順從與管教 (B) 照顧與關懷 (C) 獨立自主 (D) 依附與表達。

( )3. 下列何者不是子女與父母間互動的十項重要原則之一？ (A) 反抗父母 (B) 尊敬父母 (C) 迎合父母的期望 (D) 照顧年長病苦的父母。

( )4. 下列何者為維繫家庭親子關係應具備的觀念？ (A) 時時觀察孩子的需要、傾聽孩子的心聲 (B) 子女對父母心懷感謝，照顧父母的身體、體貼父母的心情 (C) 從上一代身上學會對下一代的責任，在下一代身上體會對上一代的感恩 (D) 以上皆是。

( )5. 下列何者不是容易傷害孩子的父母類型？ (A) 命令、指揮或支配型 (B) 探索、盤問、追根究柢型 (C) 撤消、轉移型 (D) 成熟、理性關心型。

( )6. 父母對孩子提出消極的批評，且態度語帶輕蔑，使孩子因此喪失自信心，這屬於容易傷害孩子的哪種類型？ (A) 警告、告誡、威脅型 (B) 批評、非難、斥責、爭論型 (C) 譏諷、挖苦、羞辱型 (D) 訓誡、教導型。

( )7. 父母將孩子當成仇人看，言語中帶著威脅的口氣，讓孩子震懾受傷。這屬於容易傷害孩子的哪種類型？ (A) 警告、告誡、威脅型 (B) 批評、非難、斥責、爭論型 (C) 譏諷、挖苦、羞辱型 (D) 訓誡、教導型。

( )8. 父母試圖以間接非難的方式來阻止孩子行為，讓孩子不敢有新的嘗試。這屬於容易傷害孩子的哪種類型？ (A) 警告、告誡、威脅型 (B) 批評、非難、斥責、爭論型 (C) 譏諷、挖苦、羞辱型 (D) 訓誡、教導型。

（　）9.　下列何者不是處罰孩子的原則？　(A) 同樣的過失應當施以同樣的處分　(B) 犯錯立刻處罰　(C) 以剝奪他的權益作為處罰時，時間越長越好　(D) 成處罰方法應與他的過失有關。

（　）10.　家長只重視孩子成績優異，不重視其他生活能力，使孩子成為「生活低能」、「成熟緩慢」的學童時，若不及早輔導，他們長大後可能會出現哪些徵狀？ (A) 社交低能　(B) 情緒低能　(C) 自我管理低能　(D) 以上皆是。

分數

班級：＿＿＿＿＿

學號：＿＿＿＿＿

姓名：＿＿＿＿＿

每題 10 分，共 100 分

（　　）1.　下列關於「同儕」的敘述，何者有誤？　(A) 原指地位、價值、品質、能力等各方面都相同的人或物，隱含有一切平等之意　(B) 同儕有著相同興趣（同質偏好）、年齡、成長背景　(C) 相同社經地位的人組成的群體不能算同儕　(D) 同儕之間的信念及行為普遍會受到彼此的影響。

（　　）2.　下列關於「青少年」與其同儕的敘述，何者有誤？　(A)「青少年」十分在意朋友、同儕的接納或看法　(B) 當「青少年」有困擾時，最不願意找的人是同儕　(C) 青少年時期，同儕的影響力會漸增，父母的影響力會漸減　(D) 談得來的朋友們因共同的興趣或才能會組成同儕團體。

（　　）3.　下列關於同儕人際關係的特性，何者有誤？　(A) 同儕間不存在被迫接受的成人權威，因此彼此容易表達個人價值觀點　(B) 當同儕彼此接觸密集，而且話題較不受限制，彼此溝通頻率高　(C) 因為接觸太頻繁當有困擾時，不會優先考量彼此為傾訴的對象　(D) 青少年團體會有從眾行為的現象。

（　　）4.　可從一些徵兆來觀察一個人是否處於壓力破表狀態，下列何者不屬於這些徵兆？　(A) 身體出現頭痛、噁心、睡眠障礙、疲勞等症狀　(B) 情緒出現喜悅、興奮、積極等狀態　(C) 認知出現無法專心、記憶力減退、容易擔憂、較明顯的焦慮反應　(D) 行為上出現飲食習慣改變、愈來愈孤僻、咬指甲、無法完成每日應做的事。

（　　）5.　下列同儕的溝通原則，何者無法使關係和諧？　(A) 不太尊重自己的想法，只尊重他人的想法　(B) 用積極、正向的溝通，學會表達自己的感受和想法　(C) 多發現對方的長處與優點，欣賞對方的好　(D) 發自內心真誠關心周遭的人。

（　　）6.　下列同儕的溝通技巧，何者不恰當？　(A) 發言前，先徹底理解對方想法　(B) 好好表達與好好傾聽同樣重要　(C) 注意自己的說話習慣，如出現插嘴等惡習，應修正　(D) 文字交流因為不用看到對方表情，是最好的溝通方式。

（　）7. 下列父母協助青少年建立同儕關係的技巧，何者最恰當？　(A) 強硬要求班級導師注意孩子交友狀況　(B) 盡量孩子的交友圈處於封閉的狀態，這樣孩子較不會受傷害　(C) 要求孩子建立一段人際關係的速度越快越好　(D) 教導孩子人際往來時，要將焦點放在孩子成功的表現而非失敗上。

（　）8. 若遇到同儕在背後説自己的壞話，下列採取的措施，何者較不適宜？　(A) 誠懇與同儕對談　(B) 客觀表達事實　(C) 誠實表達感受　(D) 威脅對方改進。

（　）9. 若遇到同儕霸凌，應採取下列何種措施？　(A) 對霸凌者施暴　(B) 假裝沒事　(C) 告知師長、相關機構　(D) 聯合其他人霸凌對方。

（　）10. 若遇到處不來的同儕，應保持下列何種心態？　(A) 道不同不相為謀　(B) 逼迫自己合群　(C) 努力討好同儕　(D) 用金錢拉攏同儕。

分數

班級：＿＿＿＿＿＿＿

學號：＿＿＿＿＿＿＿

姓名：＿＿＿＿＿＿＿

每題 12.5 分，共 100 分

( ) 1. 下列何者並非現今教師必須扮演的角色？ (A) 教學活動的協助者與評鑑者 (B) 班級氣氛的營造者與經營者 (C) 心理衛生的工作者與諮詢者 (D) 攏絡地方高官與家長的媒介者。

( ) 2. 下列避免師生衝突的方法，何者不恰當？ (A) 教師應就事論事，勿涉及學生家庭背景 (B) 教師處理有暴力傾向的學生，必要時可以暴制暴 (C) 教師懲罰學生要有明確理由，並讓學生信服 (D) 教師同一事件勿重複懲處。

( ) 3. 下列關於「教師的溝通八法」，何者不恰當？ (A) 善用眼神、表情、肢體與聲音變化 (B) 鼓勵是溝通順暢的不二法門 (C) 幽默能四兩撥千金 (D) 適時運用「你」訊息。

( ) 4. 下列關於「校園危機溝通基本步驟」，何者正確？ (A) 自問自己是否已經有了應付意外危機的事前準備 (B) 制定一份危機計畫並設立回報機制 (C) 掌握哪些人是經常出現校園的示威者、好戰份子以及活躍份子、意見領袖 (D) 以上皆是。

( ) 5. 下列關於「直升機家長」的敘述，何者有誤？ (A) 是指過份保護或是干預兒女生活的父母 (B) 因為類似直升機一直盤旋在兒女身邊，故稱為直升機父母 (C) 「少子化」及「教育改革」導致直升機父母的出現，也顯現現代父母內心對「完美小孩」（perfect child）的期待 (D) 以上皆是。

( ) 6. 「直升機家長」最有可能出些下列哪些行為，影響到教師專業？ (A) 希望老師特別照顧自己的孩子，直接干預教師的管教態度 (B) 常介入老師的考題、教學方式，成為老師的上級指導 (C) 常直接幫孩子收拾書包、蒐集資料、寫作業 (D) 以上皆是。

( ) 7. 下列關於「師生戀」的敘述，何者有誤？ (A) 指形式上有教學、指導、訓練、評鑑、管理、輔導關係之師生存在著戀愛關係 (B) 教師於執行教學、指導、

訓練、評鑑、管理、輔導或提供學生工作機會時，不得發展有違專業倫理　(C) 當教師發現他人師生關係有違專業倫理之虞時，應主動迴避或陳報學校處理 (D) 以上皆是。

（　）8. 若發生校園性侵害或性騷擾事件，不應採取下列何種措施？　(A) 通報學校 (B) 通報 113　(C) 報警　(D) 昭告眾人。

分數

每題 10 分，共 100 分

( ) 1. 下列關於「性別的生理功能」，何者敘述有誤？ (A) 人類的「性染色體」決定性別，其中 X 染色體決定個人為女人，Y 染色體決定個人為男人 (B) 女性的青春期因為平均比男性大約早兩年開始，此時女性的身高與體重，會超過同年紀的男生 (C) 青春期後，女性肩膀較窄，較難發展上半身力量 (D) 青春期後，男性有著較窄的骨盆、較寬大的肩膀、較有動力的心臟血管與較強的肌肉力量。

( ) 2. 下列關於 sex 與 gender 的差異，何者正確？ (A) sex 翻譯為「性別」，gender 翻譯為「性別角色」 (B) sex 指的是生為男人或女人的生物性狀態 (C) gender（性別角色）則是社會用來區別男女有所不同的非生物性特徵 (D) 以上皆是。

( ) 3. 女性在社會認知上，具備情緒性「expressive」的性質，下列何者不是其包含的特徵？ (A) 妻子和母親 (B) 建立和諧 (C) 溫暖的人際關係 (D) 自主性。

( ) 4. 男性在社會認知上，具備工具性「instrumental」的性質，下列何者不是其包含的特徵？ (A) 工作、供給 (B) 情感特質 (C) 有助於個人自我 (D) 成長和事業發展。

( ) 5. 下列何者不是經營愛情的重要觀念？ (A) 相互認識 (B) 循序漸進、按部就班 (C) 一定要發生婚前性行為 (D) 感情是不能勉強的。

( ) 6. 要確立正確的「性觀念」，須從哪個階段開始進行教育？ (A) 青少年 (B) 學齡兒童 (C) 嬰兒期 (D) 青年。

( ) 7. 對於男女以強暴、脅迫、恐嚇、催眠術或其他違反其意願的方法而為性交，該行為違法刑法中的哪條罪？ (A) 妨害性自主罪 (B) 妨害風化罪 (C) 妨礙婚姻及家庭罪 (D) 妨害自由罪。

（　）8.　下列何者是比較理想的兩性交往步驟？ **(A)** 認識→發生性行為→交往→結婚 **(B)** 了解自我→固定對象交往→訂婚→結婚　**(C)** 一對一交往→團體交往→了解自我→結婚　**(D)** 結婚→一對一交往→發生性行為→了解自我。

（　）9　下列何者不屬於廣義的性行為？　**(A)** 接吻　**(B)** 擁抱　**(C)** 通話　**(D)** 性交。

（　）10.　下列關於妨害性自主罪的敘述，何者正確？　**(A)** 對於男女以強暴、脅迫、恐嚇、催眠術或其他違反其意願之方法而為性交者，處無期徒刑　**(B)** 對於男女以強暴、脅迫、恐嚇、催眠術或其他違反其意願之方法，而為猥褻之行為者，處三年以上十年以下有期徒刑　**(C)** 對於未滿十四歲男女為性交者，處六個月以上五年以下有期徒刑　**(D)** 妨害性自主罪為非告訴乃論。

選擇題

第**13**堂

職場的人際關係與溝通

分數

班級：_____

學號：_____

姓名：_____

每題 10 分，共 100 分

( )1. 下列何者不是上司與下屬的人際關係特性？ (A) 互惠性 (B) 互補性 (C) 互助性 (D) 遵從性。

( )2. 下列何者不是與上司建立關係的原則？ (A) 逢迎上司 (B) 多與上司溝通 (C) 給予上司支持 (D) 協助上司成功。

( )3. 下列何者不是與同事的溝通要領？ (A) 學習說不 (B) 休閒運動 (C) 缺乏同理心 (D) 建立支持網路。

( )4. 下列何者不是上司與部屬溝通的主要原則？ (A) 知人善任 (B) 建立威信 (C) 平等相處 (D) 過河拆橋。

( )5. 下列何者不是與客戶的溝通原則？ (A) 具備溝通的語言能力 (B) 時時捍衛自己的權益 (C) 做好客戶關係管理 (D) 尊重買主的交易習性。

( )6. 下列關於「顧客導向行銷」的策略，何者敘述正確？ (A) 利用訪談前的計畫來設定訪談目標建立與顧客的關係 (B) 在交談有利的狀況下切入行銷主題 (C) 使自己的建議成為顧客的實際行動 (D) 以上皆是。

( )7. 下列何者不是與客戶的溝通策略？ (A) 洞察客戶心理並做教育對方的構想 (B) 隨時拒絕客戶的無理要求 (C) 掌握客戶的真意及善解人意 (D) 與客戶的接觸不要有喜惡偏見。

( )8. 下列關於「巴別塔」的傳說，何者正確？ (A)「巴別」意思即為「混亂」 (B) 在初期，諾亞的後代子孫越來越多，但仍使用相同的語言 (C) 諾亞的後代子孫在決定建塔後，眼看塔就快完成了，上帝卻打亂建城與建塔的人講的語言 (D) 以上皆是。

( )9. 下列關於「年功序列」的敘述，何者錯誤？ (A) 是台灣企業的傳統工資制度 (B) 指員工的基本工資隨員工本人的年齡和企業工齡的增長而逐年增加，而且

（請沿虛線撕下）

增加工資有一定的序列　(C) 基本理念為員工的業務能力和技術熟練程度與員工本人年功和企業工齡成正比，因此工資逐年增加　(D) 考慮到員工年齡和生活開支成正比，因此工資和生活補貼在一定的年齡段也要每年增加。

(　)10. 下列關於馬斯頓人際取向性格測驗（DISC）的敘述，何者有誤？　(A)D：Dominance（支配型）／I：Influence（影響型）／S：Steadiness（穩定型）／C：Compliance（服從型）　(B)D 代表動物：老虎／I 代表動物：孔雀／S 代表動物：無尾熊／C 代表動物：樹懶　(C) 支配型競爭力強、好勝心盛，領導以權威作風來進行決策　(D) 穩定型是具有高度耐心的人，適宜安定內部的管理工作。

分數

班級：＿＿＿＿＿＿＿

學號：＿＿＿＿＿＿＿

姓名：＿＿＿＿＿＿＿

每題 10 分，共 100 分

（　）1.　網路中人際互動的兩大特色為？　(A) 高度的偷窺性、深度的自我表露　(B) 深度的自我表露、高度的隱私性　(C) 深度的自我表露、高度的親密性　(D) 迅速的人際發展、高度的親密性。

（　）2.　由於大眾在網際網路上展現出不受現實生活拘束的行為反應，這種行為又稱為？　(A) 去抑制化　(B) 反社會性　(C) 匿名性　(D) 反距離性。

（　）3.　網路的人際行為不包含下列何者？　(A) 虛擬兩性性愛或社交的網路使用行為　(B) 玩樂性的網路使用行為　(C) 知識傳遞的檔案上傳行為　(D) 積極性社交的使用行為。

（　）4.　使用網際網路的過程中必須遵守的行為規範稱為？　(A) 網路規範　(B) 網路法規　(C) 網路禮儀　(D) 網路倫理。

（　）5.　網路倫理的實施方式不包含下列何者？　(A) 不得製造病毒或是散布有病毒的電子郵件　(B) 可使用學術網路作為商業用途　(C) 傳送資料應註明所有引述與參考資料的來源　(D) 網路交談應尊重他人，切忌謾罵或使用不雅字眼。

（　）6.　網路未必能真正拉近了人與人之間的距離，反而容易使某些人心中因為看到太多別人的「生活宣傳」而產生焦慮。下列關於網路造成的人際疏離，何者敘述有誤？　(A) 只仰賴社群網路來理解外在世界的變動的人容易被單一的觀點侷限思維　(B) 過度依靠網路進行交際的人面對真實世界的人際往來容易害怕　(C) 當人長時間沉迷於上網，容易導致時間管理失當、作息不定，遂而耽誤工作、學業，進而影響正常生活　(D) 網路造成的人際疏離只要不用網路就會完全康復。

（　）7.　BBC 報導指出目前有 30 億人使用網絡社交媒體，約佔全球總人口 40%。根據一些研究報告，我們平均每天花費兩小時在這些平台上分享，點讚，發推

文，更新帖子。這意味著全球每分鐘就有 50 萬條推文和 Snapchat 照片被分享。下列何者並非社交媒體帶來的負面影響？　(A) 容易受過量或偏激的資訊影響而產生焦慮　(B) 無時間限制的訊息交換容易使人作息不正常　(C) 在社交媒體上，人往往只想呈現好的一面給他人看，容易使得人產生比較心態或是過於追求物質上的滿足　(D) 社交媒體所費不貲，容易造成貧富差距。

(　) 8. 下列關於網路人際關係的敘述，何者有誤？　(A) 網路人際關係屬於陌生人與陌生人的互動模式　(B) 網路交友看似神秘，實際上也隱藏著危險　(C) 網路倫理各憑個人的良心，無約定俗成的規範　(D) 過度使用網路的孩童與青少年容易被網路上釋出善意的犯罪者影響。

(　) 9. 若遇到網路霸凌，下列因應措施何者較為恰當？　(A) 在霸凌者刪除不當訊息前，存檔備份　(B) 將霸凌者回報網站或平台　(C) 報警　(D) 以上皆是。

(　) 10. 若下班後遇到主管傳Line，下列回應方式何者較為恰當？　(A)不讀不回　(B)已讀不回　(C) 中性回覆：「收到了，謝謝，我明早進公司處理」　(D) 憤怒回覆：「下班後請勿傳訊息給我」。

分數

班級：_____

學號：_____

姓名：_____

每題 12.5 分，共 100 分

( )1. 下列關於「社區」的敘述，何者有誤？ (A) 自有人類以來，個體就過著群居的生活 (B) 在個體漸漸長大之後，人際關係就愈來愈多 (C) 社區是人類可以大大發揮人際關係的地方 (D) 以上皆是。

( )2. 下列何者不是在社區中發揮人際關係的要點？ (A) 推動治安工作 (B) 以社區共同刊物散播社區意識 (C) 整合社區資源做好社區照顧 (D) 舉辦社區娛樂活動。

( )3. 下列關於「社區刊物」的敘述，何者正確？ (A) 可說是社區成長的記錄員 (B) 是散播社區意識的好幫手 (C) 社區刊物的出版媒介一般常見的有「傳統紙張印刷」與「電子報」兩種 (D) 以上皆是。

( )4. 下列關於「社區照顧」的敘述，何者正確？ (A) 指結合社區中或社區以外的正式和非正式資源，共同為社區中的人提供服務，使他們在生活居住的環境中，就可得到所需的照顧 (B) 設立社區長照服務機構，使老年人口可以安居樂業 (C) 廣設醫院、診所，讓社區裡的人可以隨處就得到醫療資源 (D) 以上皆是。

( )5. 若要推動社區治安工作，應如何做起？ (A) 應提升社區守望相助理念 (B) 經常舉辦社區活動，喚起民眾社區意識 (C) 加強警民合作關係 (D) 以上皆是。

( )6. 若住家附近為夜市商圈，大量人潮帶來噪音、環保與公安等問題而影響居住品質，可如何解決？ (A) 召集居民組成自救會，喚起居民凝聚力，迫使政府執法 (B) 住家與商家共同成立社區發展協會，規範相關營業條則 (C) 向夜市委員會反應問題，透過不斷討論達成共識 (D) 以上皆是。

( )7. 下列關於「3663」架構的演講方式，何者敘述有誤？ (A) 此演講總長為 15 分鐘 (B) 第一段的 3 是「開場」 (C) 第二個 6 是「成案」、第三個 6 是「辦案」 (D) 第四個 3 是「結案」。

（請沿虛線撕下）

（背面尚有試題）

( ) 8. 下列故事皆與説話藝術有關，何者敘述有誤？

故事一：古希臘哲學家蘇格拉底某天正與朋友談話，突然間蘇格拉底妻子衝進來朝他大吵大鬧，並把一盆冷水潑在他身上。朋友們莫不目瞪口呆、驚慌失措。誰知蘇格拉底卻一派鎮定地説：「我早有所料，雷聲過後，一定是傾盆大雨。」朋友們聽了，忍不住大笑起來，尷尬的場面一瞬間消散得無影無蹤。

故事二：俄羅斯馬戲團內有一位著名的表演者叫杜羅夫。某次演出中場休息時，有位傲慢的觀眾走到杜羅夫旁邊説：「丑角先生，觀眾非常歡迎你對吧？」杜羅夫回答：「還好。」那位觀眾又説：「想在馬戲團中受歡迎，丑角的臉蛋是不是必須要長得很醜、看起來很蠢臉蛋呢？」只見杜羅夫不慌不忙地回答：「確實如此。如果我能長得和像先生您一樣的話，我一定能拿到雙倍的薪水。」

(A) 故事一與故事二的主角都成功化解了他人的敵意　(B) 故事一的主角以幽默感化解尷尬的場面　(C) 故事二的主角回話雖語帶諷刺，卻讓旁人聽了覺得幽默　(D) 以上皆是。